KB051480

트럼프

P

현대레저연

머 리 말

황제 나폴레옹이 세계 정복을 꿈꾸고 프랑스와 영토를 접한 나라들과 차례차례 잇달아 교전하고 있을 때 그의 의지와 행동을 결정한 것은 뜻밖에도 당시 저명한 점술사였던 르노르만 부인이 다루었던 53장의 트럼프 카드였다는 사실은 유명한 이야기다.

나폴레옹에게 있어서 트럼프 카드는 가장 소중한 친구나 가장 사랑하는 여성과도 같았고 더구나 신과 같이 나폴레옹의 내일의 운명을 게시해 주는 것이었다. 1조 53장의 카드는 이렇듯 인간에게 즐거움을 주고 또한 위로를 주며 더 나아가 내일의 인생 항로를 예언하고 격려해 주는 것이다.

따라서 유럽이나 미국 사람들과 트럼프와의 관계는 우리들이 상상하는 이상으로 깊은 것이 있다. 우리와 트럼프는 놀이로서 이어져 있을 뿐인데 유럽이나 미국 사람들과 트럼프는 생활 속에 이어져 있다고 말할 수 있다.

추리 소설의 대표적 작가인 에드가 앨런 포우가 복잡한 추리를 구상 할 때 보통 트럼프 카드에 몰두했다고 하는 사실도 이야기로 남아 있다.

유명한 작가 뿐만 아니다. 제 2차 대전에 참가한 병사들의 배낭 속에는 반드시 카드가 1세트를 들어 있었다고 한다. 물론 그 카드 뒤에는 젊디 젊은 여성의 아름다운 누드가 새겨져 있었다.

전투 중 얼마 안 되는 휴식 시간에 싸움에 지친 병사들을 위로하고 격려한 것은 트럼프 놀이였다. 또한 내일의 전투의 승리를 예언하여 병사들이 기운을 내도록 북돋아 준 것도 트럼프 점이었던 것이다.

이와 같이 생각해 보면 트럼프는 '게임의 왕'이라고 일컬어지고 있지만 단순한 놀이나 게임의 범위를 넘어서 이미 우리 생활 속이나 인생 그 자체 속에 깊이 뿌리를 내리고 있다고 해도 좋을 것 같다.

트럼프 놀이의 이런 즐거움, 트럼프 점의 이런 신비함을 알리기 위해 이 책을 쓴다.

트럼프는 담배와 술과 커피와 그리고 여행의 반려다. 말하자면 인생의 반려인 것이다.

담배를 피우면서 혼자 점을 칠 때 트럼프 카드의 심오함이라든가 커피를 마시면서 트럼프 놀이를 할 때의 마음에 오는 안정 그리고 친한 사람과 게임을 할 때의 카드 놀이의 즐거움은 모두 잊을 수 없는 것이다.

단, 혼자서도 즐길 수 있고 다수의 사람과도 놀 수 있으며 남녀노소 함께 할 수 있는 사실은 이미 누구나 잘 알고 있을 것이다. 트럼프는 이런 즐거운 게임이다.

유럽에서는 카드 놀이의 종류를 보다 많이 알고 있는 것이 교양을 나타내는 것이기도 했다. 그 점에서 볼 때, 우리 나라에서 일반적으로 이루어지고 있는 카드 게임의 종류는 그다지 많지 않다고 생각한다. 부디, 이 책으로 좀더 많이 카드놀이의 종류를 알고 즐거움을 만끽하기 바란다.

♣차 례♣

♣차 례♣

♣차 례♣

♣차 례♣

♣차 례♣

제3장/아베크 대상의 트럼프 게임

제4장/여럿이 즐기는 트럼프 게임

♣차 례♣

♣차 례♣

♣차 례♣

♣차 례♣

제5장/어린이용 트럼프 게임

제6장/트럼프 점

♣차 례♣

♣차 례♣

♣차 례♣

제 1 장

트럼프의 기초 지식

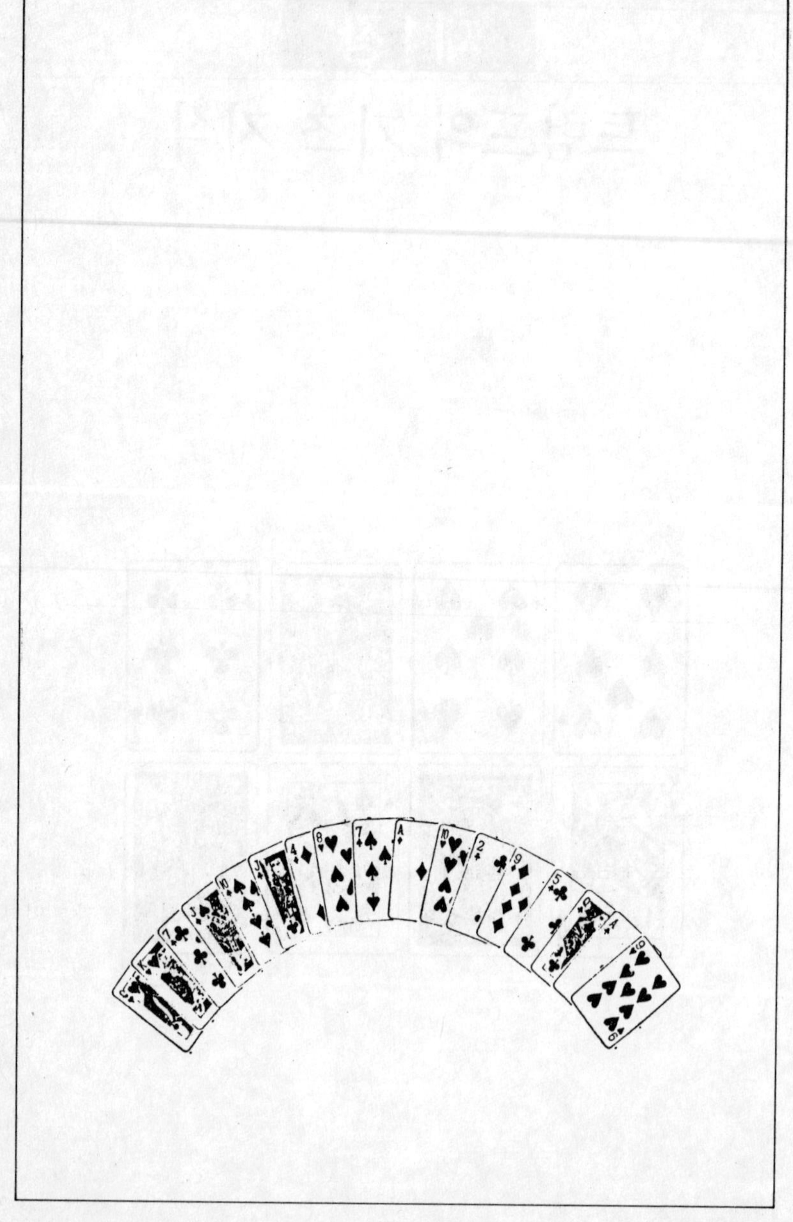

카드 고르는 방법

트럼프에는 포카 사이즈(표준형=세로 8.8센티×가로 6.3센티)와 브리지 사이즈(세로 8.8센티×가로 5.8센티)의 2종류가 있고,그 밖에 여행 때 포켓 등에 넣는데 편리한 표준형을 반으로 한 하프 사이즈도 있다.

손바닥이 큰 사람은 포카 사이즈가,작은 사람은 그것보다도 가늘고 긴 브리지 사이즈가 적합하다고 하지만 모두 게임을 즐기는데는 포카 사이즈를 권한다. 또한 항상 포켓에 넣어두고 짧은 휴식시간에 찾아내서 스스로 자기 일을 점치거나 혼자 놀이를 즐기기 위해서는 하프 사이즈가 적당하다고 말할 수 있을 것이다.

뒷 모양도 칼라 사진을 사용한 것 등 스마트한 것이 몇가지 나와 있지만 일반 게임용이나 요술에 사용하기 위해서는 역시 상하 대상의 모양으로 흰 테두리가 있는 것이 편리하다. 그러나 점에서는 카드의 천지가 거꾸로 되는 것에 의해 전혀 의미가 반대가 되어 버리는 경우도 있기 때문에 천지가 분명한 카드가 필요하다.

트럼프는 아시는대로 ◆다이아 ♣클럽, ♥하트, ♠스페이드의 4종류로 나뉘어 있고, 1종류마다 A(에이스), 투, 스리, 포, 파이브, 식스, 세븐, 에이트, 나인, 텐, 잭(J, 11), 퀸(Q, 12), K(13의 13장으로 갖추어지고 이 4종 합계 52장 외에 조우커가 1장 더해져서 53장으로 1세트가 되어 있다.

이 1세트를 '팩' 또는 '데크'라고 부른다. 또한 카드의 양끝에 작은 색인이 붙어 있는데 이것을 '인덱스'라고 부른다.

카드가 더러워졌을 때는 벤진을 헝겊이나 솜에 묻혀서 가볍게 닦아내면 더러움이 없어지는데, 이 경우에 세게 닦으면 인쇄되어 있는 잉크까지 지워져 버리므로 조심해서 닦아야 한다.

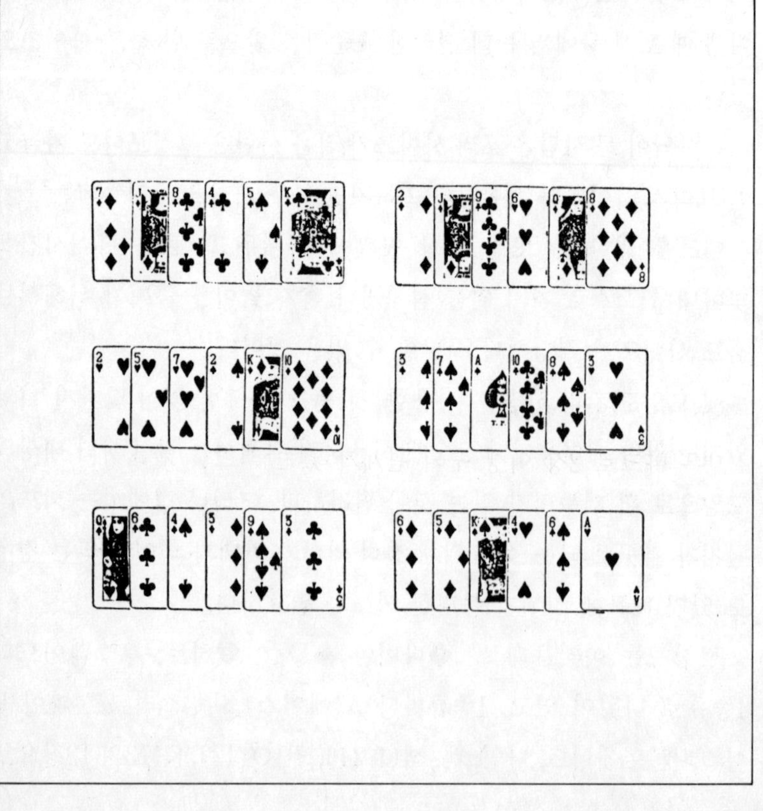

트럼프 용어

이 책에 의해서 트럼프 게임이나 점, 요술에 대한 여러가지 노는 법이나 방법을 알기 위해서 우선 트럼프에 대한 용어를 대강 머리속에 넣어 두기 바란다.

수트(Suit)

◆♥♣♠ 4종류의 카드의 같은 마크를 갖춘 패—즉, A, 2, 3, 4, 5, 6, 7, 8, 9, 10, J, Q, K의 13장을 가리키는데 일반적으로는 종류를 나타내는 말이다.

시퀀스(Sequence)

같은 마크로 2장 이상 수의 관계가 있는 카드를 가리키는 말. 즉 ◆의 4 · 5 · 6 · 7, ♣의 10 · J · Q · K와 같이 숫자가 올라가는 시퀀스와 ♥의 5 · 4 · 3 · 2라고 하는 것 같이 숫자가 내려가는 시퀀스가 있다. '세퀀스'라고도 발음한다.

동위패

마크는 다르지만 자릿수는 같은 카드. 예를 들면 ◆의 Q와 ♣의

Q, ♥의 10과 ♠의 10이라고 하는 것 같이.

레이 아우트(Lay out)

게임을 시작하기 전의 카드 배열 방법을 말한다.

기본패(Foundation)

게임의 기초가 되는 카드를 가리키는 말로 원칙적으로 겉을 향해서 낸다.

으뜸패(Trump)

게임에 따라 다르지만 특별한 권위와 강한 힘을 가진 카드.

손에 들고 있는 패

바닥에 뿌리거나 멤버에게 나눠 준 다음 손에 남은 카드를 가리키는 말로 소유패라고도 한다.

산패(Pile)

바닥 중앙에 산과 같이 쌓아두는 몇 장의 카드를 말한다.

사패(Discard)

필요 없어져서 바닥에 버린 카드.

톱 카드(Top card)

겹쳐 쌓은 몇 장의 카드 중 제일 위에 있는 카드.

보텀 카드(Bottom card)

겹쳐 쌓은 몇 장의 카드 중 제일 밑 바닥에 해당하는 카드.

셔플(Shuffle)

카드를 고르게 나눠 섞는 것을 가리키는 말.

컷트(Cut)

1세트 카드의 상반분을 쥐고 다른 위치에 놓고 하반분을 그 위에 겹쳐서 순서를 바꾼다.

딜러

게임 때에 카드를 나눠 주거나 진행을 주관하는 사람을 가리키는 말.

패스

게임을 할 때 순번이 돌아와도 그것을 하지 않고 옆 사람에게 순번을 양보하는 것.

드롭

게임에서 빠지는 것. 소위 '포기'하는 것이다.

카드 섞는(쥐는) 법

카드는 1장씩 독립된 존재로 연결되어 있다면 트럼프의 의미가 없다. 그 때문에라도 게임이나 점을 칠 때는 카드를 충분히 섞는 것이 중요하다.

그 방법으로서는,

(1) 카드를 전부 뒤집어서 테이블 위에 흩뿌리고 양손으로 충분히 섞은 후에 간추린다.

(2) 트럼프를 전부 왼손에 비스듬이 쥐고 오른손으로 속의 카드를 위에 얹어 쳐올린다.

(3) 양손에 카드를 반수씩 쥐고 엄지와 중지로 카드의 상하 끝을 가리키고 검지를 카드 등에 대고 엄지 밑에 있는 카드를 1장씩 떨어뜨려 가면 좌우 쌍방의 카드가 잘 섞여서 충분히 칠 수 있다.

이상 세 가지가 대표적인 것이다.

(2)와 (3)은 셔플이라고 해서 보통의 치는 방법이다.

그 밖에 트럼프를 2분해서 카드를 활처럼 휘고 훌훌 양손으로부터 떨어뜨려 섞는 방법도 있다.

게임의 경우 등은 딜러가 이것들 중 자신있는 방법으로 친 다음 다시 다른 사람에게 적당한 만큼 잡게 해서 상하를 갈아 넣은 후

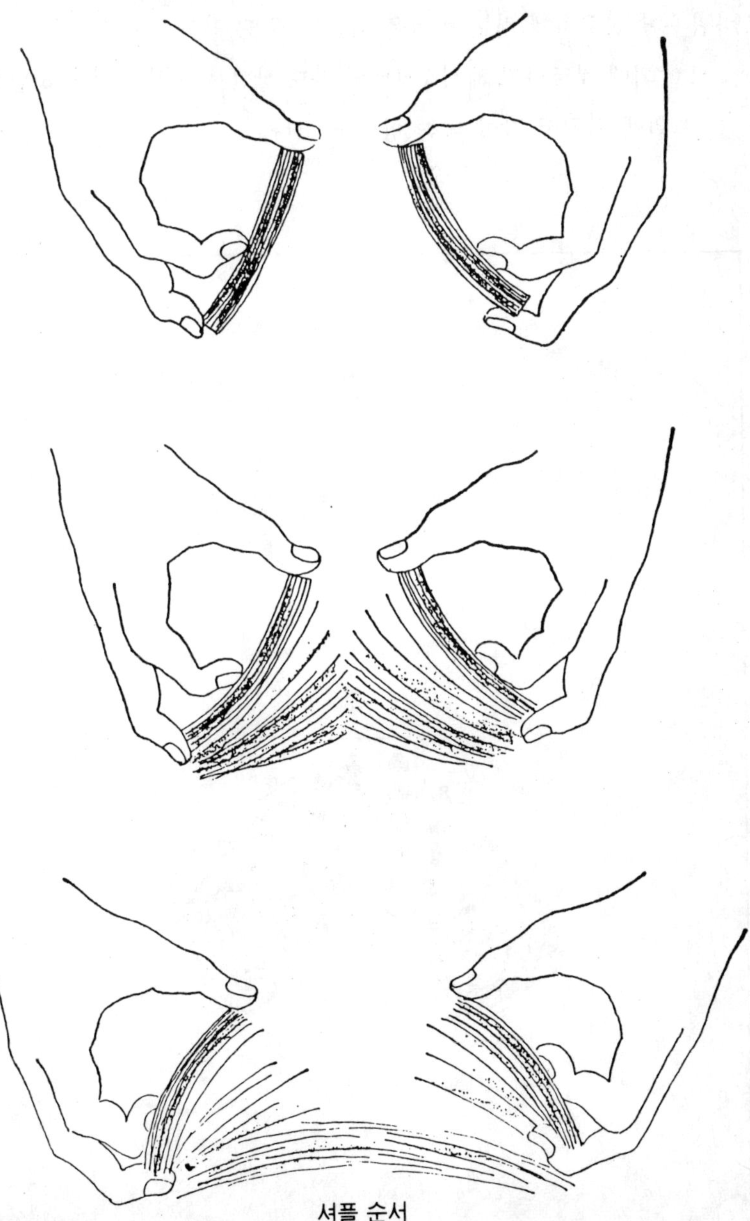

셔플 순서

나눠주어 신중하게 치는 방법을 하는 경우도 있다.

셔플 외에 컷트라고 해서 1세트의 카드 상반분을 쥐고 남은 하반분을 그 위에 겹쳐서 갈아 넣는 방법도 있다.

제 2 장

트럼프 혼자 놀이

나폴레옹이 대서양의 고도 센트헤레나로 유배당해서 쓸쓸하게 여생을 보내고 있었을 때, 단 하나의 위로가 된 것은 카드 놀이였다고 전해지고 있다.

인간 사회가 문명화됨에 따라 현대인의 고독감은 한층 더 강해지는 것이다. 그런 때에 얼마 안 되는 시간을 할애해서 트럼프 놀이를 즐기는 것은 현대인이 스트레스로부터 벗어날 수 있는 가장 좋은 방법이라고 할 수 있다. 대수롭지 않은 기분 전환으로 지친 뇌나 운동 신경을 쉬게 할 수 있기 때문에 정신 요법의 하나로서 크게 권하고 싶다.

서양에서는 트럼프의 혼자 놀이를 '소리테아' 또는 '퍼센스'라고도 부르며, 또한 남녀노소 누구나 즐길 수 있는 건전한 취미라고 말할 수 있다.

어쨌든 레저라고 하는 것은 많은 사람이 왁자지껄 즐기는 경향이 강한 것이지만 트럼프의 혼자 놀이야말로 자신만의 레저로서 최적의 방법이다.

크론다이크

이 놀이를 트럼프로 자기 일을 치는 점치는 것이라는 책도 있지만 혼자 놀이의 기본이 되는 게임이기 때문에 처음에 소개하자.

□사용카드

조우커를 뺀 52장.

□레이 아우트

카드를 잘 친 후 최초의 1장만 겉방향으로 두고 그 다음부터 뒤로 뒤집어 6장, 최초의 것과 맞춰서 7장을 우선 늘어 놓는다.

2단째는 2열째의 뒷방향의 카드 위에 조금 비켜서 겉방향으로 1장, 3열째부터 7열까지는 뒷방향으로 5장을,3단째는 3열째에 조금 비켜서 겉방향으로 1장, 뒷방향으로 4장, 4단째도 겉 1장, 뒤 3장, 5단째도 겉 1장 뒤 2장이라고 하는 것 같이 7단째는 겉만으로 1장, 그림과 같이 늘어 놓는다. 남은 카드는 수패가 된다.

□노는 법

킹(K)부터 차츰 적흑 교대의 숫자가 내려가는 시퀀스를 만들어서

크론다이크

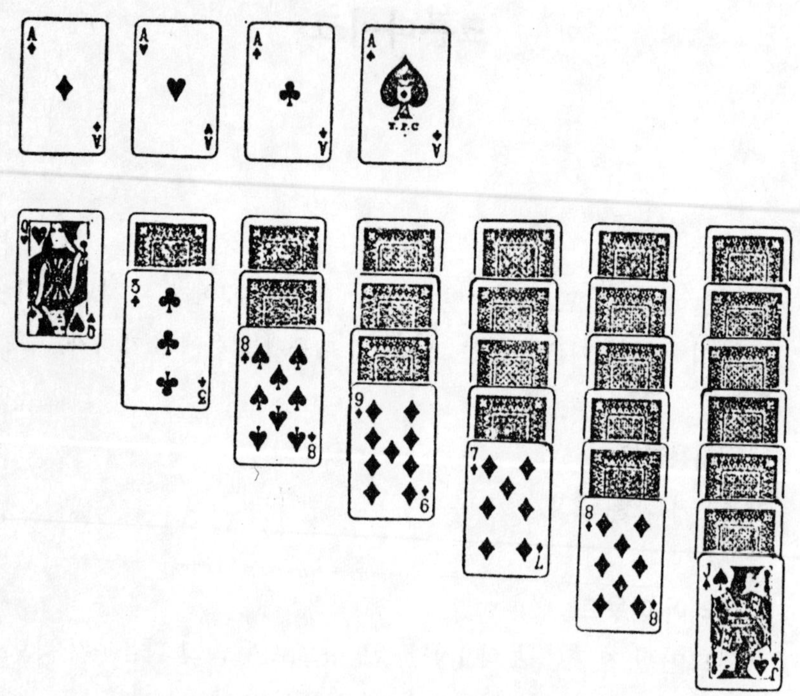

4종류를 갖추는 것이 목적이다.

즉, ◆8 다음은 7이지만 ♣나 ♠의 흑이 아니면 안되고, 그 다음의 6은 ♥나 ◆의 적이 아니면 안되는 것이다.

그림과 같이 카드가 나왔을 경우 우선 제 4열의 ◆9 밑에 제 3열의 ♠8을 가지고 가고, 그 밑에 제 5열의 ◆7를 가지고 간다.

다음에 제 7열의 ♠J를, 제 1열의 ♥Q 밑으로 가지고 간다.

여기에서 제 3열, 제 5열, 제 7열의 겉방향 카드가 없어졌기 때문에 각각 최하단의 카드를 겉으로 뒤집는다. 그리고 어느 것인가에 이어지는 카드가 나오면 그 밑으로 계속할 수 있지만 불행하게도 계속할 카드가 나오지 않았다면 수패를 젖힌다. 수패 중에서 이어지는 카드가 나오면 겹치고 나오지 않았다면 겉방향으로 바닥에 쌓는다.

이렇게 해서 어느 열의 카드가 완전히 다른 열로 옮겨가 버리고 열 속에 K가 나와 있다면 그 열을 독립시킨다. 단, 이것은 7열을 넘어서는 안된다.

열 중 또는 수패 중에서 A가 나오면 그것을 기본패로서 바닥 상부에 두고 2·3·4·5와 같이 적흑 교대로 숫자가 올라가는 시퀀스로 해서 겹쳐간다. 이 기본패의 시퀀스 최하단의 카드는 필요에 따라서 열 속으로 되돌아가서 사용해도 상관없다.

수패가 대충 바닥에 나오면 도움이 되지 않았던 카드를 그대로 치지 말고 다시 1장씩 열의 상태와 견주어서 바닥에 내어간다.

적·흑 교대의 숫자 올라가는 시퀀스가 4열 완성되면 대길, 3열이면 중길, 2열 또는 1열이면 소길이지만 전혀 완성되지 않았다면 흉이라고 보아야 한다.

럭키 스마일

□사용카드

조우커를 뺀 52장.

□레이 아우트

카드 속에서 각종의 A를 1장씩 뽑아내서 1열로 늘어 놓는다. 이것이 기본 패가 되고 이 위에 2부터 K까지의 숫자 올라가는 시퀜스를 만드는 것이 이 게임의 목적이다. 카드를 잘 쳐서 기본패 밑에 겉을 내고 6장씩 2열로 기본패로 늘어 놓는다.

□노는 법

우선, 이 패 12장 중에서 적·흑이나 수트에 관계없이 순서에 따라서 갖춰 간다.

움직인 바닥의 공석에는 수패 중에서 1장씩 내려 묻고 또 하위의 수가 있으면 맞춘 카드 중에 더해 간다.

그리고 수패 중에서 숫자 오름에 사용할 수 없었던 카드는 별도로 겹쳐 두는데 그 경우 톱 카드 이외의 숫자 오름에는 사용할 수 없다.

럭키스마일

이렇게 계속해서 수패를 전부 고쳐 보고 A부터 K까지의 예가 몇개 완성하느냐에 따라 행운의 별이 당신에게 미소짓고 있는지 어떤지를 아는 것이다.

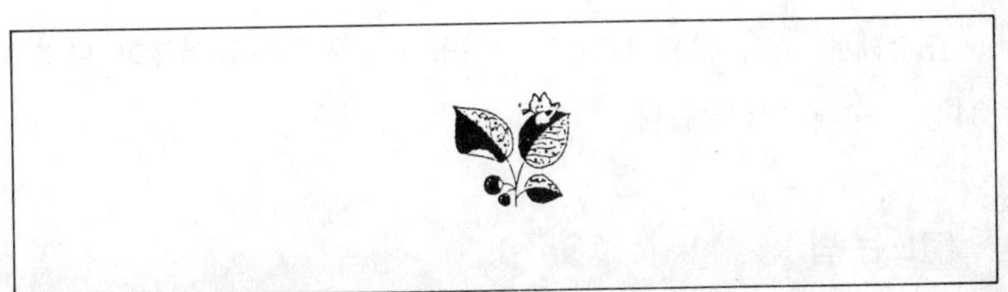

캔필드

'크론다이크'와 함께 혼자 놀이의 대표적인 게임이다. 이 이름은 뉴욕의 사라트가 스프링에 있었던 유명한 카드 경기장의 이름이다.

□사용 카드

조우커를 뺀 52장.

□레이 아우트

카드를 잘 셔플해서 톱부터 13장을 세어 몽땅 겉으로 뒤집어서 예비패로 한다.

다음에 14장째에 해당하는 카드를 기본패의 기준 카드로 바닥에 낸다. 예를 들어 그 카드가 ◆6이었다면 6이 기본패의 수가 되는 것으로 다음의 ♥6, ♣6, ♠6 3장과 함께 6의 4장이 기본패가 되는 것이다.

15장째에 해당하는 카드부터 4장을 2장패로서 늘어놓고 나머지 34장은 수패로서 갖는다.

□노는 법

캔필드 기본패

기본패, 장패를 나열하기 전에
최초의 13장을 겉으로 해서 예비패라고 한다.

4장의 기본패 위에 같은 수트의 카트에서 13장의 숫자 오름 시퀀스를 완성하는 것이 목적이다.

장패와 예비패가 합계 13장 중에 기본패의 수와 동위의 카드가 있었다면 빼내고 기본패 자리에 늘어 놓는다.

장패 4장에 '크론다이크' 때와 마찬가지로 적 · 흑 교대로 우선 숫자 내림 시퀀스를 만들어가는 것이지만 그림의 경우는 ◆Q를 ♣K 밑에 계속한다. 제 2열이 비었기 때문에 예비패 13장의 톱 ♣7을 둔다.

이렇게 해서 예비패 중에서 장패에 이어지는 카드를 골라내서 사용할 수 없는 카드는 사패로서 별도로 한다. 숫자 오름 시퀀스를 만들 수 있는 것은 바닥패 뿐으로 예비패 위로 장패를 이동할 수는 없다.

예비패가 없어지면 사패 중에서 사용할 수 있는 패를 골라 보지만 그것으로 계속하지 못하게 되었을 때는 수패에서 3장만을 뽑는다. 그러나 사용할 수 있는 것은 3장 중의 톱이 되는 카드만으로 그 카드가 불필요할 때는 3장 모두 버리지 않으면 안 된다. 다행히 톱 카드를 사용할 수 있었을 때는 2장째가 톱 카드의 자격을 얻을 수 있게 된다. 그리고 그 카드를 사용하면 다시 3장째가 톱이 되지만 사용할 수 없었다면 2장 동시에 사패가 되어 버린다. 그러나 사패의 톱은 항상 사용할 수 있다.

수패가 없어지면 사패를 수패로 고쳐서 역시 3장 1조로 내린다. 이 경우에 다시 쳐서는 안 된다.

이렇게 해서 바닥패, 수패, 예비패의 카드를 전부 기본패 위에 동수트 3장씩으로 갖추면 성공한 것이 된다.

올드 랭 자인

□사용 카드

52장 1세트.

올드 랭 자인

카드는 숫자 오름 시퀀스가 되면 기본패에 이을 수 있다.

□레이 아우트

1세트의 카드 중에서 4장의 에이스(A)만 빼내어 기본패 위치에 늘어 놓는다. 기본패 4장 밑에 장패 4장을 나머지 카트 위에서부터 늘어 놓아간다.

□노는 법

장패 4장 중에 2가 있으면 그 수트의 에이스(A) 에 얹지만 없을 때는 다시 4장을 장패 위에 얹는다.

기본패에 이어지는 카드는 같은 수트가 아니더라도 또 색을 교대로 하지 않더라도 수만 숫자 오름 시퀀스가 되면 상관없다.

이렇게 해서 4장씩 바닥패에 내어 간다. 1회에 한해서 재배부는 불가능하다. 바닥패의 산 톱카드는 언제까지 기본패에 계속할 수 있다. 즉 그 산의 톱을 기본패에 계속하고 그 다음에 톱이 된 카드를 다시 기본패로 이동하는 것은 상관없다.

빵가게의 1다스

빵 가게의 1다스는 13개 중 나머지 1개가 점원 아이의 도시락——이라고 하는 속담으로부터 만들어진 이름이겠지만 4장씩의 산을 13개 늘어 놓은 데에 명명의 유래가 있는 것이리라.

□노는 법

13 늘어선 산의 가장 위의 카드로 수트나 색에 관계없이 숫자 내림의 시퀀스를 만든다. 가장 위의 카드가 끝나면 다음 카드로 옮기고 도중에서 에이스(A)가 나오면 기본패의 토대패로서 위에 내고 게다가 같은 수트의 숫자 오름이 시퀀스를 만들어 간다.

최초로 산을 올랐을 때 가장 위에 나온 킹(K)은 그 산의 보팀패에 넣고 산이 빈 곳의 킹(K)은 그 시퀀스와 함께 이동할 수 있지만 그 이외의 카드에서는 묻을 수 없다.

이렇게 해서 에이스(A)부터 시작되는 동종의 숫자 오름 시퀀스 4개가 완성되면 성공이다.

에이스 업

□사용 카드

52장 1세트.

에이스업

기본패

장패

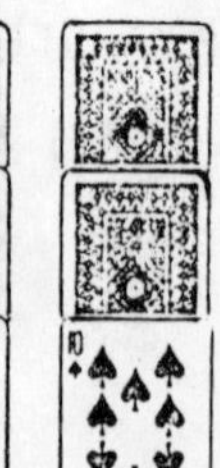

□레이 아우트

카드를 잘 셔플한 후 뒷방향의 카드 7장을 옆으로 늘어 놓고 2단째는 뒤로 엎은 채 조금 비겨서 7장 늘어 놓는다. 3단째는 겉을 향해서 7장 늘어 놓고 21장 늘어 놓은 나머지는 수패가 된다.

□노는 법

에이스(A)를 기본패로해서 킹(K)까지의 동종 숫자 오름의 시퀀스를 4쌍 만드는 것이 목적이다.

장패의 톱 카드만을 사용할 수 있는 카드라는 점은 크론다이크와 같다. 이 속에 에이스(A)가 나오면 기본패의 위치로 옮긴다. 장패의 톱에서 우선 적, 흑 교대의 숫자 내림 시퀀스로 크론다이크와 같이 만들고 톱을 이동시키면 엎어진 1장을 젖힐 수 있다. 1항 전부를 이동할 수 있으면 킹(K)이나 킹(K)으로 시작되는 시퀀스를 빈 자리로 가지고 간다.

장패의 이동이 막히면 수패에서 7장을 내려 좌측에서 우측으로 일렬로 늘어 놓고 장패의 톱과 마찬가지로 사용하지만 4회로 나머지는 3장이 되기 때문에 5회째는 좌측의 3행 위로 늘어 놓도록 한다.

수패를 전부 내려도 완성할 수 없으면 실패한 것이 된다.

게이트

에이스 업은 복잡화한 게임으로 문의 모양을 하고 있기 때문에 '게이트'라고도 한다.

□사용 카드

52장 1세트.

□레이 아우트

우선 왼쪽으로 5장 세로로 늘어 놓은 후 카드 4장을 놓을 수 있는 간격을 두고, 오른쪽도 마찬가지로 5장 세로로 나열해서 좌우의 문기둥 모양을 만들고 다음에 중앙에 왼쪽에서 오른쪽으로 4장씩 그림과 같이 2열로 늘어 놓는다. 합계 18장을 늘어 놓게 되는데 문기둥의 좌우 5장씩 합계 10장의 예비패이고 2단에 4장씩 늘어선 8장이 장패가 된다.

□노는 법

도중에서 나온 에이스(A)를 기본패로 해서 킹(K)까지 동종의 숫자 오름 시퀀스를 4쌍 완성하는 것이 목적이다.

게이트

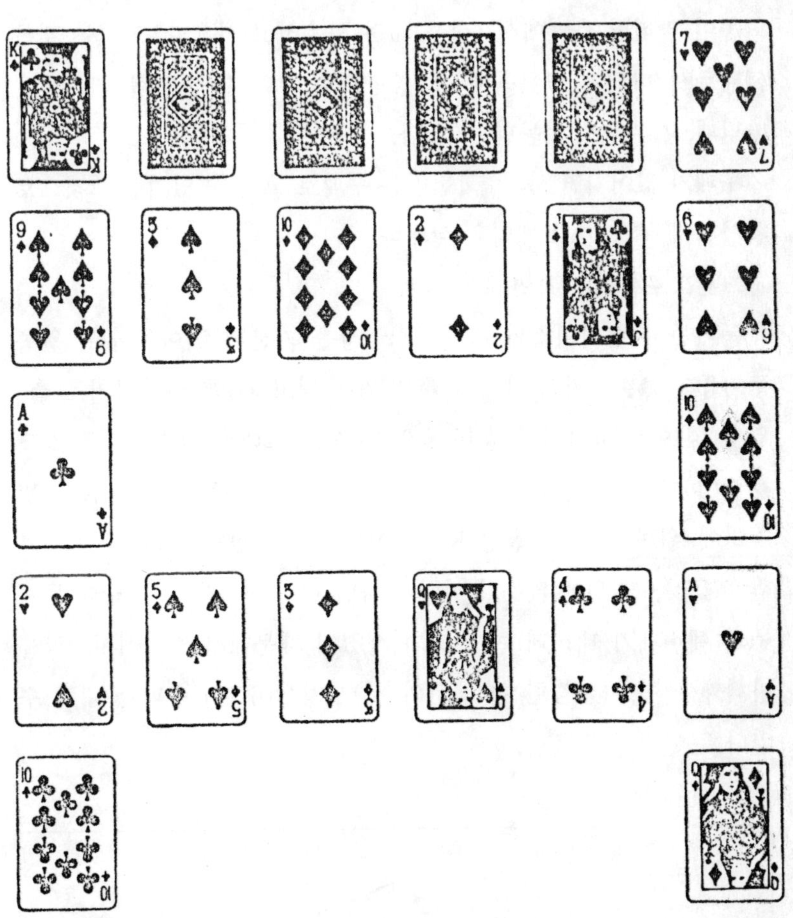

예비패는 왼쪽 문기둥의 밑에서 위로 다음에 오른쪽 문기둥의 밑에서 위로의 순서로 사용한다. 그리고 기본패(에이스)로도 바닥패로도 이동할 수 있다.

장패는 서로 움직여 적, 흑 교대의 숫자 오름 시퀜스를 만든다. 빈 자리가 생기면 문기둥의 예비패로 메울 수 있다. 장패나 예비패의 이동이 막히면 수패에서 1장씩 내려 사용하고 사용할 수 없는 것은 사패로서 바닥패 오른쪽에 겹 방향으로 쌓아 두지만 톱 카드만은 바닥패, 기본패로 이동할 수 있다.

수패가 없어지면 사패를 1번만은 수패로 고칠 수 있지만 그것으로 완성하지 못하면 그 게임은 실패다.

그림으로서 설명하년,

문기둥의 ♥에이스와 ♣에이스 2장을 기본패로 이동한다. 왼쪽 문기둥의 ♠9를 위의 바닥패 ◆10 위에 얹고 ♥2를 마찬가지로 ♠3 위에 얹는다. 바닥패의 ◆10 ♠9의 2장은 그대로 마찬가지로 장패 ♣잭(J) 위에 얹어 3장을 만들고 아래의 장패 ♥퀸(Q)에 얹어 빈 자리에 왼쪽 문기둥 ♣킹(K)을 이동시켜서 ♥퀸(Q)위의 카드와 함께 4장을 그 위에 얹는다.이렇게 하면 이미 바닥패가 두 군데,문기둥의 예비패가 네군데 빈 자리가 생겼기 때문에 문기둥에서 2장을 바닥패로 이동(가능한 한 상위의 것)시켜서 6장의 수패를 내릴 수 있다.

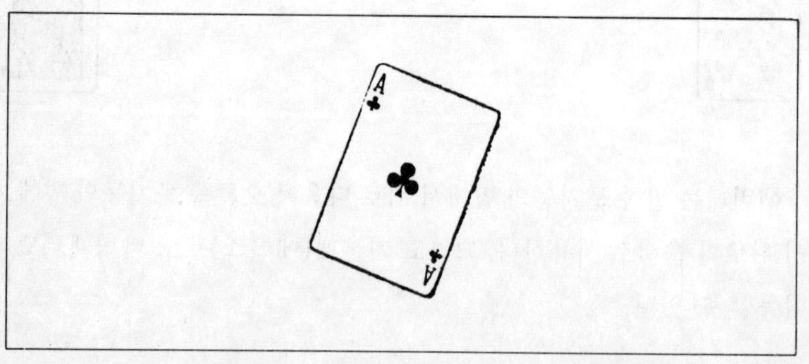

칼큐레이션

□사용 카드

조커를 제외한 52장.

칼큐레이션

기본패

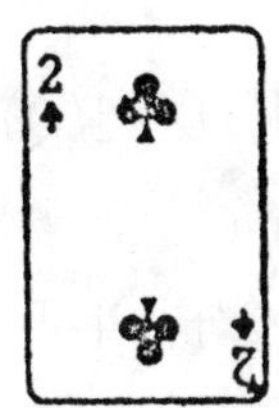

장패

□레이 아우트

어느 수트라도 상관없으니까 에이스(A), 2, 3, 4의 카드를 1장씩 빼내서 이 4장을 기본패로서 일렬로 늘어 놓는다. 나머지 48장은 수패로서 남긴다.

□노는 법

수패를 1장씩 기본패 밑에 늘어 놓고 4장 늘어 놓으면 그 속에서 수트에는 관계없이 기본패에 계속되는 카드가 있는지,어떤지를 보고 계속되는 카드가 있다면 기본패 위에 겹치고 없다면 수패 중에서 다시 4장을 늘어 놓는다. 그 톱 카드만은 기본패에 계속할 수 있지만 톱을 기본패에 겹쳤을 경우는 그 밑의 카트가 톱이 되는 것이다.

이렇게 해서 기본패 위에,

에이스(A)·2·3·4·5·6·7·8·9·10·잭(J)·퀸(Q)·킹(K)

2·3·4·5·6·7·8·9·10·잭(J)·퀸(Q)·킹(K)·에이스(A)

라고 하는 것 같이 3부터 2까지, 4부터 3까지의 시퀀스를 만드는 것이 게임의 목적이다.

장패로 사용하지 못하고 위로 쌓아간 카드는 다시 한번 수패로 뒤집어서 사용하는 것도 인정되고 있다.

카페트

□사용 카드

52장 1세트.

□레이 아웃

우선 4장의 에이스(A)를 빼 내 그림과 같이 네 구석에 놓고 중앙에 5장씩 4열로 20장의 카드를 늘어 놓는다. 4장의 에이스(A)가 기본패, 20장의 중앙 카드가 장패가 된다.

□노는 법

네 구석에 놓인 각각의 에이스(A) 위에 그 수트의 카드를 2, 3, 4라고 하는 식으로 상위의 카드로 겹쳐간다. 그 카드는 우선 중앙의 장패 중에서 골라 내지만 장패 속에 기본패에 계속되는 카드가 없어져 버렸다면 손에 든 패에서 1장씩 장패를 보충하는데 계속되는 카드가 없는 경우는 버리는 패라고 해서 별도로 겉 방향으로 겹쳐 간다. 이 사패의 톱은 장패와 마찬가지로 사용할 수 있다.

이렇게 해서 기본패의 에이스(A) 위에 킹(K)까지 같은 수트의 시퀀스가 완성되면 성공이지만 1번에 성공하지 못했을 때는 버리는 패를 다시 한 번 뒤집어서 다시 할 수 있다.

카페트

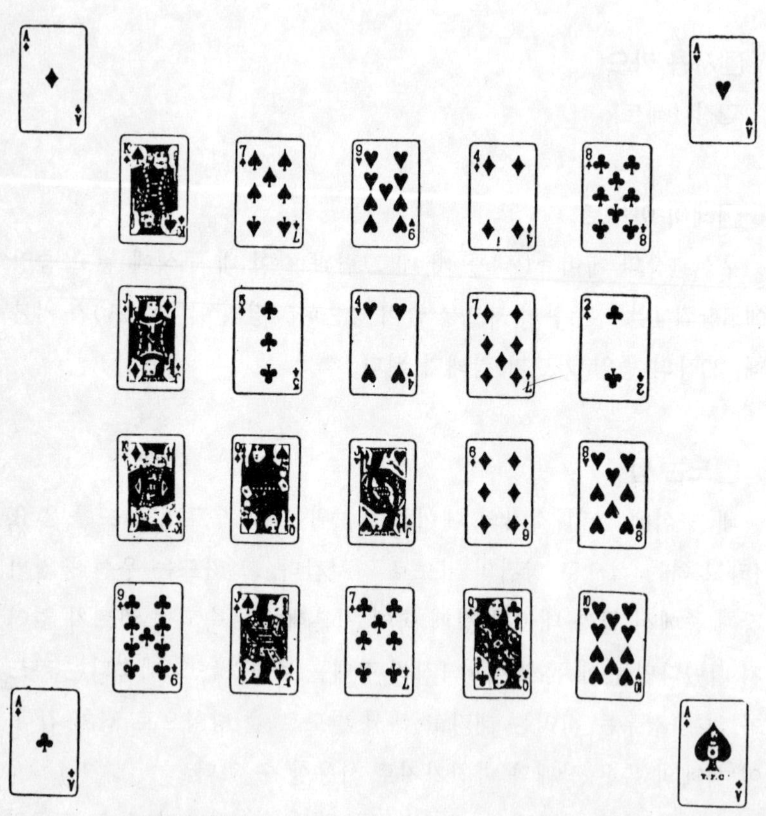

몬테카를로

결혼식이라고도 하는 게임으로 매우 스피디하게 이루어지기 때문에 성질이 급한 사람에게 적합하다.

□사용 카드

52장 1세트.

□레이 아우트

카드를 잘 서플해서 그림과 같이 5장씩 5열로 25장의 카드를 늘어놓는다. 순서는 왼쪽에서 오른쪽으로 한다.

□노는 법

우선 나열된 25장의 카드 상하 좌우를 잘 보고 세로, 가로, 대각선에 접해 늘어서 있는 2장의 동위 카드가 있다면 그것을 없앤다.

이 그림의 경우는 ◆킹(K)과 ♣킹(K), ♠10과 ♣10, ◆7과 ♥7, ♥5와 ♣5, ◆퀸(Q)과 ♥퀸(Q), ◆3과 ♠3의 6쌍을 없앨 수 있다.

그 결과 생긴 12장의 빈 자리는 상단 좌측부터 차례대로 우측에서

몬테카를로

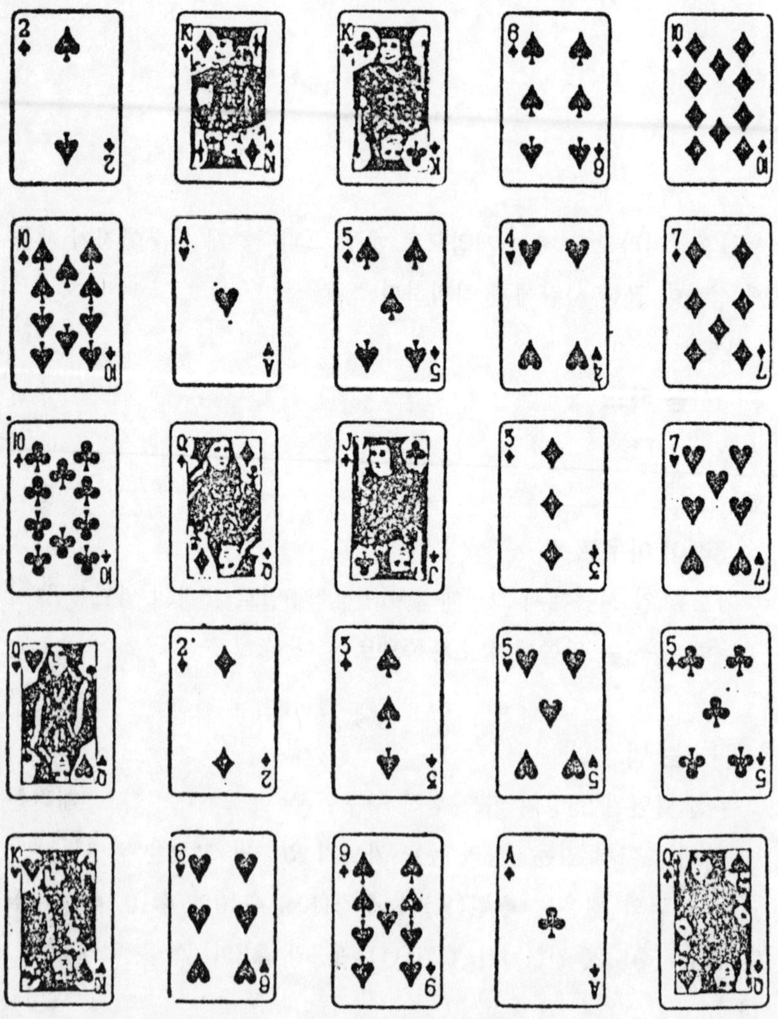

좌측으로 밑에서 위로 카드를 움직여서 묻어간다.

가능한 한 동위의 카드가 늘어서도록 상하, 대각선에 인접하도록 생각해서 움직이도록 한다.

하단 쪽에 빈 자리가 생기기 때문에 그 경우는 수패에서 1장씩 묻어간다.

순서는 왼쪽에서 오른쪽, 위에서 아래로 순서있게 나열해 가는 것인데 거기에서 인접한 동위의 카드를 제거해 가서 장패의 카드가 전부 없어지면 되는 것이다.

아코디온

□사용 카드

52장 1세트.

□레이 아웃

1세트의 카드를 잘 셔플한 후 1장씩 왼쪽에서 오른쪽으로 일렬로 6장 늘어 놓고 게임을 시작한다.

□노는 법

카드를 나열해 가는 동안에 좌측 옆의 카드나 또는 2장 건너 뛰어서 왼쪽에 같은 수트의 카드나 동위의 카드가 있으면 거기에 포개

아코디온

가서 그 결과 생긴 빈 자리를 차례차례 채워 마지막에 하나의 산으로 겹쳐 버리면 성공이다.

늘이거나 줄이거나 하는 예가 아코디온과 같기 때문에 이런 이름이 붙여진 것이다.

그림에 대해서 설명해 보면,

♥6이 좌측 옆의 ♥킹(K) 위에 겹쳐지면 ♣에이스(A)는 2장 건너 뛰어서 좌측의 ♣5 위에 겹쳐지고 ♠퀸(Q)은 좌측 옆의 ♠9에 겹쳐져서 3장의 산이 되었다.

하나의 산이 되지 않더라도 산이 적을 수록 성적이 좋다고 하는 것이다.

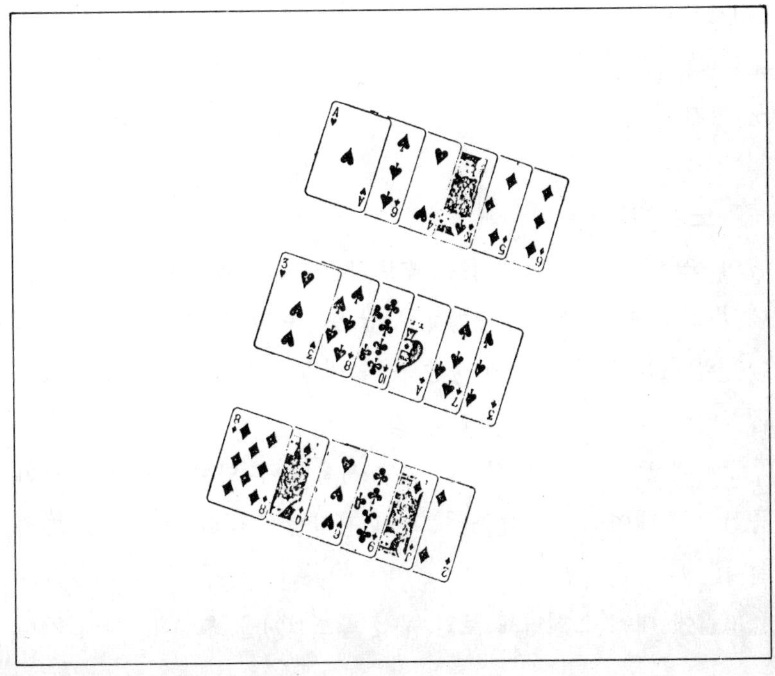

여왕의 공식회견

□사용 카드

52장 1세트.

□레이 아웃

1세트의 카드를 잘 셔플해서 그림과 같이 4장씩 정방형으로 나열한다. 중앙의 스페이스가 공식회견 공간이 되기 때문에 8장의 카드를 둘 여지가 필요하다.

□노는 법

이 중앙의 스페이스에 같은 수트의 킹(K)과 퀸(Q)을 겹친 것과 에이스(A)에 잭(J)을 겹친 것, 도합 8종류의 카드를 넣고 다시 잭(J) 위에 10부터 2까지의 동종 숫자 내림의 시퀀스를 만드는 것이 목적이다.

주위에 둔 16장의 바닥패는 모두 사용할 수 있는 카드다. 장패가 중앙의 스페이스로 이동하면 그 빈 자리를 수패의 톱 카드로 메꿔간다.

그림에 대해서 설명해 보면, 우선 ♣퀸(Q)을 ♣킹(K)에 겹쳐서

여왕의 공식회견

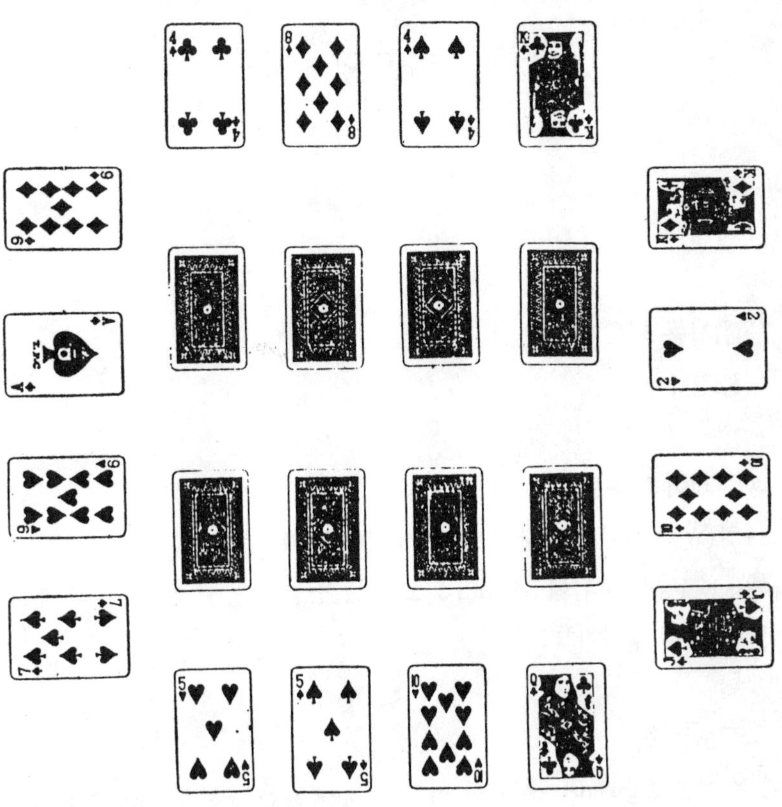

스페이스에 넣을 수 있다. 다음에 ♠잭(J)을 ♠에이스(A)에 겹쳐서 스페이스에 넣는다.

킹(K)과 퀸(Q), 에이스(A)와 잭(J)이 커플이 되지 않으면 단독으로 스페이스에 들어갈 수 없다.

이 빈 자리에는 수패를 메우지만 ♠10이 나오든가, 커플 카드가 나오지 않는 한 막혀 버리기 때문에 사용할 수 없는 패를 사패로서 내려 놓는다. 사패의 톱은 항상 사용할 수 있는 카드다.

카드릴

□사용 카드

52장 1세트.

□레이 아우트

퀸(A)과 5와 6을 각 수트 합계 20장을 빼 내 그림과 같이 중앙에 퀸(Q) 4장을 주위에 5와 6의 카드를 늘어 놓는다. 이것이 기본패이고 남은 패는 수패가 된다.

□노는 법

수패를 1장씩 내려서 5의 카드 위에는 같은 수트의 카드를,5–4–3–2–에이스(A)–킹(K), 6의 카드 위에는 6–7–8–9–10–잭(J)으로 숫자 오름에 시퀀스를 만들고 중앙의 퀸(Q)을 둘러 싸고 주위를 카드리유(윤무)하고 있는 것 같은 도안으로 만든다.

수패를 내려서 그것이 기본패에 이어지는 카드였다면 곧 겹치고 이어지지 않는 것은 장패로서 별도로 겹쳐둔다. 장패의 톱 카드는 수패와 마찬가지로 사용할 수 있다. 장패의 사용 횟수는 2회까지다.

카드릴

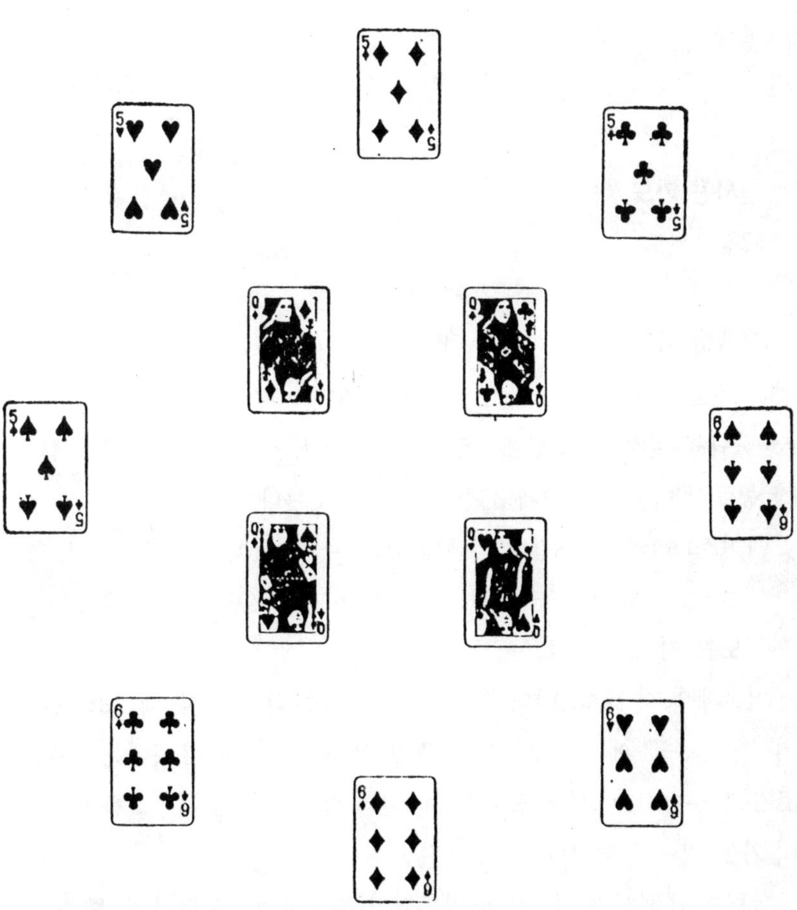

홀수와 짝수

□사용 카드

52장 1세트.

□레이 아우트

각 수트의 에이스(A)와 2를 각 4장 빼내 그림과 같이 4장씩 좌우로 나눠 나열하고 그 밑에 3장씩 3단에 9장, 잘 친 나머지 카드 44장 중에서 나열하고 손에 35장의 카드를 갖는다.

에이스(A)와 2의 8장이 기본패 밑의 9장이 장패가 된다.

□노는 법

기본패의 에이스(A)와 2 위에 같은 수트의 카드를 에이스(A) 위에는 홀수로, 에이스(A)–3–5–7–9–잭(J)–킹(K), 2 위에는 짝수로 2–4–6–8–10–퀸(Q)으로 1장씩 건너 뛴 숫자 오름 시퀜스를 만들어 가는 것이 목적이다.

그림에 대해서 보면, ◆3이 기본패인 ◆에이스(A) 위에 또 ♥4가 ♥2 위에 ◆4가 ◆2 위에 얹히고 다시 ◆6을 얹을 수 있고 ◆8이 그 위에 겹쳐진다. 그 밖에 ♣3도 ♣에이스(A) 위에 겹쳐져서

홀수와 짝수

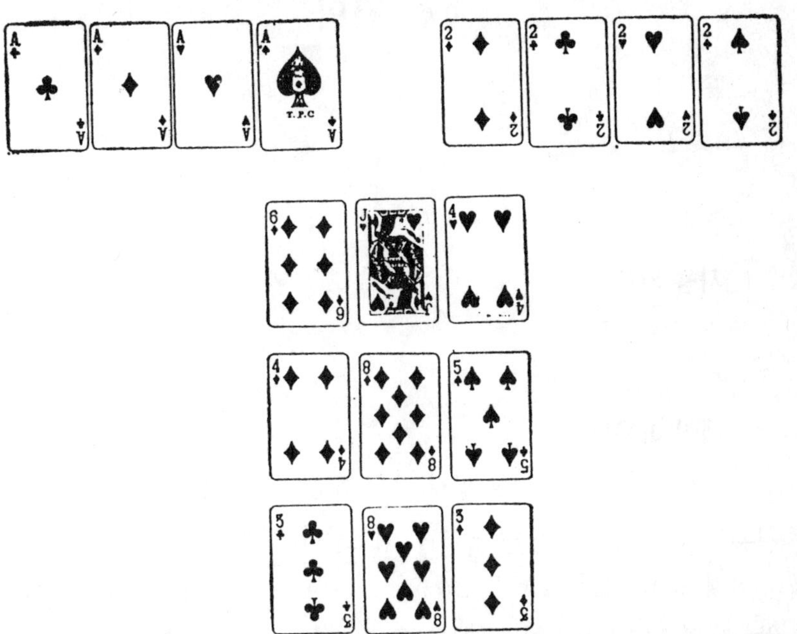

6장의 빈 자리가 생겼다. 이 빈 자리는 수패를 내려 메우고 이어지는 카드가 나오면 기본패에 겹치지만 이어지지 않는 손에 든 패는 실패로서 겉 방향으로 톱 카드만을 사용한다.

사패는 다시 한 번 수패로서 사용할 수 있지만 그래도 갖춰지지 않을 때는 포기해 주기 바란다.

작은 거미

□사용 카드

조커를 제외한 52장.

□레이 아우트

그림과 같이 한가운데를 일렬 비운 채로 상단에 4장,하단에 4장의 카드를 겉 방향으로 늘어 놓는다. 이 8장이 장패가 된다.

장패 중에 에이스(A)를 2장(적 또는 흑의 동색의 것)과 킹(K) 2장(에이스(A)가 적이면 킹(K)은 흑, 에이스(A)가 흑이면 킹(K)은 적이라고 하는 식으로 에이스(A)와는 다른 색)중 어느 것인가가 있으면 중앙의 빈 자리에 늘어 놓는다.

□노는 법

중앙에 나열되어야 할 에이스(A), 킹(K)의 2장씩이 기본패가 된다. 에이스(A) 위에는 숫자 오름의 동수트의 시퀜스를,킹(K) 위에는 숫자내림의 동수트의 시퀜스를 만드는 것이 목적이다.

장패 8장 중에 기본패로 낼 수 있는 에이스(A)나 킹(K)이 없으면 그 장패 위에 수패에서 다시 새롭게 8장을 겹쳐서 늘어 놓는다.

작은 거미

중단에 킹(K) 2장, 에이스(A) 2장을 나열한다.

상단의 장패 4장의 톱 카드는 어느 기본패에는 얹을 수 있지만 하단의 장패 4장은 어느 기본패라고 할 수 없다. 내려고 하는 카드의 바로 위의 기본패가 아니면 안 되고 다른 기본패로는 이동할 수 없다.

장패 중에서 기본패에 이어지는 것이 없어졌으면 다시 새롭게 손에 든 패에서 8장씩 내려 마지막 4장은 상단에만 겹칠 수 있다.

그 때부터 하단의 장패는 상단과 마찬가지로 어느 기본패에나 이동할 수 있게 된다. 그리고 기본패에는 수트를 묻지 않고 숫자 오름이든, 숫자 내림이든 시퀀스를 만들 수 있다.

그 대신 장패에 빈 자리가 생겨도 메울 수 없게 된다.

아마존

□사용 카드

킹(K), 2, 3, 4, 5, 6의 카드를 제외한 28장.

□레이 아우트

28장의 카드를 잘 셔플하여 좌측에서 우측으로 4장 늘어 놓는다. 그 4장 위에 에이스(A)가 있으면 기본패로서 별도로 상부에 두고 다시 수패에서 4장을 장패 위에 겹친다.

□노는 법

장패에 에이스(A)가 나오면 기본패로 옮기고, 그 기본패 바로 밑의 장패에 같은 수트의 7, 8, 9가 나오면 기본패 위에 겹쳐가는 것이다.

4장씩 수패를 내려간다. 수패가 없어져도 4장의 퀸(Q)이 갖춰지지 않았다면 장패의 산을 왼쪽부터 차례대로 오른쪽 산에 겹쳐 가서 그대로 엎어놓고 손에 든 패로 다시 장패에 4장씩 내려간다.

이 게임은 카드 중에서 퀸(Q) 중에서 가장 세기 때문에 '아마존'이라고 하는 여걸의 이름이 붙여져 있다.

갭

□사용 카드

52장 1세트.

□레이 아우트

카드를 잘 셔플한 후 옆으로 13장씩 4단에 52장 전부를 늘어 놓지만 에이스(A)만은 4장 빼 내 빈 자리 즉, 갭을 만든다.

□노는 법

에이스(A)를 뺀 빈 자리=갭 바로 왼쪽 옆의 카드는 어떤 권력을 가지고 있어서 자신과 같은 수트의 카드를 그 빈 자리에 가지고 올 수 있다. 따라서 그림 속의 ♠5 우측에는 ♠6, ♥7에는 ♥8, ♠7에는 ♠8을 가지고 올 수 있다. ♠킹(K)의 우측도 빈 자리로 되어 있지만 킹(K)은 시퀜스의 최고위이기 때문에 그 옆에 카드를 가지고 올 수 없다. 이렇게 해서 갭에 희망하는 카드를 움직일 수 있지만 그 사이에 각단의 최좌단에 빈 자리가 생기기 때문에 그곳으로 2의 카드를 가지고 가서 기본패로 삼는다. 그 2의 수트에 의해 그 단의 수트가 결정되는 것이다. 에이스(A)는 처음에 없애고 있기 때문에 시퀜스는

갭

에이스(A)4장의 카드는 빼고 빈 자리로 만든다.

2부터 킹(K)까지의 숫자 오름이다. 4개의 빈 자리 왼쪽 옆이 모두 킹(K)이 되었다면 카드가 움직일 수 없기 때문에 그곳에서 어찌할 도리가 없어져 버린다. 그런 때는 2부터 갖추져 있는 시퀀스는 그대로 놓아두고 그 이외의 카드를 전부 모아 최초에 없앤 에이스(A)도 첨가해서 다시 찬 다음에 각 단이 13장이 되도록 늘어 놓고 에이스(A)를 4장 뺀 갭을 만들어 재출발한다. 여기에서 실패하면 이번에는 완전히 그만이다.

피라미드

□사용 카드

52장 1세트.

□레이 아웃

카드를 잘 셔플한 후 그림과 같이 피라미드 모양으로 저변의 장수가 7장이 되도록 겉 방향으로 늘어 놓는다. 나머지 24장은 뒤로 엎어서 손에 든다.

□노는 법

수트를 불문하고 2장의 카드 합계가 13이 되는 카드를 커플로 해서 제거해가서 전체 카드를 없앨 수 있으면 완성이다.

우선 움직일 수 있는 카드는 저변의 7장뿐이다. 그림의 경우는, 최하단의 ◆9와 ♠4의 2장만이 13이 되는 커플로서 제거할 수 있다. 더욱이 킹(K) 1장만으로 13이기 때문에 1장만 제거할 수 있다. 최하단에 남은 5장 중 ♣잭(J)은 제 6단 좌단 ◆2와 합계해서 13이 되므로 이 2장도 제거할 수 있지만 나머지는 안 되기 때문에 수패 중에서 1장씩 내려 사용할 수 없는 카드는 사패로서 피라미드 위의

피라미드

오른쪽에 겉 방향으로 쌓아간다. 사패의 톱은 항상 사용할 수 있다.

사패는 2번까지 사용이 가능하다.

13의 열쇠

□사용 카드

조커를 제외한 52장.

□레이 아웃

앞의 피라미드와 모양은 같지만 톱에 ♥퀸(Q)을 골라내서 여왕의 위치에 놓고, 다음에 잘 친 카드를 뒤로 엎은 채 6단으로 늘어놓고 저변이 되는 7단째만은 겉 방향으로 나열한다. 남은 카드는 수패가 된다.

□노는 법

피라미드와 방법은 같지만 6단째까지가 뒤집히지 않으면 모르는 점과, 톱에 여왕이 앉아 있고 그 밑의 2장을 뒤집을 수 있으면 완성이라고 하는 점이 피라미드와 다른 점이다.

네스톨

□사용 카드

52장 1세트.

네스톨

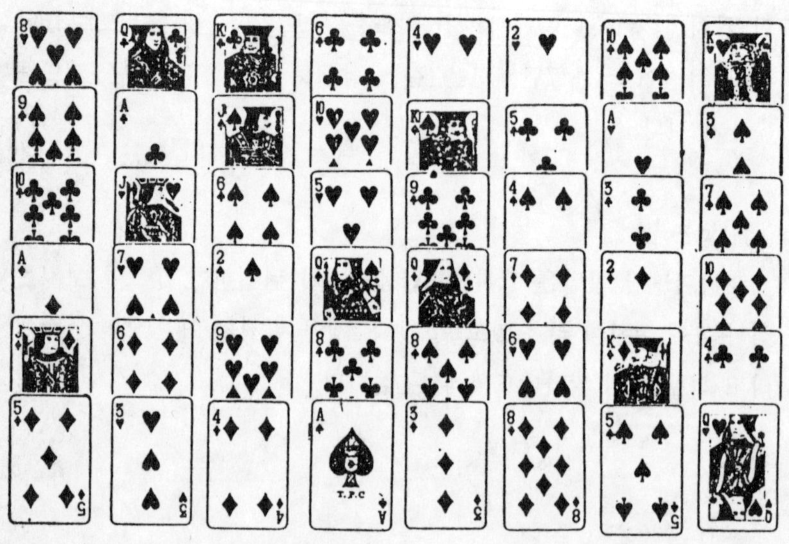

세로열에 동위카드가 나열되지 않도록 주의.

□레이 아우트

잘 친 카드를 1열 8장으로 나열하고, 상단의 카드에 조금 비켜서 겹치면서 8장의 열을 6열 만든다. 세로 행에 동위의 카드가 2장 있어서는 안되기 때문에 만일 나왔을 때는 수패 마지막에 남긴다. 48장 나열하기 때문에 수패로서 남는 것은 4장 뿐이다.

□노는 법

피라미드와 같이 최하단 열의 카드 8장만이 사용할 수 있는 카드이기 때문에 수트에 관계없이 동위의 카드가 있다면 2장씩 커플로서 제거해 간다. 동점의 카드가 없을 때는 수패를 1장씩 젖혀 사용한다. 하단으로부터 차츰 상단에 이르러 전체 카드를 커플로 할 수 있으면 완성이다.

커플을 만들기 때문에 이 게임의 별명은 '결혼'이라고도 부르기도 한다.

골프

□사용 카드

52장 1세트.

골프

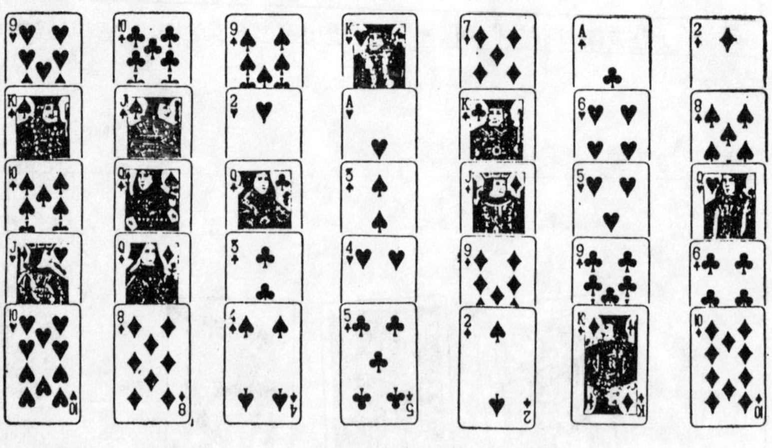

기본패

□레이 아우트

카드를 잘 셔플해서 7장씩 상단의 카드에 조금 비켜서 겹쳐 5단으로 나열한다. 그 밖에 1장 기본패로 아래에 놓아둔다.

□노는 법

각 열의 최하단에 있는 카드로 기본패에 수트에 관계없이 숫자 오름 또는 숫자 내림의 시퀀스를 어디까지나 만들 수 있다. 이 최하단의 카드를 움직이고 나서 순차상의 카드를 사용해 가는 것이다.

장패 중에서 기본패에 이어지는 카드가 없었을 때는, 수패 중에서 새롭게 1장을 기본패로 내고 그 카드를 토대로 해서 새롭게 시퀀스를 다시 만들 수 있다.

전갈

□사용 카드

조커를 제외한 52장 1세트.

□레이 아웃

잘 친 카드를 7장씩 7열로 그림과 같이 늘어 놓는다. 왼쪽부터 4열까지는 3장을 엎고 5, 6, 7열째는 모두 겉 방향으로 나열해서 49장 나열하고 남은 3장은 예비패로서 우단에 엎어둔다.

□노는 법

킹(K)을 기본패로 해서 ◆♥♣♠의 각 수트 수자 내림의 시퀜스를 만드는 것이 게임의 목적이다. 장패 각열의 톱에 해당하는 최하단의 카드로 우선 숫자 내림의 시퀜스를 만들어 간다. 그림의 경우에서는 제 3열의 아래로부터 3장째에 ♥9가 있기 때문에 밑에 3장 붙인채 분리해서 제 7열의 ♥10 밑에 붙인다.

이런 식으로 중간부터 꼬리를 달고 이동할 수 있는 것이 이 게임의 특징으로 마치 전갈과 같이 꾸불꾸불 긴 몸을 이동시키기 때문에 이런 이름이 붙은 것이다.

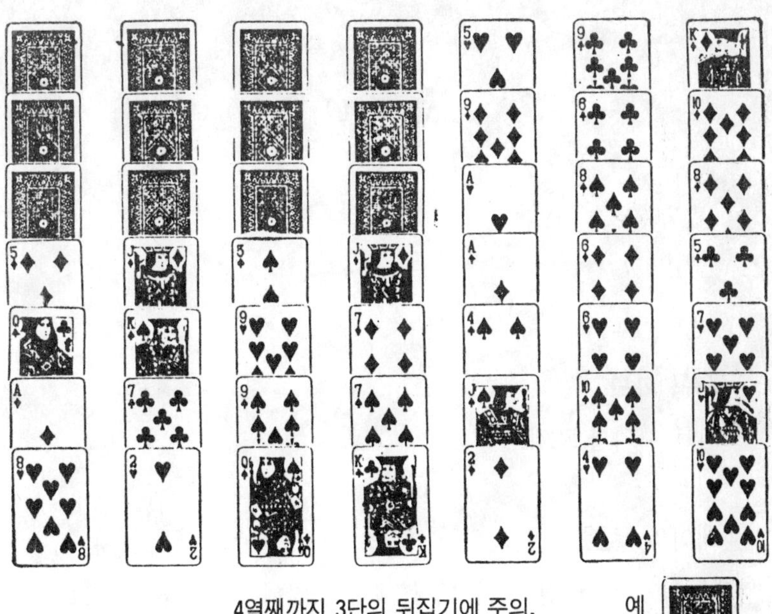

4열째까지 3단의 뒤집기에 주의.

예비패

전갈

그림에서는 이 외도 제 5열의 ♠잭(J)을 제 7열의 톱이 된 ♠퀸(Q) 밑에 ♦2와 함께 이동시킨다.

그래서 제 7열의 톱이 된 ♦2 밑에 제 1열의 ♦에이스(A)를 ♥8과 함께 옮기고 제1열의 톱이 된 ♣퀸(Q)을 제4열의 ♣킹(K) 밑에 붙인다.

더욱이 제 3열의 ♣을 제 5열 ♠4 밑으로 옮기고, 엎어 있던 카드를 열면, ♠2이기 때문에 이것도 제 5열의 ♠3에 이어진다.

어쩔 도리가 없으면 예비패를 1장씩 걸 방향으로 해서 사용한다.

장패 중에 섞여 있는 킹(K)만은 빈 자리가 생기면 그곳으로 옮길 수 있는 힘을 가지고 있다.

이글루

□사용 카드

조커를 제외한 52장.

□레이 아우트

1세트의 카드를 잘 쳐서 13장 세어 중앙에 엎어 놓는다. 그리고 그 양 날개에 각 4장씩 겉 방향으로 늘어놓고 중앙의 엎어진 패 13장 (예비패)의 상부에 1장만 겉 방향으로 뒤집어 놓는다. 이것이 기본패이고 양날개의 각 4장이 바닥패다.

이글루

기본패가 그림과 같이 '7'이었다면 바닥패 및 예비패, 더욱이 수패 중에서 '7'의 카드가 나오면 기본패 위에 세로로 늘어놓고 4장의 기본패를 갖춘다.

□노는 법

기본패와 동종의 숫자 오름 시퀀스를 만드는 것이 목적이다. 장패에 이어지는 카드가 없었다면 예비패로 장패의 빈 자리를 메우고 예비패의 마지막 1장은 겉 방향으로 해서 장패와 같이 사용한다. 예비패가 없어지고 다시 장패의 빈 자리가 생기면 수패로 메운다.

웨이트 클럽

□사용 카드

조커를 제외한 52장.

□레이 아웃

잘 친 카드를 뒤로 엎은 채 왼쪽에서 오른쪽으로 10장 나열한다. 그리고 그 카드에 조금 비켜서 뒤로 엎은 카드를 10장 제 2단에 나열하고 제 3단의 10장은 겉으로 나열한다.나머지 22장은 수패로서 든다.

□노는 법

겉 방향의 장패 중에 에이스(A)가 있다면 상부의 기본패 위치에 놓고 그 에이스(A) 위에 같은 수트의 숫자 오름 시퀀스를 만드는 것이 목적이다. 엎어져 있는 장패를 젖히기 위해서 장패에서도 적흑 교대의 숫자 오름 시퀀스를 만들어 간다.

그림에 대해서 설명하면,♣킹(K)에는 ♥퀸(Q), ♣잭(J), ♥10이 이어지고, ◆7에는 ♠6이 이어져서 2쌍의 숫자내림 시퀀스가 생기며 이것에 의해 4장의 톱카드가 없어져서 제 2단의 카드를 겉으로 뒤집

웨스트 크리프

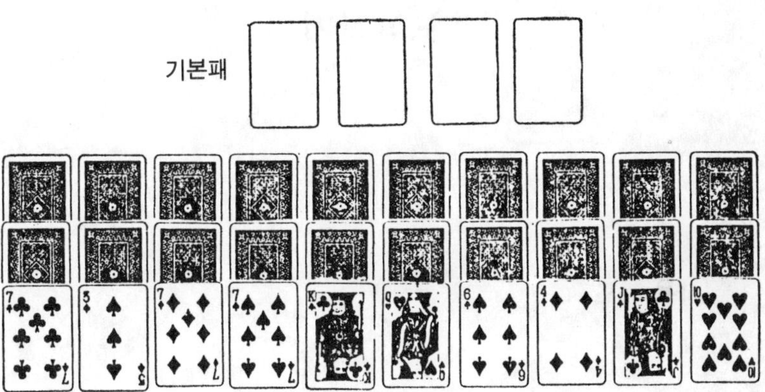

을 수 있어 다시 새롭게 계속할 수 있는 것이다. 장패 중에 이어질 카드가 없어지면 수패에서 1장씩 내려 사용할 수 없는 카드는 사패로서 별도로 겉 방향으로 겹치고 그 톱만은 장패와 마찬가지로 사용할 수 있다. 기본패 위에 에이스(A)부터 킹(K)까지의 동종 숫자 오름 시퀀스가 4쌍 완성되면 성공이다.

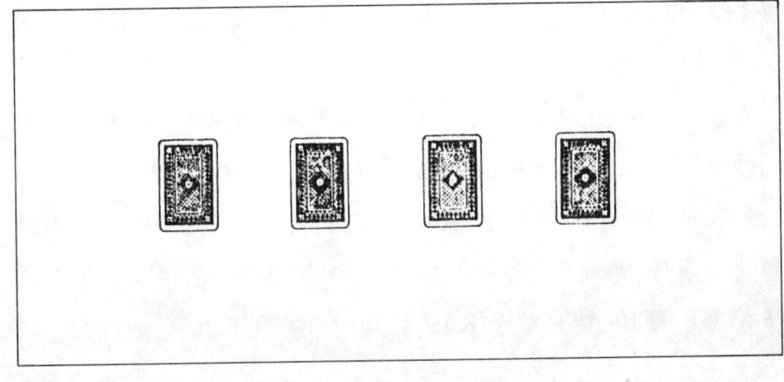

보석찾기

□사용 카드

52장 1세트.

□레이 아우트

카드를 잘 셔플해서 4장씩 엎어 겹치고 그 산을 세로로 4쌍 나열한다. 이것이 예비패가 된다. 나머지 36장 중 1장을 내려 가장 위의 예비패 옆에 나열한다. 이것이 기본패가 된다.

□노는 법

예비패를 톱 카드만 겉으로 뒤집어 보고 기본패와 동종의 ◆10 ◆3 ◆K의 3장이 나왔으면 그것을 기본패 옆에 인덱스(색인)만 보이도록 해서 겹쳐둔다.

기본패가 ◆8이므로 나머지 3장도 ♥8, ♣8, ♠8이 기본패가 되기 때문에 예비패, 수패 중에서 나오면 기본패 위치에 둔다.

처음에 ◆8에 이어진 8–10–3–킹(K)이라고 하는 ◆의 순서가 ♥에, ♣에, ♠에도 적용되는 것이 이 게임의 특징이다. 즉, ♥도 또한 ♥8–♥10–♥3–♥킹(K)으로 이어지지 않으면 안 된다.

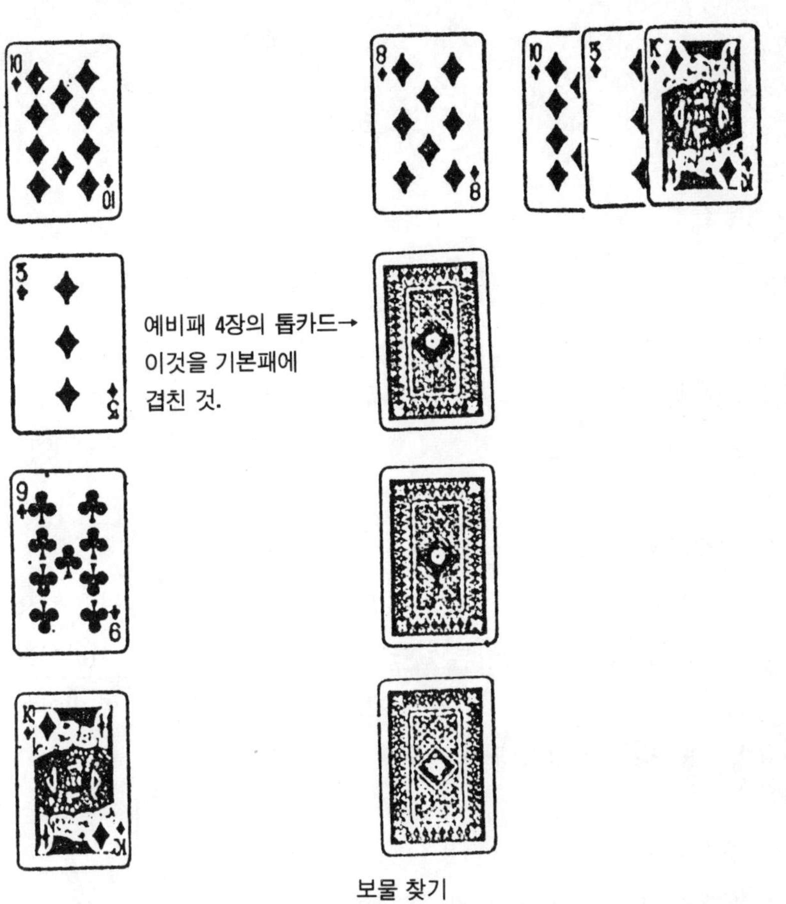

보물 찾기

예비패가 기본패에 이어지지 않았을 때에 수패에서 3장씩 겉으로 뒤집어서 사용할 수 있는 카드는 기본패로 사용하고 사용할 수 없는 카드는 사패로서 별도로 겉 방향으로 겹쳐둔다. 사패의 톱 카드도 예비패의 톱 카드와 마찬가지로 기본패에 이어질 수 있는 권리를 가지고 있다.

수패가 다 나오면 몇 번이라도 반복해서 사용할 수 있다.

유콘

□사용 카드

조커를 제외한 52장.

□레이 아웃

처음에 그림과 같이 28장의 카드를 나열한다. 저변의 7장만은 겉으로 뒤집고 상단은 모두 위로 엎는다. 이것을 다 나열하면 이번에는 저변의 2장째부터 6장씩 겹쳐서 4단, 합계 24장을 겉으로 뒤집어서 나열한다. 결국 52장 전부가 바닥패가 된 셈이다.

□노는 법

장패의 톱에 에이스(A)가 있다면 그것을 꺼내 기본패로 삼는다. 그 위에 같은 수트의 숫자 오름 시퀀스를 4쌍 완성하는 것이다.

각 장패의 겉 방향의 카드를 그 위에 겹쳐져 있는 카드와 함께 이동시켜서 적·흑 교대의 숫자 내림 시퀀스를 만든다.

겉 방향의 장패가 없어진 열에는 엎어진 패의 톱 카드를 젖혀서 사용한다.

장패에 빈 열이 생기면 킹(K)또는 킹(K)부터 이어지는 시퀀스를 그대로 옮겨서 메우도록 한다.

유콘

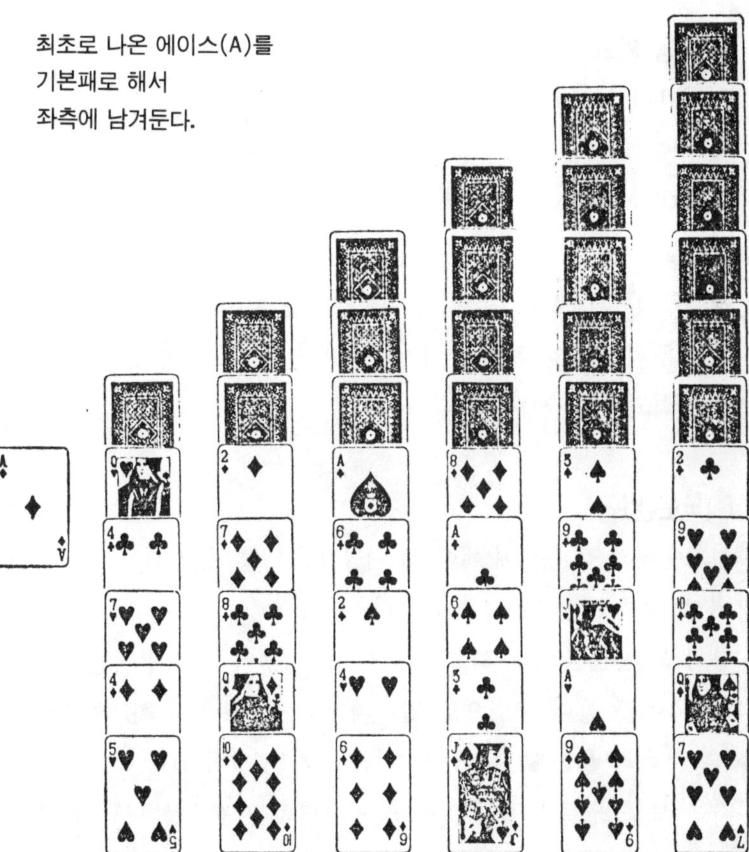

스트리트 아베뉴

□사용 카드

52장 1세트.

□레이 아우트

1세트의 카드를 잘 쳐서 그림과 같이 한가운데를 공백으로 하고 전체 카드를 4열로 나열한다. 이 때 장소를 차지하지 않도록 조금씩 비켜서 겹쳐 나열하고 왼쪽 날개에 7장씩 4단, 오른쪽 날개에 6장씩 4단 전체 카드를 다 나열한다.

□노는 법

한가운데의 겉 통로에 에이스(A)를 4장 내놓고,그 위에 같은 수트의 숫자 오름 시퀀스를 4쌍 만든다.

톱이 되는 것은 옆의 각열의 스트리트로부터 가장 떨어진 양끝의 카드다. 예를 들어 그림으로 말하자면, 좌측의 ◆2, ♥9, ♥퀸(Q), ◆4와 우측의 ♣7, ♥6, ♠5, ◆3이라고 하는 것이 된다.

좌우 모두 수트에 관계없이 숫자 내림의 시퀀스를 만들어 간다. 그리고 끝의 카드가 이동하면 그 다음 카드를 사용할 수 있게 된다.

스트리트 아베뉴

한가운데의 엎어져 있는 카드 부분은 공백이 된다.

그리고 에이스(A)의 카드가 톱 위치에 오면 중앙의 스트리트 기본패의 위치에 놓고 그 위에 동종의 숫자 오름 시퀀스를 만든다.

장패가 전부 이동해서 빈 자리가 된 열에는 다른 열에서 다른 카드를 1장 가져다 메우는 것이다.

둘러싸인 성

□사용 카드

조커를 제외한 52장.

둘러싸인 성

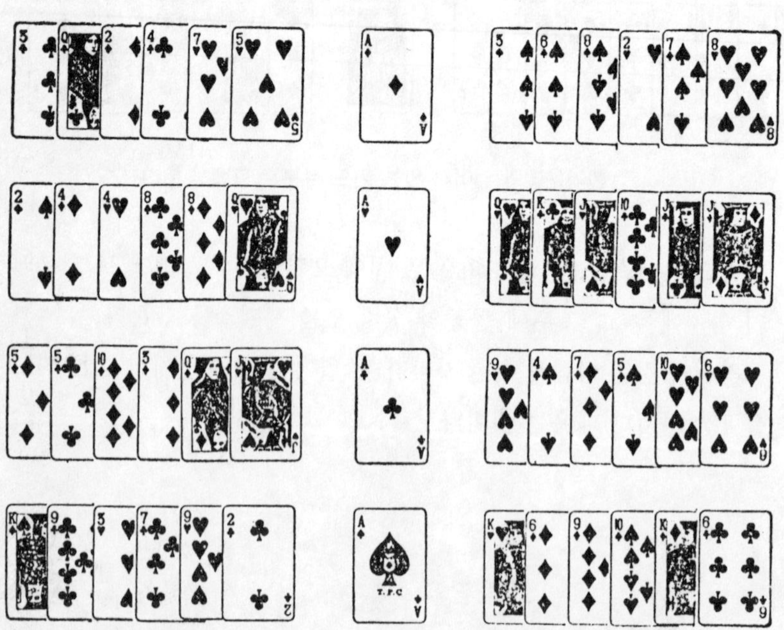

카드를 나열하는 순서는 에이스(A)의 왼쪽부터 오른쪽으로 1단씩

□레이 아우트

처음에 에이스(A) 4장을 빼내 중앙에 세로로 기본패로서 나열한다.

그 좌우 양 날개에 나머지 48장을 좌우 양 날개에 6장씩 그림과 같이 나열한다.

□노는 법

좌우 양 날개의 양끝 8장의 카드가 톱 카드가 된다. 그것을 움직여서 기본패인 에이스(A) 위에 동종 숫자 오름 시퀜스를 만든다. 또한 장패 끼리 서로 움직여서 숫자 내림의 종류에 관계없이 시퀜스를 만들 수도 있다. 장패를 움직여서 생긴 빈 자리는 다른 장패로 메운다.

요새

□사용 카드

52장 1세트.

□레이 아우트

'둘러싸인 성'과 같이 좌우 양날개에 등분으로 전체 카드를 장패로서 나열하지만 1단 많아서 장패가 각 5단, 1단의 장수는 5장씩이다. 2장 남으니까 그것을 좌우 양날개의 최상단에 좌우 1장씩 붙인다.

□노는 법

에이스(A) 4장은 처음에는 장패로서 나열하지만, 장패의 톱으로 나왔을 때에 중앙의 기본패 위치로 옮겨 동종의 숫자 오름 시퀀스를 2부터 킹(K)까지 만들어서 에이스(A) 위에 겹친다.

장패를 서로 움직여서 시퀀스를 만드는 것도 '둘러싸인 성'과 같지만 이 경우는 동종의 카드로 한정되기 때문에 한층 더 어려워진다. 단, 숫자 오름으로 할지, 숫자 내림으로 할지는 당신 자유다.

벽 속의 고양이

□사용 카드

52장 1세트.

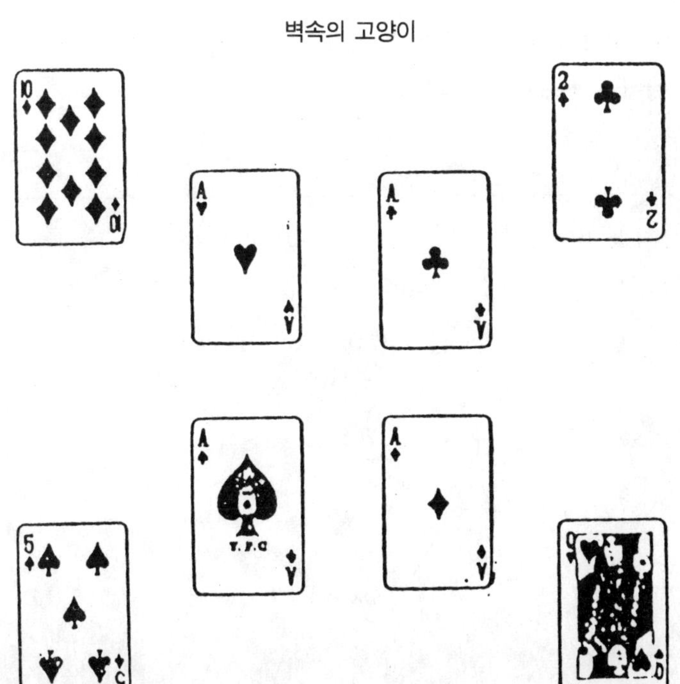

□레이 아우트

그림과 같이 에이스(A) 4장을 한가운데에 4각으로 놓아 기본패로 삼고 그 바깥쪽에 장패를 4장 나열한다.

□노는 법

장패를 중앙의 에이스(A) 위에 겹쳐 킹(K)까지의 동색(수트는 달라도 상관없다)의 시퀜스를 만든다.

그림의 경우, 최초의 장패로부터는 ♣2를 ♣에이스(A)위에 얹는다. 그러나 이것만으로는 나머지는 계속되지 않기 때문에 수패에서 4장을 내놓고 1장씩 장패 위에 얹어 새삼스럽게 기본패에 이어지는 카드를 골라낸다.

사패는 2번까지 사용할 수 있지만 처음에 장패에 둔 순서로 모아 뒤로 뒤집어서 그대로 수패로 삼는다.

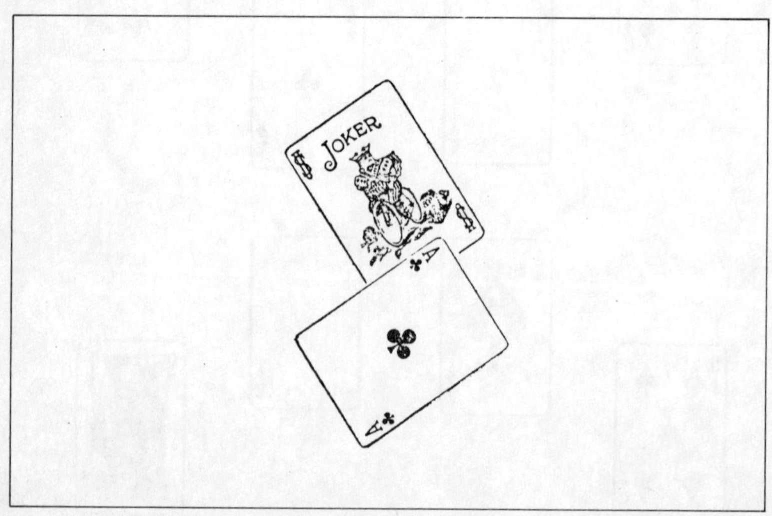

화단

□사용 카드

52장 1세트.

□레이 아웃

잘 셔플한 카드를 그림과 같이 6장씩 겹쳐서 6개의 산을 만든다. 나머지 16장의 카드를 부채 모양으로 펴서 왼손에 든다.

6장씩의 6개의 산, 즉 이 36장이 장패가 되고 별도로 기본패 4장은 여기에서 나온 카드 중에서 에이스(A) 를 골라서 나열해 두도록 한다.

□노는 법

장패는 산의 톱 카드 이외에는 사용할 수 없다. 그러나 16장의 수패는 어느 카드나 마음대로 움직일 수 있다.

장패의 톱이나 16장의 수패 중에 에이스(A) 가 있었다면 기본패로서 골라 내어 다른 위치에 놓아 둔다. 그리고 이 에이스(A)로 동종의 숫자 오름 시퀀스를 만드는 것이 게임의 목적이다.

우선 장패의 톱 카드와 손에 든 패로 적·흑 교대의 숫자 내림

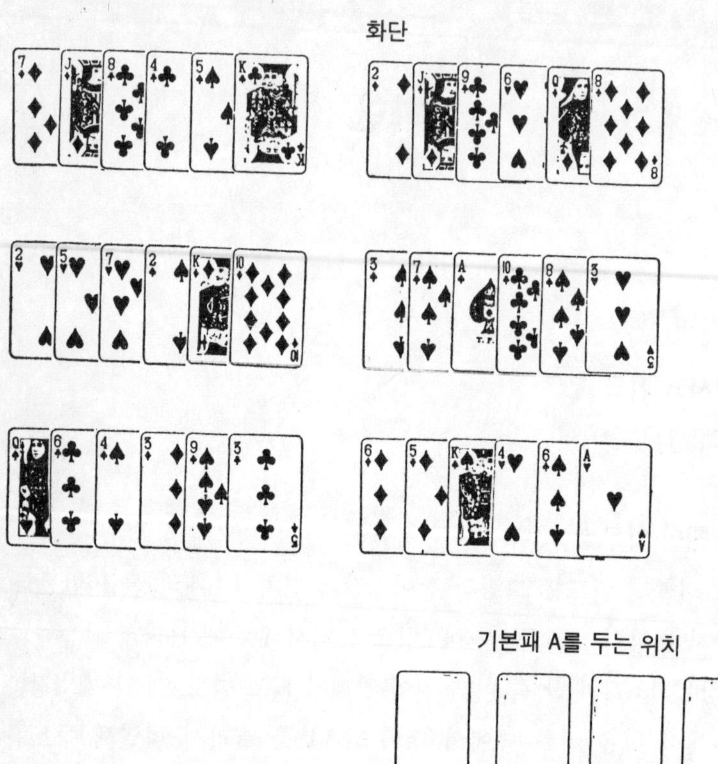
화단
기본패 A를 두는 위치

수패

시퀀스를 만들도록 한다. 그림의 경우는 장패의 톱으로부터 ♥에이스(A), 수패 중에서 ◆에이스(A), ♣에이스(A)를 골라내 기본패 위치에 둔다. 더욱이 수패 중에 ♣2가 있었기 때문에 기본패의 ♣에이스(A)에 겹친 후 장패의 ♣3을 얹는다.

이것으로 기본패에 이어지는 카드는 이제 없기 때문에 장패의 ◆6 앞에 수패 ♣5, ◆4를 나열하고, 장패의 ♠3을 그 위에 겹쳐서 숫자 내림 시퀀스를 적, 흑 교대로 만들어 간다.

이렇게 해서 기본패 위에 에이스(A)부터 킹(K)까지의 숫자 내림의 산이 전부 갖춰지면 성공이지만 매우 머리를 잘 써서 카드를 이동시키지 않으면 어려운 게임이다.

할아버지의 시계

□사용 카드

52장 1세트.

□레이 아웃

1세트의 카드 중에 ◆2, ♣3, ◆4, ♠5, ♥6, ♣7, ◆8, ♠9, ♥10, ♣잭(J), ◆퀸(Q), ♠킹(K)을 적·흑 교대로 12장을 빼내 그림과 같이 9를 시계의 12시 지점에 두고, 1시 지점에 10, 2시 지점에 잭(J)이라고 하는 식으로 나열한다. 이것이 기본패가 된다.

나머지 카드는 잘 쳐서 8장의 열을 5개씩 비켜 겹쳐서 그림과 같이 만든다. 돌리는 법은 왼쪽에서 오른쪽으로 1단씩 놓아 주면 된다. 이것이 장패가 된다.

□노는 법

장패에서 카드를 내려 시계의 문자판이 되어 있는 기본패 위에 같은 수트의 숫자 오름 시퀀스를 만든다. 이 시퀀스는 킹(K)에서 에이스(A)로 이어지는 것으로 그 시계의 문자판을 정확히 나타내는 숫자—예를 들면 ♥9 지점은 ♥퀸(Q)가 되면 12시를 나타내는

할아버지의 시계

9를 시계 문자판의 12시에 두는 점에 주의.

것이므로 그것으로 완성,◆3의 지점은 ◆4, ◆5와 겹쳐서 ◆6이 되면 6시 위치에 있기 때문에 그것으로 완성이다. ♥10에는 ♥잭(J), ♥퀸(Q), ♥킹(K), ♥에이스(A) 로 1시가 된다. 이렇게 해서 모든 문자판이 진짜 시계와 일치하면 완성이 된 것이다.

장패의 톱은 기본패의 시퀀스로 옮길 수 있고 또 장패끼리 수트에 관계없이 숫자 내림 시퀀스를 만들면 마찬가지로 이동할 수 있다.

1행을 전부 옮겨 버린 빈 자리에는 다른 행의 톱 카드를 옮겨서 메울 수도 있다.

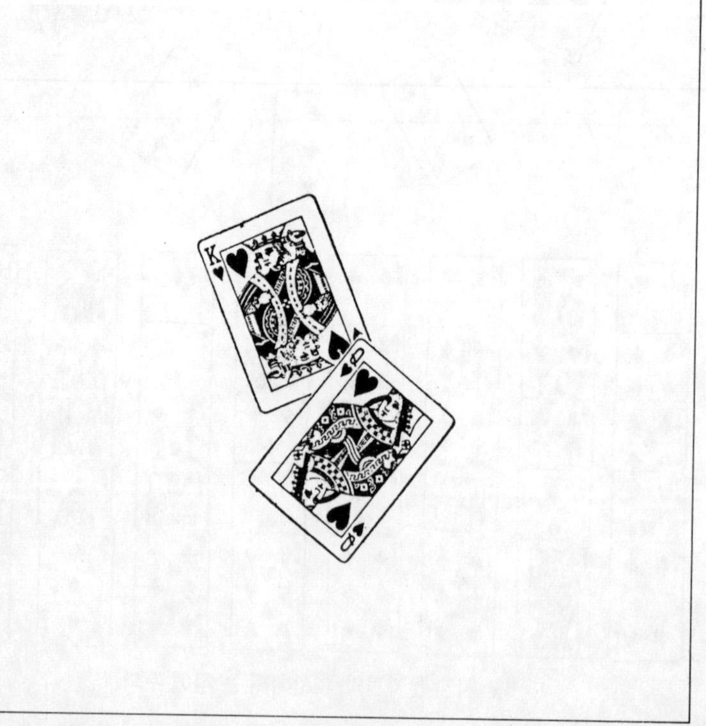

루시

□사용 카드

52장 1세트.

□레이 아우트

카드를 잘 셔플해서 그림과 같이 3장씩 17장을 만들고 나머지 1장을 마지막에 놓아둔다.

□노는 법

3장 나열한 쌍의 우단이 톱 카드가 된다. 톱 카드 중에 에이스(A)가 있었다면 별도로 기본패로 삼아서 4장 1조로 나열한다.

톱 카드로 기본패의 숫자 오름 시퀸스를 만들지만 동시에 장패끼리의 숫자 내림 시퀸스를 만드는 것도 필요하다. 시퀸스는 같은 수트로 만드는 것이 조건이다.

3장의 쌍이 모두 다른 곳으로 출동해 버린 후는 그대로 빈 자리로 놓아 둔다.

막혀서 움직일 수 없게 되어 버리면 남은 장패 전부를 철수해서 다시 쳐서 앞과 같이 재나열하여 다시한다. 2번까지는 다시 할 수

루시

있지만 그래도 전망이 없을 때는 톱 다음의 패를 1장 어느 것인가 빼 내서 기본패나 장패의 시퀀스에 있는 것이 특전으로서 허락되고 있다. 이 최후의 특전에도 실패하면 이제 희망은 없다.

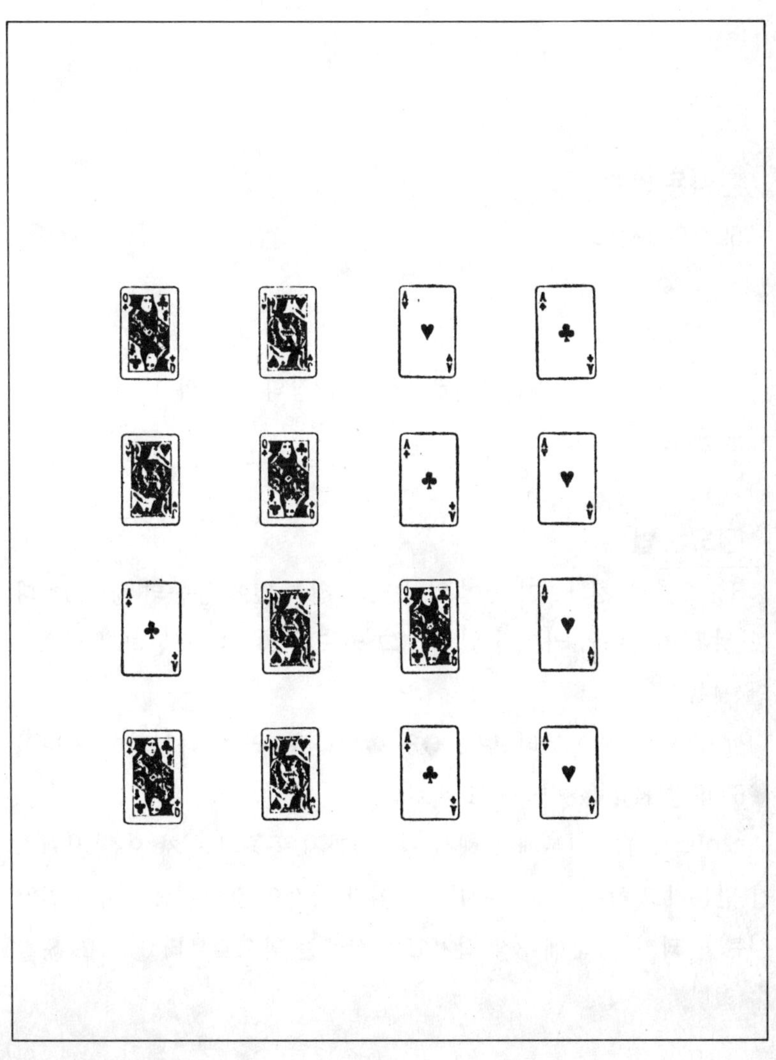

샘록

□사용 카드

52장의 1세트.

□레이 아우트

'루시'의 경우와 마찬가지로 3장씩 17장의 장패와 나머지 1장을 나열한다.

□노는 법

3장조 중에 킹(K)이 들어 있다면,그 왼쪽 옆에 동종의 킹(K)보다도 낮은 자릿수의 카드가 있으면 그 카드와 위치를 교환하지 않으면 안된다.

예를 들면 왼쪽부터 ♥6, ◆8, ◆킹(K)이라고 나열되어 있다면 ♥6, ◆킹(K), ◆8이라고 교환한다.

에이스(A)를 기본패로 해서 킹(K)까지 동종의 숫자 오름 시퀜스를 만든다고 하는 점은 '루시'와 같지만 각각의 쌍에는 3장 이상 겹쳐서는 안되기 때문에 3장 겹쳐있는 산에는 밖으로부터 카드를 옮길 수 없다.

혼자 포카

□사용 카드

52장 1세트.

□레이 아우트

1세트의 카드를 잘 셔플해서 25장의 카드를 세로, 가로로 5장씩 나열하는 것인데 그 나열방법에 따라 득점이 다르기 때문에 잘 생각해서 배열하지 않으면 안된다. 더구나 한번 밑에 두고 나열한 카드는 다시 움직일 수 없기 때문에 가능한 한 많은 역을 만들도록 신중하게 생각해서 나열해 가는 것이 중요하다.

이 포카의 채점표는 여러가지 있지만 아메리카식과 영국식의 채점법을 여기에 들어둔다.

	미국식	영국식
1. 로얄 플래쉬……………………………………	100점	30점
에이스(A), 킹(K), 퀸(Q), 잭(J), 10이 동종		
2. 스트레이트 플래쉬………………………………	75점	30점
에이스(A) , 2, 3, 4, 5가 동종		
3. 포 카드…………………………………………	50점	16점

4장 갖춘 동위패

4. 폴 하우스……………………………………………25점　10점

동위패 3장(스리카드)와 두장(원페어)의 1쌍

5. 플래쉬……………………………………………20점　5점

같은 종류의 5장

6.스트레이트……………………………………………15점　12점

종류는 다르지만 시퀀스의 5장

7. 스리 카드……………………………………………10점　6점

동위패 3장

8. 투 페어……………………………………………5점　3점

동위패 2장이 2쌍

9. 원 페어……………………………………………2점　1점

동위패 2장 1쌍

10. 노 페어……………………………………………0점　0점

전연 역이 배당되지 않은 때

크리벳지 솔리테어

제 1 방법

□사용 카드

52장 1세트.

□레이 아우트

잘 셔플한 카드를 3장씩 2단으로 6장 뒤집어 엎어서 나열한다. 다음에 2장을 오른쪽으로 조금 떨어져서 마찬가지로 엎어서 나열한다. 이것을 크리브라고 한다.

□노는 법

처음에 나열한 왼쪽의 6장을 젖히고, 그 중에서 유망한 점이 많이 보이는 것 같은 카드 4장을 남기고 2장을 크리브 밑으로 가지고 간다. 그리고 손에 든 패에서 1장을 내려 겉 방향으로 그 밑에 둔다. 이 패를 스타타라고 부른다. 스타타가 나오면 앞의 4장과 합쳐 5장으로서 역이 배당되었는지, 어떤지를 조사해서 계산한다.

득점은 종이에 기록하든가, 본격적으로는 '크리벳지 모오드'라고

크리벳지 솔리테르(1)

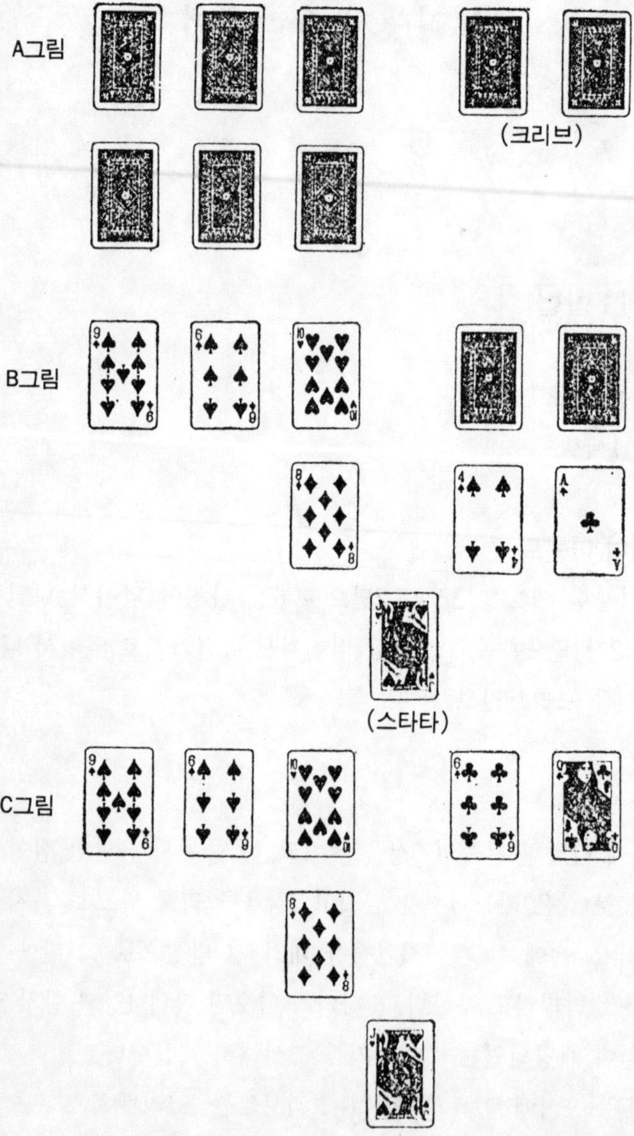

크리벤지 솔리테르(2)

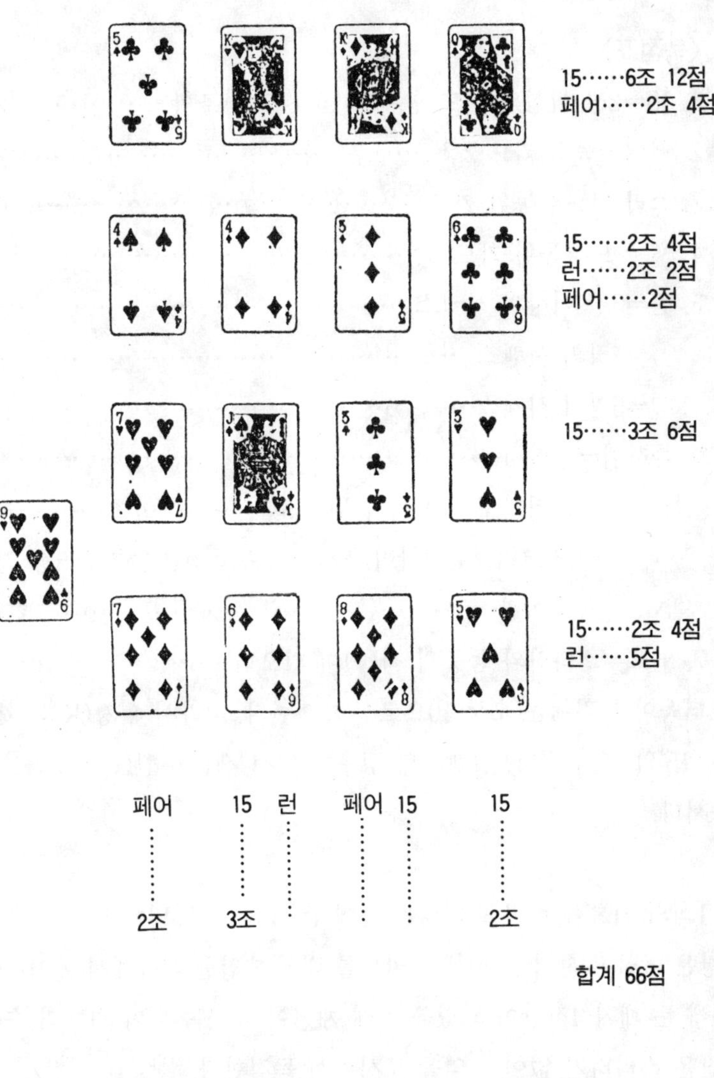

합계 66점

4점 6점 3점 2점 2점 4점

하는 구멍이 많이 뚫려 있는 판자에 못을 찔러서 스코어를 채점한다.

〈득점표〉

1. 15=2장 이상의 카드 합계가 15가 되는 조합……………2점
2. 페어=동위 카드 2장……………………………………2점
3. 스리 카드=동위 카드 3장………………………………6점
4. 포 카드=동위 카드 4장…………………………………12점
5. 런=3장 이상의 시퀀스……………………………………3점
   =4장의 시퀀스……………………………………………4점
   =5장의 시퀀스……………………………………………5점
6. 플래쉬=동종 4장…………………………………………4점
   =스타타도 포함해서 동종 5장……………………5점
   =단 크리브는 4장이 플래쉬라도 득점은 없지만 5장 동종이면………………………………………………5점
7. 노브=스타타와 동종의 잭(J)이 있으면……………………1점

더욱이 그림패는 모두 10으로서 계산한다. 따라서 ◆킹(K)과 ◆5는 '15'의 역이 된다. 시퀀스의 경우는 역시 잭(J)-퀸(Q)-킹(K)의 순서다.

1회의 기록을 하면 스타타를 손에 든 패의 가장 밑에 넣고 장패의 8장은 버리고 손에 든 패에서 카드를 내려 게임을 계속해서 마지막에 손에 든 패가 4장만이 되었을 때에 게임이 끝나는데 이 최후의 수패 4장은 스타타가 없어도 역을 조사해서 득점한다.

그림의 경우는,

B그림에서 ♠9와 ♠9로 '15', ♦8, ♠9, ♥10으로 '런'이 되어 5점이 되었다. 이 밖에 역은 없기 때문에 엎어져 있는 2장의 크리브를 젖힌다(그림).

♣퀸(Q)과 ♣에이스(A), ♠4로 '15'이기 때문에 2점 스타타는 도움이 되지 않았다. 이것으로 득점은 합계 7점이 된 셈이다.

제 2 방법

□사용 카드

52장 1세트.

□레이 아우트

잘 셔플하고 나서 16장의 카드를 꺼내 4장씩 4단으로 나열한다. '혼자 포카' 때와 마찬가지로 상, 하, 좌, 우, 대각선 어디에서나 마음대로 역이 생기도록 유의해서 나열한다.

다음에 수패에서 스타타로서 1장 내리고 각열 각단의 카드에 스타타를 포함해서 계산, 점수를 낸다. 세로, 가로의 점수를 계산해서 61점 이상이 되면 성공이다.

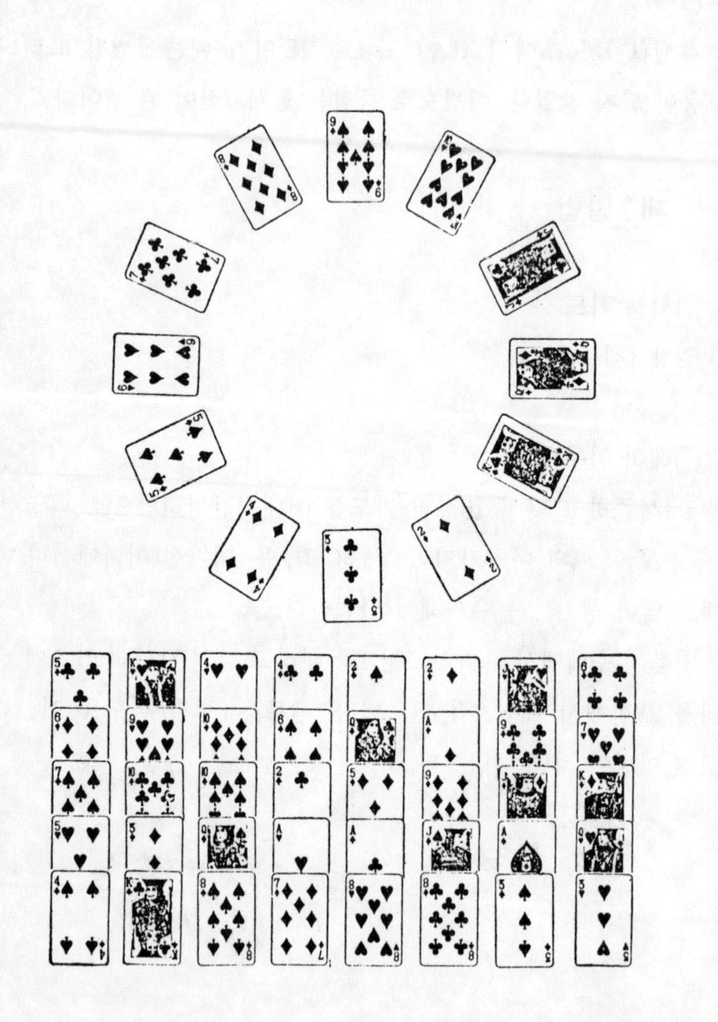

제 3 장

아베크 대상의 트럼프 게임

연인끼리 데이트 할 때에 또는 신혼부부의 식후에 아베크 대상의 트럼프 게임을 즐겨 주기 바란다.

혼자 놀이와 달리 어느 쪽인가가 딜러가 되지 않으면 안되기 때문에 가위 바위 보 보다 카드 계급의 대소로 결정하라. 승부는 앙심먹고 싸움이 되지 않도록 어디까지나 공정하게 승패를 겨루고 끝난 후는 즐겁게 커피라도 즐겨주기 바란다.

워(war)

□사용 카드

52장 1세트.

□레이 아웃

가위 바위 보에서 이긴쪽이 '딜러'가 되어 카드를 잘 쳐서 반씩 나눈다. 그리고 두사람 앞에 등분으로 엎어 놓고 '원 투 스리'의 구령 소리와 함께 톱 카드를 젖힌다.

계급이 큰 카드를 젖힌 쪽이 승리로서 진 쪽의 카드를 빼앗을 수 있고 이 두장을 뒤로 엎어서 자신이 가지고 있는 패 밑에 넣고 다음 카드를 젖힌다. 쌍방이 동위패로 승부가 나지 않을 때는 2장 모두 바닥에 내놓고 다음 카드도 뒤로 엎은 채 이것도 바닥에 내놓고 그 다음 카드를 젖혀 승부를 정한다.

그래서 이기면 무승부 카드 2장, 뒤로 엎은 채 바닥에 내놓은 2장 거기에 지금 나온 2장의 합계 6장을 얻을 수 있다. 그 경우 또 동위패였다면 다시 다음을 뒤로 엎은 채 바닥에 내놓고 그 다음 카드로 결승을 하기 때문에 거기에 이기면 한꺼번에 10장을 획득할 수 있다. 이렇게 해서 상대의 카드를 전부 자신 쪽으로 가지고 와 버리면 완전히 승리를 얻는 게임이다.

구령을 외치기 때문에 그만 신이 나서 흥분하게 되는 아베크 대상의 게임이다.

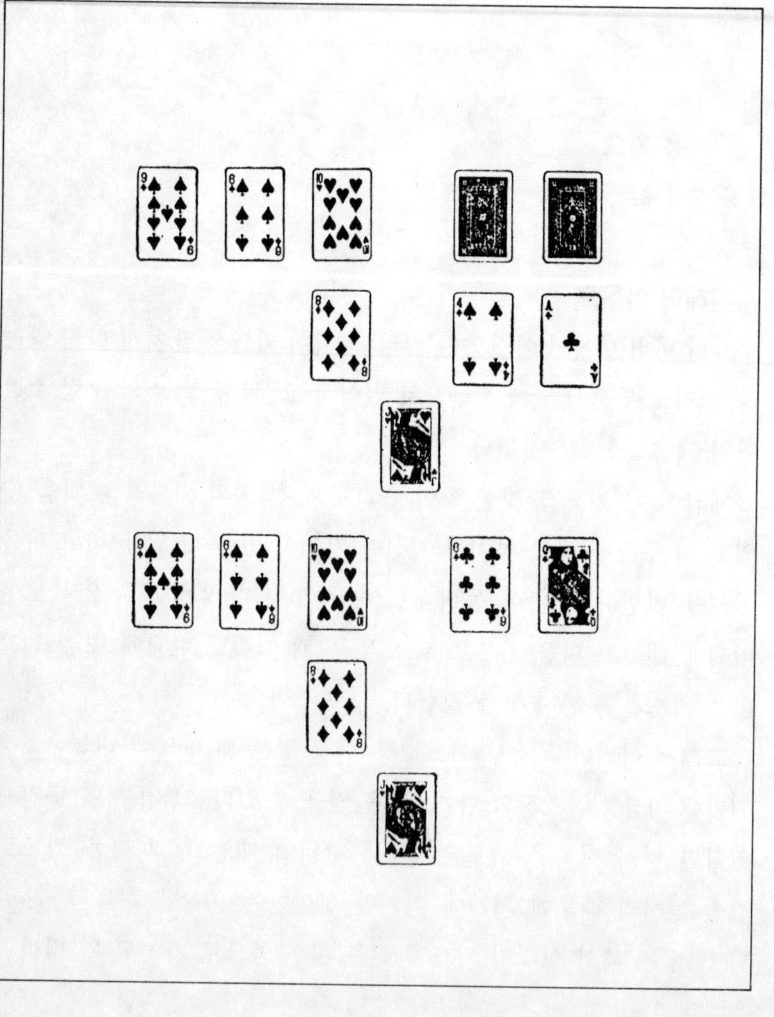

퀵 릴레이

□사용 카드

52장 1세트.

□레이 아우트

가위 바위 보로 정한 딜러가 카드를 2분해 뒤로 엎고 4원, 투 스리로 자신의 산의 톱 카드를 젖힌다——고 할 때까지는 앞의 '워'와 같지만 노는 법은 조금 복잡해진다.

젖힌 카드에서 에이스(A)가 나오면 겉 방향으로 바닥 중앙에 놓지만 다른 카드였다면 뒤로 엎어서 다른 산을 만든다.

또 2가 나오면 어떤 수트라도 좋으니까 에이스(A) 위에 재빨리 겹쳐서 3—4—5—6—7—8—9—10— 잭(J)—퀸(Q)—킹(K)과 같이 수트에 관계없이 숫자 오름 시퀜스를 만든다. 이렇게 해서 1쌍이라도 많이 빠르게 시퀜스를 만든 쪽이 승리한다.

가지고 있는 패를 전부 젖혀도 시퀜스를 할 수 없었다면 새롭게 겹친 산을 젖혀서 반복하는 것은 좋지만 그만 도중에서 엎어놓기 위해서 새로운 산을 잘못 젖히거나 이미 놓아 버린 카드를 고쳐 생각하고 시퀜스에 덧붙이는 것은 벌을 받지 않으면 안된다.

베스트 포

□사용 카드

52장 1세트.

□노는 법

카드를 4장씩 돌리고 나서 4장을 바닥에 펴고 나머지는 엎어 놓은 채 바닥에 쌓아둔다.

4장의 수패와 장패를 견주어 보고 동위의 카드가 있으면 맞춰서 가져오고 바닥의 산패에서 1장 젖혀 그 카드와 동위패가 장패 중에 있으면 또 맞춰서 가려 오지만 없으면 수패를 1장 버리고 쌓인 패를 젖혀 그것도 없을 때는 바닥에 버린다.

거의 화투와 같은 방법이지만 수패가 ◆8이고, 장패에 ♣5, ♠3이 있다면 1장의 ◆8로 이 2장을 가져올 수 있고 ◆5와 ♣5가 바닥패에 있을 때에 수패 또는 산패를 젖혀서 ♥5가 나오면 ◆5도 ♣5도 2장 모두 가져올 수 있다.

이것은 5뿐만 아니라 숫자가 붙은 카드 모두에 적용된다. 잭(J), 퀸(Q), 킹(K)의 그림패는 2장 합계도 동위패 전부를 가져온다고 하는 것도 적용되지 않는다. 반드시 1장씩이 아니면 안된다.

4장의 수패가 없어지면 산패에서 4장 가져와서 수패로 삼아 카드가 없어질 때까지 게임을 계속한다.

카드가 없어지면 다음과 같은 득점표로 계산해서 승부를 정한다.

2부터 10까지……카드의 수와 동일

에이스(A)와 킹(K)……20점, 퀸(Q)……15점, 잭(J)……12점

이 밖에 동위패 4장 갖추었을 때는 그림패와 에이스(A)……20점 가산, 9와 5……10점 가산, 그림패와 에이스(A)와 9와 5가 2장씩 8장 갖추었을 때……15점 가산, 세쌍 갖추었을 때……10점 가산.

단, 이들 점수는 둘이서 의논해서 정해도 괜찮다.

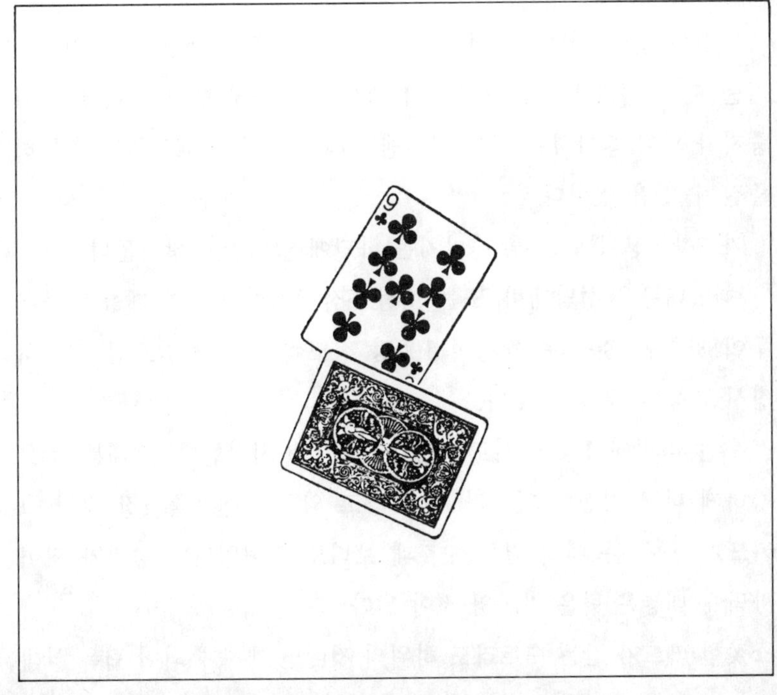

패트

□사용 카드

52장 1세트.

□노는 법

이것은 팁(계산패)을 사용하는 갬블 게임인데 부부나 연인끼리 겨룰 때는 성냥개비 등으로 계산해서 일정수에 빨리 다다른 쪽이 승자가 되어 좋아하는 것을 프레젠트 해 받도록 정하고 놀면 충분히 즐길 수 있을 것이다.

카드를 4장씩 도른 후 나머지는 바닥에 엎어놓고 쌓아둔다.

팁의 대용은 성냥개비, 또는 10점, 5점, 1점이라고 쓴 패를 만들어 두어도 좋을 것이다. 쌍방이 100점 정도씩 가지고 있으면 상당히 장시간 동안 즐길 수 있다.

우선 바닥에 1장씩 서로 내놓고 게임을 시작한다. 수패를 보고 강하게 나갈 자신이 있으면 '패트'라고 외치고 산패를 1장 젖혀 그 카드가 손에 든 패의 같은 수트패 보다도 고위였다면 승리가 되어 바닥에 내놓은 팁은 자신의 것이 된다.

젖힌 카드가 같은 수트라도 하위의 것이면 패하게 되어 팁은 상대의 것이 된다. 가지고 있는 패가 없어졌을 때 또는 일정한 텁을 어느 쪽인가 한쪽이 득점하면 종료하면 될 것이다.

흑과 적

□사용 카드

조커를 넣고 53장 1세트.

□노는 법

딜러가 된 사람은 처음에는 조커를 빼고 잘 쳐 1장씩 교대로 쌍방에게 4장씩 도르고 남은 44장에 조커를 넣고 다시 잘 셔플해서 바닥에 쌓아둔다.

우선 딜러가 자신의 수패에서 1장을 내놓고 바닥의 산패를 1장 젖혀 손에 든 패와의 승부를 본다.

· ◆(적)은 ♣(흑)에 이기지만 ♠(흑)에 진다.

· ♥(적)은 ♠(흑)에 이기지만 ♣(흑)에 진다.

· ♣(흑)과 ♠(흑), ◆(적)과 ♥(적)은 무승부
이다.

그러나 ♥에이스(A)는 ♣의 모두에게 이기고 마찬가지로 ♣에이스(A)도 ◆의 모두에게 이긴다.

처음에 딜러가 수패에서 ♠5를 내놓고 산패를 젖히자 ◆잭(J)이 나오면 ♠5는 그대로 바닥에 남겨놓고 ◆잭(J)만을 가지고 간다.

젖힌 카드가 ♠ 또는 ♣였다면 무승부로 2장 모두 바닥에 둔다.

그리고 다음에 상대가 손에 든 패에서 ♥8을 내놓으면 바닥의 ♠5를 가져갈 수 있다.

산패 중에서 조커가 나오면 거기에서 쌍방이 가지고 있는 패를 세어서 앉은 쪽이 승리가 된다.

러미(Rummy)

□사용 카드

조커를 포함한 53장.

□노는 법

딜러를 정하면 잘 셔플해서 각자 7장씩 돌리고 나머지는 바닥에 산패로서 둔다.

이 게임은 '브리지'의 일종으로 동위패 또는 시퀀스의 3장 또는 4장 갖춤의 역을 만드는 것이 목적이다. 이 경우의 시퀀스는 같은 수트의 것을 말한다.

우선 손에 있는 카드를 잘 보고 나서 딜러가 아닌 쪽이 산패에서 1장을 집어 자신의 수패에 더한다. 그 카드가 스스로 만들고 싶다고 생각한 역에 필요하면 손밑에 남기고 불필요하다고 생각하는 수패를 1장 대신해서 버린다. 젖혀 온 카드가 불필요한 것이었다면 그대로 버린다.

이렇게 해서 교대로 1장 가져오고는 1장 버려 빨리 7장으로 2쌍의 역(7장 전부가 이어지는 시퀀스라면 1쌍이라도 좋다)을 만들어 버리면 그 사람이 '종료'로 상대는 손에 남아 있는 카드로 마이너스 점수를 세어서 몇 번이나 계속하여 어느 쪽인가가 마이너스 3백점이 되면 지게 되고 게임은 끝난다.

점수 계산법은 그림패와 에이스(A)는 모두 마이너스 10점씩 숫자패는 그 숫자 만큼이 마이너스 ◆8이면 마이너스 8점이 된다.

조커는 어느 카드로도 대용할 수 있는 만능(올 마이너스)카드다.

더욱이 산패가 없어지면 버려진 카드를 모아서 엎어놓고 다시 산패로 사용한다.

상대가 종료할 것 같거나 또는 상대가 버린 카드가 갖고 싶을 때에 수패 중에 이미 역이 완성되어 있으면 공개해도 상관없다.

단, 역의 합계점이 20점 이상이 아니면 안 된다. 예를 들면, 10 · 9 · 8이라고 하는 시퀜스나 7이 3장이면 20점을 넘고 있지만 5 · 6 · 7이라든가 4가 4장이면 자격이 없다.

만일 졌을 경우에 1쌍이라도 내리고 있으면 그 점수만은 마이너스에서 줄게 된다.

상대가 1쌍 내리고 있고 자신도 마찬가지로 1쌍 내리고 있다고 하는 대등이 권리를 가지고 있는 경우에 한해서 상대의 역이 5 · 6 · 7이고 자신이 4나 8을 가지고 있으면 이것에 붙여서 자신의 그 카드를 내려도 상관없다.

또 상대가 조커의 강점을 이용해서 ♥잭(J), ◆잭(J), ♣잭(J)을 내리고 있었을 때에 자신에게 ♠잭(J)이 있으면 그것을 상대에게 붙여서 상대의 조커를 빼앗아서 자신의 좋은 찬스로 이용할 수도 있다.

2쌍의 역만 완성되면 1쌍의 합계가 20점 이상이 되지 않더라도 2쌍으로 20점 이상이 되면 종료할 수 있다. 그러나 3장의 역이 2쌍 완성되어도 1장 남아 있으면 종료할 수 없다.

3장과 4장의 2쌍의 역이나 7장 1쌍의 시퀀스를 만들면 안된다.

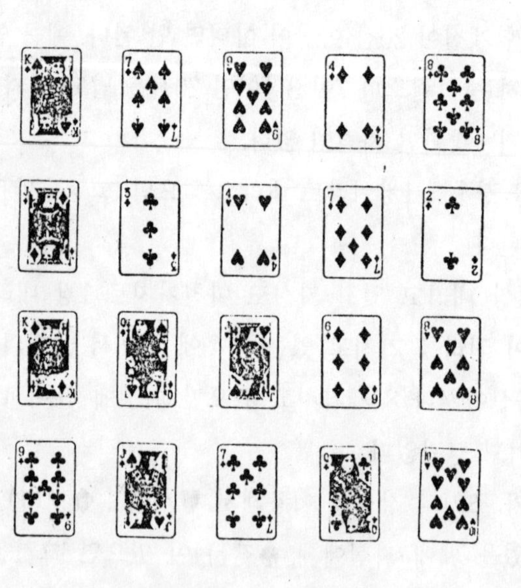

에카르테(Ecarte)

□사용 카드

조커, 각종의 2, 3, 4, 5, 6의 21장을 제외한 32장.

□돌리는 법

쌍방 5장씩 돌린다. 돌리는 법은 처음에 2장씩,다음에 3장씩 2번에 나누지 않으면 안된다. 10장의 카드를 다 돌리면 11장째를 겉 방향으로 바닥에 내놓고 이것을 으뜸패라고 한다. 나머지 카드는 엎어 놓은 채 바닥에 산패로 삼는다.

□노는 법

딜러가 아닌 쪽의 사람이 받아든 카드를 보고 불만이라면 25장 전부 또는 몇 장을 바꿔 주도록 딜러에게 제의할 수 있다.

거기에 따르느냐, 거부하느냐는 딜러의 의사로 OK했을 경우는 딜러도 역시 자신의 수패를 바꿀 수 있다.

거부했을 경우는 자신도 그대로 카드로 게임을 시작하지 않으면 안된다. 딜러는 카드의 교환에 응하면 산패 중에서 다른 카드를 돌리지만 교환된 카드에 아직 불만이 있을 때는 몇 번이라도 교환을 청구할 수 있다.

그런데 카드에 만족해서 게임을 시작하기 전에 상대 손에 킹(K)이 있었다면 우선 '킹'을 선언하고 1점을 얻는다.

딜러도 그 점은 같지만 최후의 카드는 반드시 상대부터 치기 시작하지 않으면 안된다.

1장 1장의 승부를 계속해서 5장의 승부 중 3장 이상 이기면 1점 얻게 된다. 여기에 전술과 같이 '최초의 킹(K)'이 1점이 된다.

카드의 세력은 킹(K)을 최고로 하고 다음 퀸(Q), 잭(J), 에이스(A), 10, 9, 8……의 순서이지만 으뜸패를 동종류의 것은 다른 것보다 강력하다.

1번의 게임에서 먼저 5점 딴 쪽이 이기게 된다.

2인 포카

□사용 카드

조커를 넣은 53장. 또는 조커, 2, 3, 4, 5를 제외한 36장.

□노는 법

딜러를 정하면 딜러는 잘 셔플한 카드를 1장씩 교대로 5장 돌리고 나서 나머지 카드를 바닥에 산패로 한다.

제1회의 5장씩을 돌린 다음 쌍방에서 수역(핸즈)이 배당되어 있는지,어떤지를 잘 조사한다.

수역이 전혀 배당되어 있지 않을 때는 1회에 한해서 필요한 장수 또는 5장 함께 전부를 산패 속에서 그 장수만큼 교환해 받을 수 있다.

거기에서 충분히 수패를 조사해 보고 자신이 있으면 '5점 건다'라든가,'3점 건다'고 소리치고 팁을 내놓는다.

상대가 자신만만한 것 같으면 '또 1점'이라든가 '2점 올려라'하고 팁의 장수를 서로 다투어 값을 올려 갈 것이다.

쌍방이 각자의 생각대로 팁을 걸면 수패를 겉으로 돌려서 수역을 서로 보이고 '5장 갖춤'이라든가, '풀 하우스'라든가 선언(콜)한다.

1점이라도 높은 수역의 사람이 팁을 획득하게 된다.

다음에 수역을 설명해 두자.

수역의 종류

1. 5장 갖춤……8점

동위패 4장 외에 와일드 카드(귀패=조커, ◆킹(K), ♥잭(J), ♠잭(J)의 페이스 카드, 거기에 듀스=2등) 1장. 5장 갖춤이 쌍방에 생기면 상위의 것이 승리가 된다.

2. 스트레이트 플래쉬……8점

같은 수트가 연속된 카드로 예를들어 ♣라면 6–5–4–3–2라고 계속된 경우다. 이것이 동종의 에이스(A)–킹(K)–퀸(Q)–잭(J)–10의 5장 연속이면 '로얄 플래쉬'가 되어 최고의 핸즈가 된다……9점

3. 4장 갖춤……7점

동위의 카드가 4장 갖춰져 있을 때 쌍방 모두 생기면 고위의 것이 우승이 되는 것은 5장 갖춤과 같다.

4. 3장 갖춤……3점

동위 카드가 3장 갖춰져 있었을 때.

5. 투 페어……2점

같은 수트의 카트가 2쌍 있을 때. 이것도 쌍방에 있으면 고위의 쪽이 이긴다.

6. 원 페어……1점

같은 수트의 카드가 2장 갖춰졌을 때.

7. 풀 하우스……6점

3장 갖춤과 원 페어일 때.

8. 플래쉬……5점

5장 모두 같은 수트의 카드일 때.

9. 스트레이트……4점

수트는 달라도 숫자가 차례대로 갖춰져 있을 때.

10. 노 페어……1점

5장이 전부 각각의 카드일 때.

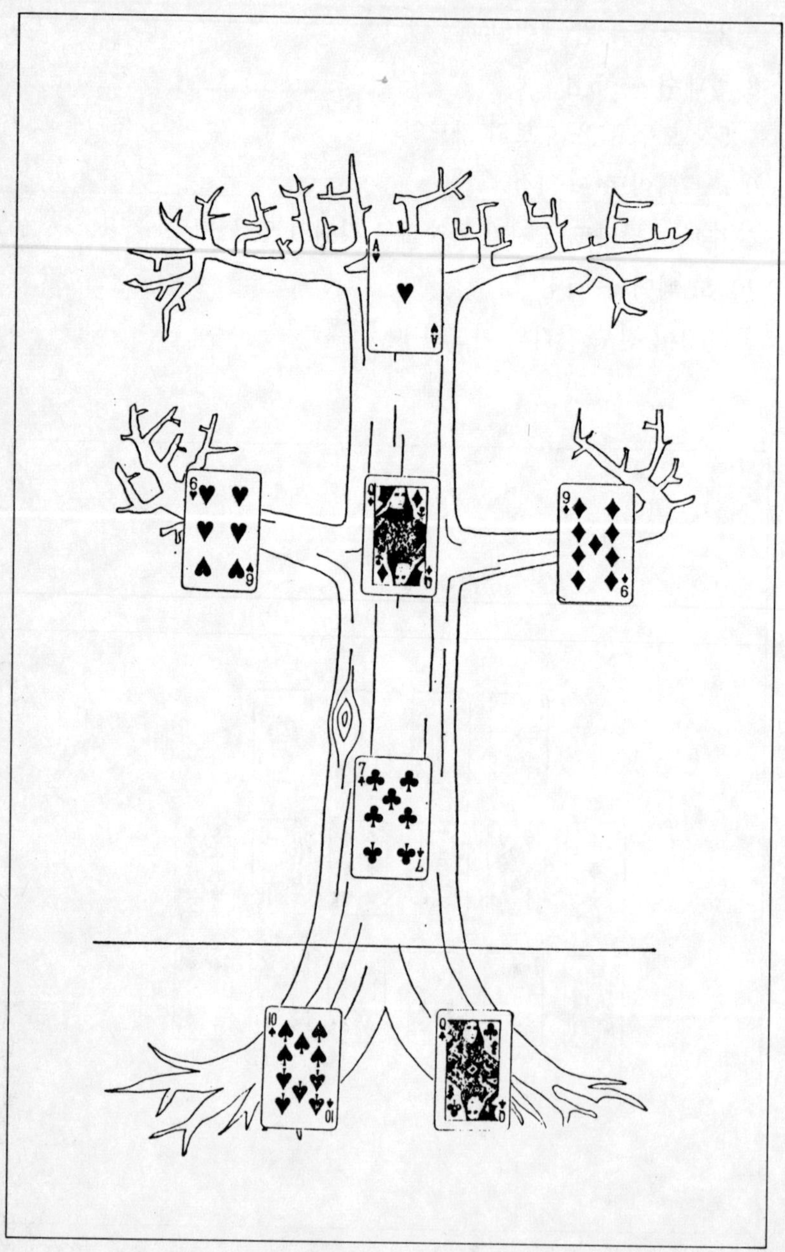

제 4 장

여럿이 즐기는 트럼프 게임

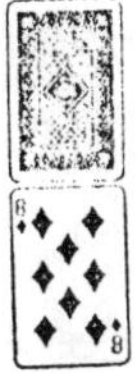

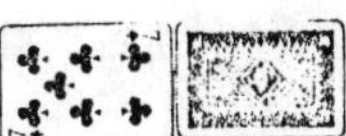

스포츠, 재즈, 코라스 등과 함께 트럼프도 젊은 남녀의 교제 상 없서는 안될 지식이다. 왠지 모르게 이야기가 도중에 끊어졌을 때에 '트럼프라도 할까'라고 함으로써 갑자기 친숙함이 배가되는 것은 누구나 경험했을 것이다.

정월이면 각로 위에서 봄이나 가을이면 하이킹 초원에서, 여름이면 해안 모래 위나 녹음이 우거진 캠프 속에서—그 외 생일 파티나 크리스마스에 트럼프는 청춘의 기쁨을 훨씬 늘리는 신비스런 무기다.

더구나 요즘과 같이 구미의 친구들과 함께 보낼 기회가 많아진 오늘날 말이 충분히 통하지 않는 부자유스런 그룹이라도 트럼프로 인해 마음을 서로 통할 수 있고 기쁨을 함께 할 행운 파트너를 만들 수도 있을 것이다.

오늘날에는 트럼프 상식이야말로 세계 공통의 취미이며, 오락으로서 사교 기술 상 빼 놓을 수 없는 것이 되었다.

초보적인 게임부터 세계적인 고등 게임에 이르기까지 대표적인 게임들을 열심히 연구해서 완전한 트럼프 게임 전문가가 되어 주기 바란다.

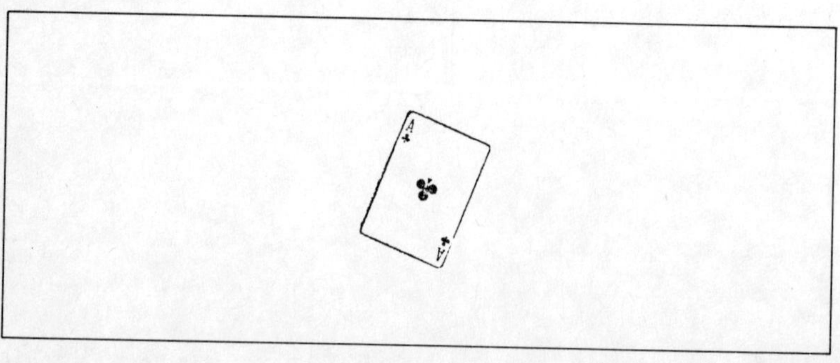

구미에서 유행하고 있는 트럼프 게임

우리나라에서는 트럼프 놀이라고 하면 조커 빼기, 일곱 늘어놓기, 다우트 등이 가정이나 친구들 사이에서 이루어지고 있지만 구미 각국에서 사교에 이루어지고 있는 트럼프 게임은 좀더 복잡한 것이다.

미국에서는 포카가 가장 활발하고 그것에 이어서 라미이, 솔리테아, 코트락트 브리지, 오크션 브리지, 비노쿨 등이 인기있는 게임이다.

갬블(도박)에 사용되는 트럼프게임은 역시 포카가 제일이지만 건전한 가정용 게임으로서는 브리지가 남성에게나 여성에게나 친숙해져 있다.

많은 미국인들은 대부분의 밤을 친구끼리나 이웃집 사람들과 함께 브리지를 즐긴다고 하는 습관이 있어 사교 상의 도구로서 빼놓을 수 없는 존재가 되고 있다.

미국의 가정을 방문하면 거실에는 소파나 텔레비젼 등과 함께 트럼프용 테이블이 마련되어 있다. 이것은 다리를 접거나 펴는 식으로 되어 있어 사용하지 않을 때는 텔레비젼 받침대 등으로도 사용되고 있다.

그만큼 트럼프는 그들의 일상 생활 속에서 큰 위치를 차지하고 있는 것이다.

브리지는 미국뿐 아니라 전 세계에서 그것을 즐기는 인구는 2천만 명 이상일 것이라고 일컬어지고 있을 만큼 세계 각국에서 애호되고 있다.

모든 계층, 모든 직업의 사람들에게 친숙하고 가정이나 클럽에서 남녀노소의 구별없이 즐겁게 놀 수 있는 세계적인 게임이기 때문에 앞으로 우리는 사교 상식으로서 반드시 알아두어야 할 게임이라고 할 수 있을 것이다.

브리지의 기원은 멀리 4백년 전쯤 영국에서 시작된 것으로 2인 2조가 되어 넷이서 고위의 카드를 낸 조가 이기는 간단한 게임이었다.

이윽고 17세기경부터 '호이스트'라고 불리게 되고 1896년에 호이스트의 일종으로서 '브리지'가 탄생하여 순식간에 인기를 독점해 버린 것이다.

1904년경부터는 '호크션 브리지'가 활발하게 이루어지게 되었지만 1925년경부터 '로트락트 브리지'가 등장해서 현재는 트럼프의 대표적인 게임이 되고 있다.

'로트락프 브리지'는 파트너 게임이라고 할 수 있는데 부부가 협력해서 상대의 조와 승부를 겨루는데 재미가 있고 독특한 매력이 있다고 말할 수 있을 것이다.

브리지가 영국에서 발달해 온 것에 반해서 포카는 순수하게 미국의 트럼프 게임이다. 서부 영화에 종종 등장하듯이 서부 지방의 개척과 함께 포카는 19세기 초부터 미국 내에 발전해서 미국의 내셔널 게임(국기)이라고까지 불리게 되었다.

포카 게임을 한 적이 없는 사람이라도 '포카 페이스'라고 하는 말을 알고 있을 정도다.

브리지 포카와 같은 정도로 미국에서 인기있는 트럼프게임에 '라미이'가 있다. 이것은 라틴 아메리카에서 활발했던 콘 캔(누구와? 라고 하는 의미)이라고 하는 게임이 19세기 중반에 멕시코에서 미국 내에 전해진 것으로 스페인계의 게임이라고도 일컬어지고 있다.

라미이는 많은 변형 게임이 있지만 그 중에서 여성 사이에서 인기있는 것이 '콘트락트 라미이'로 조커 라미이, 킹 라미이, 리버블 라미이 등의 별명도 있다.

딜러 결정방법

여러명이 게임을 할 때는 누군가 카드를 치거나 돌리는 시중역이 필요하다.

그 사람을 '딜러'라고 하는데 처음에 딜러를 정하기 위해서는 어떻게 하면 좋을까?

(1) 카드 전부를 잘 쳐서 겹쳐 엎어 놓고 산을 하나 만든다. 그 산에서 각각 생각대로 골라 내든가,위에서 1장씩 젖히든가 해서 가장 상위의 카드를 집은 사람이 '딜러'가 된다. 이 경우 ♥◆등의 종류에는 관계없이 에이스(A), 킹(K), 퀸(Q), 잭(J), 10, 9……의 순이다.

(2) 5명이면 4장의 카드에 조커를 끼어서 엎어놓고 돌려 조커가 당첨된 사람이 '딜러'가 된다.

(3) 가위 바위 보라고 하는 원시적인 방법도 있다.

제 2회 이후는 전후에 이긴 사람이 딜러가 되는 것이 보통이다.

카드 돌리는 법

'딜러'가 정해지면 카드를 잘 쳐서 자신의 왼쪽 옆에서부터 왼쪽 방향으로 돌린다. 수장씩 돌리는 경우라도 한번에 몇 장인가 세어서 건네주는 것이 아니라 반드시 1장씩 4장이면 4바퀴 4회에 돌리도록 한다.

옛날에는 왼쪽 돌리기를 '도둑 돌리기'라고 해서 꺼린 적도 있었지만 트럼프에서는 왼쪽 돌리기가 상식으로 되어 있다.

돌아서 각자의 손에 건너 온 카드를 '수패'라고 하고 나머지 바닥에 겹쳐진 카드를 '적패' 또는 '산패'라고 하며 바닥에 펼쳐진 카드를 '장패', 자신의 권리를 버릴 때에 내는 카드를 '사패'라고 한다. 부르는 법은 같아도 1인 놀이나 점 때와는 조금 의미가 다르다는 사실을 알아 두십시요.

더욱이 1회의 승부가 끝나서 뿔뿔이 흩어진 패를 정리하는 역할은 다음 딜러가 이어 받지 않으면 안된다.

팁

게임 중에서 갬블적인 것은 팁(내기패)을 반들어 두고 1승부 때마다 이것을 수수해서 청산한다.

본격적인 팁은 플라스틱제의 직경 3센티 정도의 적·청·백 3색의 원판이지만 이것을 본따서 홀지를 둥글게 잘라내서 적·청·백의 색지를 붙이든가,물감을 칠하면 인스턴트 팁이 완성된다.

색을 바꾼 것은 적이 10점,청이 5점 백이 1점의 패로 적을 30장(3백점),청을 48장(240점),백을 60장(60점),합계 138장(600점)을 준비하면 충분할 것이다.

팁은 게임 전에 각자에게 평등하게 분배한다.4명이면 150점씩, 5명이면 120점씩,6명이면 100점씩 분배할 수 있다.

팁 대용으로서 성냥개비, 바둑돌, 구슬 등을 사용해도 좋을 것이다.

이런 갬블적인 게임도 어디까지나 유희이므로 금전을 거는 것은 어렵고 신중하지 않으면 안 된다.

금전을 걸고 트럼프를 하는 것은 법률을 어기는 행위로 이미 트럼프 놀이의 즐거움에서 타락한 경멸해야 할 행위라고 할 만하다.

도미노

□사람 수

3명에서 7명 정도까지.

□사용 카드

조커를 제외한 52장 1세트.

□돌리는 법

딜러가 1장씩 전체의 카드를 다 돌린다. 인원수 사정으로 평균적으로 고루 돌아가지 못하지만 별 지장없다.

□노는 법

'일곱 늘어놓기'라고도 일컬어지고 있지만 '뽑기'와 함께 트럼프의 초보적인 게임이다. '판턴', '스톱'이라고도 일컬어지고 있다. 딜러를 톱으로 해서 게임을 시작한다. 자신에게 배당된 카드 속에 '7'의 카드가 있었다면 바닥에 내놓는다. 만일 없으면 '패스'라고 해서 다음 사람에게 양보하지만 이것으로 1번, 패스의 특권을 사용한 것이 된다.

패스의 특권은 3번이라고 처음부터 정해두면 3번 이상 패스를 사용할 수 없다. 단, 경우에 따라서 4번이라든가, 5번이라고 하는 것 같이 정해도 상관없지만 게임을 시작하기 전에 이 횟수는 모두가 분명히 납득하고 있지 않으면 안된다.

그런데 딜러가 '패스'라고 하면 다음 사람이 '7'을 내지 않으면 안된다. 수패에 '7'이 있으면 그것을 내든가, 또는 작전상 일부러 '패스'의 특권을 사용해 버릴 수도 있다.

'7'이 나와 있으면 거기에 이어지는 카드의 동종 '6' 또는 '8'를 내고 그 다음 사람은 계속해서 동종의 '5'나 '9'를 내지 않으면 안되는 것이다.

이렇게 해서 장패는 차츰 좌우로 늘어나서 오른쪽은 에이스(A) 왼쪽은 킹(K)까지의 동종의 카드가 13장 이어지는 것이다.

그 사이라도 자신이 할 순서에 해당해도 낼 카드가 없을 때는 '패스'를 해서 그 권리를 1번 사용해 버리게 된다. 단, '7'의 카드만은 자신의 순서에 왔을 때에 언제라도 낼 수 있다.

그 때는 이미 나와 있는 바닥의 '7' 카드의 위나 아래에 놓고 거기에 이어지는 카드를 다음 사람이 내도 상관없다.

'패스' 3번의 특권을 다 사용해 버리면 이제 '패스'는 사용할 수 없다. 그리고 내야 할 카드가 손에 없을 때는 '파산'이라고 해서 가지고 있는 카드를 모두 내고 바닥의 열 순위에 적용시켜서 맨먼저 낙후한 것이 된다.

그리고 손에 들고 있는 카드를 정당히 가장 빨리 다 낸 사람이 승리자가 된다.

도미노

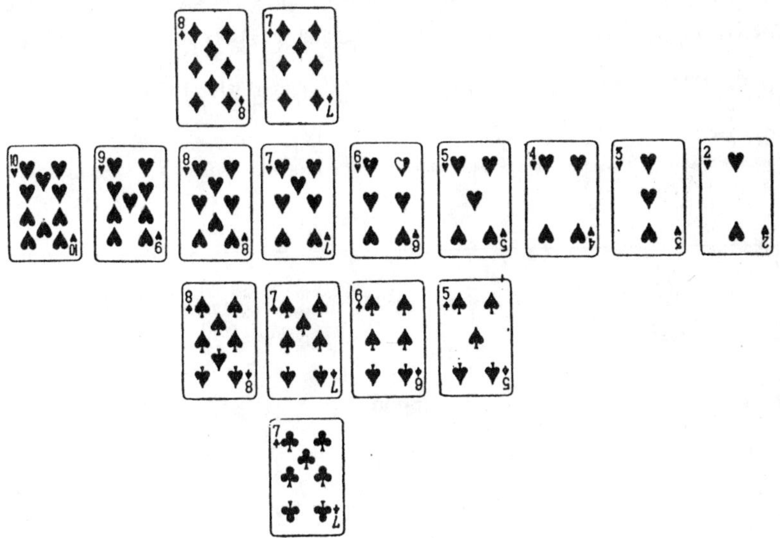

□요령

자신이 '9'를 가지고 있고 같은 종류의 그 위의 카드,즉 10, 잭(J), 퀸(Q), 킹(K)을 가지고 있지 않을 때는 언제까지나 '9'를 내지 않고 가지고 있다가 다른 사람의 방해를 할 수 있다.

이 게임은 '7'에 가까운 카드를 많이 가지고 있으면 유리하고 2 · 1 · 킹(K) · 퀸(Q) 등의 카드가 많으면 불리해진다.

□변형

이 게임에 조커를 포함시켜서 그것을 손에 든 사람은 내주기 바라는 카드를 다른 사람에게 청구해서 그것을 거부할 수 없는 특권을 부여한다고 하는 방법도 있다.

이 경우는 그 카드를 교환으로 낸 사람이 조커를 얻을 수 있다. 마지막에는 조커만이 남지만 이것은 승부에 관계없다. 또한 처음부터 바닥에 '7'을 4장 놓고 거기에 이어지는 카드부터 시작하는 방법도 있다.

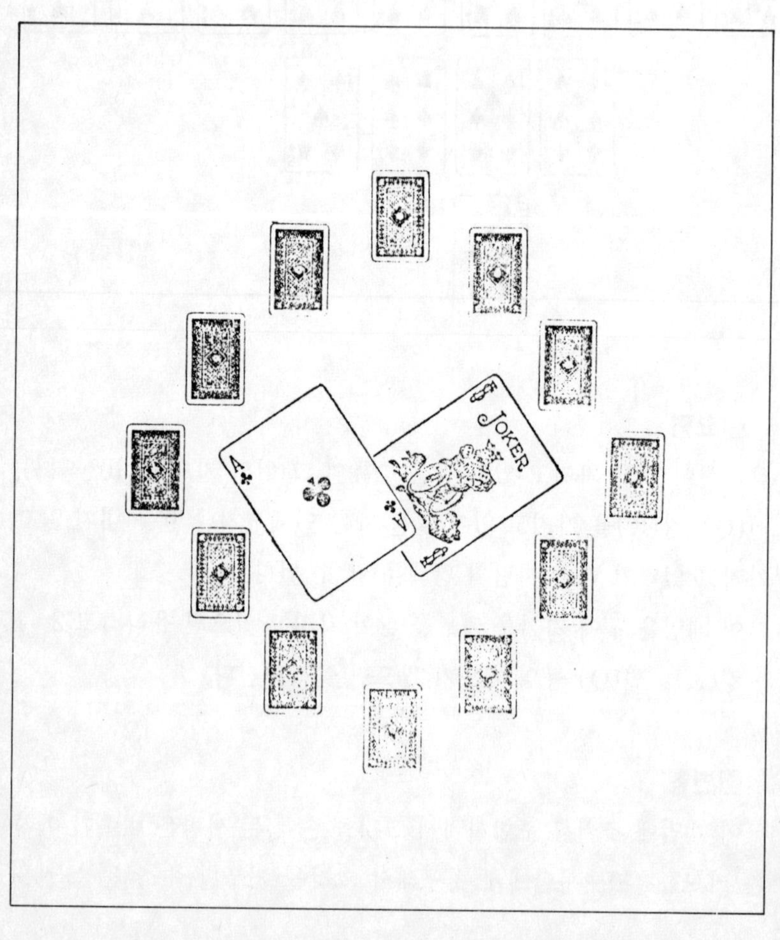

페이지 원

□사람 수

많을수록 재미있는 게임이다.

□사용 카드

조커를 포함한 53장.

□돌리는 법

1인당 4장씩 돌린 후 나머지는 산패로 바닥에 엎어 놓는다.

□노는 법

딜러의 좌측 옆 사람부터 시작해서 자신의 수패 중에서 적당하다고 생각하는 카드를 1장 기본패로서 바닥에 내놓는다. 그 카드가 ◆였다면 다음 사람은 자신이 가지고 있는 ◆카드를 순위를 관계치 않고 1장만 바닥에 내놓는다.

이렇게 해서 모든 사람이 ◆를 내는 것인데 공교롭게도 ◆의 수패가 없었던 사람은 중앙의 산패에서 1장 젖혀 ◆이외였다면 ◆가 나올 때까지 젖히지만 ◆가 나올 때까지 3장 다른 종류의 카드를 젖히면 그 3장은 자신의 수패에 보태지 않으면 안된다.

한 바퀴 돌았으면 그 카드 중에서 가장 고위의 패를 낸 사람이 다음의 기본패를 자신의 수패 중에서 내놓게 된다.

사용이 끝난 패는 사패로서 바닥으로부터 제거한다.

이렇게 해서 수차례 돌고 있는 사이에 나머지 수패가 2장이 되고 그 1장을 바닥에 내고 나머지 수패는 1장뿐이라고 하는 때가 되면 '원 카드'라고 선언한다.

'나머지 1장 밖에 없어요'라고 하는 것을 다른 사람에게 경고하기 위해서이지만 이것을 게을리하면 벌로서 산패로부터 5장 가져가지 않으면 안된다.

최초로 수패를 전부 다 낸 사람이 승리자가 되는 것이라면 그 전에 출패가 없어져 버리면 사패를 모아 다시 쳐서 산패로 삼는다.

더욱이 조커는 언제나 마음대로 사용할 수 있다. 최고위의 패로서 가장 좋은 찬스를 붙잡아 사용하는 것이 중요하지만 원 카드를 했을 때의 마지막 1장으로 삼을 수는 없다.

기본패와 동종의 카드를 가지고 있으면서 산패를 젖히는 것은 반칙이 된다.

□요령

원 카드를 선언한 사람이 그 때의 승부에 이겨 버리면 최후의 1장을 가장 먼저 내고 끝내 버리기 때문에 다른 사람은 특히 주의해서 고위의 카드를 내놓아 그 바닥의 승리를 빼앗기지 않도록 주의한다.

조커는 항상 마음대로 낼 수 있는 패이지만 가장 유효하게 사용할 찬스를 선택하는 것이 중요하다.

조커 뽑기

우리나라에서는 '뽑기'로 알려져 있지만 저쪽에서는 올드 메이드(늙은 하녀)라고 하는 이름으로 불리고 있는 게임이다.

□사람 수

많을수록 재미있는 게임이다.

□사용 카드

조커를 포함한 53장.

□돌리는 법

딜러가 53장의 카드를 잘 쳐서 왼쪽 옆 사람부터 엎어서 전체 카드를 균등하게 나눠준다. 인원수 사정으로 수패가 많은 사람과 적은 사람이 생기지만 봐 준다.

□노는 법

1장의 조커가 누군가의 손안에 배부되었을 것이다. 이것을 갖게 된 사람은 빨리 다른 삶에게 건네 주지 않으면 안된다.

각자 배부된 카드를 잘 보고 같은 점수의 카드 ◆5와 ♠5라든가 ♥퀸(Q)과 ◆퀸(Q)과 같이 종류, 적, 흑에 관계없이 동위의 카드가 있으면 2장씩 합쳐서 바닥에 버린다.

동위의 카드가 3장 있어도 2장씩 버리고 1장을 남기며,4장 갖춰져 있었을 때는 2장씩 2쌍으로서 4장 전부를 버린다. 이렇게 해서 수패가 적어질수록 유리해지는 것이다.

그런데 2장 쌍을 각자가 다 버리고 나서 드디어 게임을 시작한다. 수패를 부채꼴로 펴서 상대에게는 절대 보이지 않도록 하고 스스로는 보기 쉽도록 왼손에 들고 딜러가 왼쪽 옆 사람에게 최초의 1장을 뽑게 한다.

카드를 뽑은 사람은 뽑은 카드와 자신의 수패를 견주어 보고 2장 쌍이 되는 동위패가 있으면 1쌍으로서 바닥에 버리고 없으면 수패 속에 넣고 왼쪽 옆 사람에게 1장 뽑게 한다.

만일 '조커'를 뽑아 버리면 서둘러서 다음 사람에게 뽑게 하도록 궁리하지 않으면 안된다. 그렇지만 소동을 피우거나 당황하거나 해서는 '조커'가 있는 것을 간파당해서 경계당해 버리니까 아무렇지 않은 얼굴로 상대를 방심시켜 뽑기 쉬운 위치에 놓아 뽑게 하도록 노력한다.

연거푸 페어가 생겨서 빨리 카드가 없어진 사람이 이기고 마지막에 조커만이 남아 버린 사람이 제일 꼴찌가 된다.

□요령

뭐니뭐니해도 조커를 붙잡은 사람의 심리적인 움직임은 얼굴 표정에 나타나기 때문에 각자의 안색을 충분히 주의하는 것이다. 조커가 있다는 사실을 알았으면 그 옆 사람이 뽑았는지 어떤지를 안색으로

살핀다.

조커를 중앙에 두느냐, 끝에 두느냐는 조커를 가지고 있는 사람의 성격으로 판단해 주기 바란다.

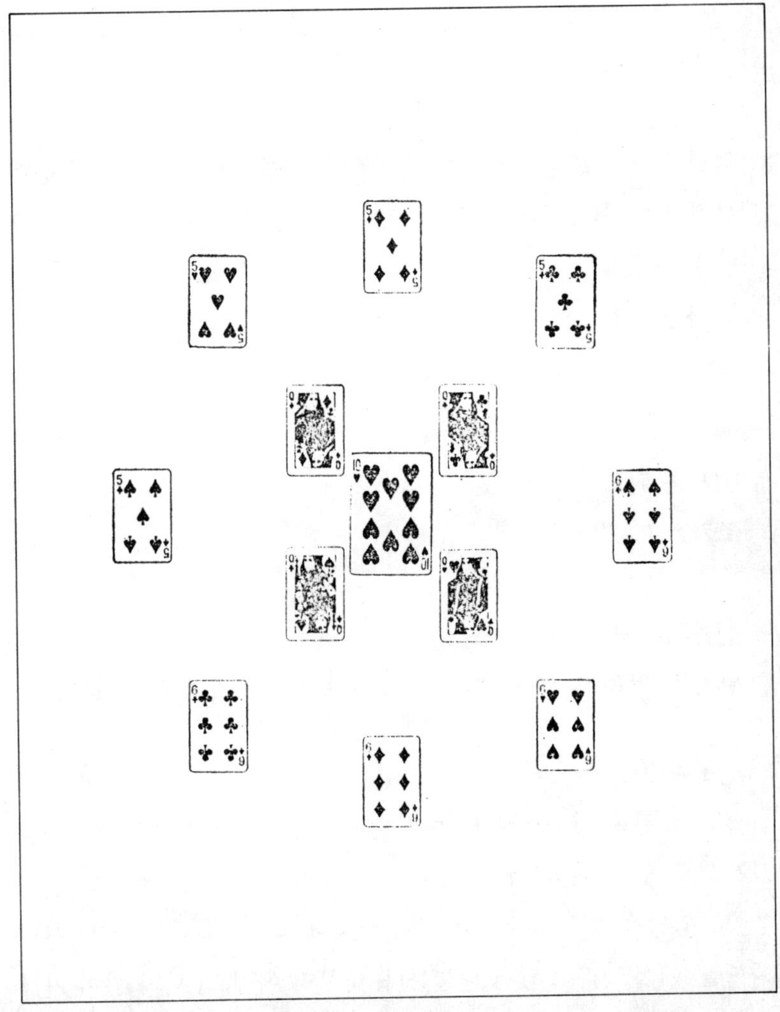

다우트

적당히 거짓말을 하지 않으면 안 되는 게임이다. 체스츄어 등이 필요한 게임이다. '처세술 양성게임'이라고도 말할 수 있지 않을까?

□사람 수

많을 수록 재미있게 놀 수 있다.

□사용 카드

조커를 뺀 52장.

□돌리는 법

딜러는 왼쪽 옆사람부터 뒤로 엎은 카드 1장씩 전체를 나눠준다.

□노는 법

딜러의 왼쪽 옆 사람부터 어떤 종류라도 상관없이 에이스(A)를 1장 뒤로 엎은 채 바닥에 '에이스'라고 하며 놓는다. 에이스(A)가 1장도 없었을 때는 하는 수 없기 때문에 다른 에이스(A)가 아닌 카드를 '에이스'라고 해서 내놓는다. 아무리 에이스(A)와 같이 가장

해서 내놓아도 그 밖에 에이스(A)를 4장 가지고 있는 사람이 있다면 이것은 분명히 에이스(A)이외의 카드라는 사실을 알기 때문에 '다우트' (거짓말이다)라고 소리를 지른다.

'다우트'를 걸리면 내놓은 카드를 겉으로 돌려서 그것이 진짜 에이스(A)가 아니기 때문에 철회해서 다시 자신의 수패로 되돌릴 수 밖에 없다.

다음 사람은 2, 그 다음 사람은 3—이라고 하는 식으로 소리를 지르며 카드를 내놓고 이것을 반복해서 숫자 오름으로 1장씩 내놓아 가는 것인데 의심스럽다고 생각했을 때는 '다우트'라고 소리를 지르고 카드를 겉으로 뒤집을 것을 요구한다.

그것이 정말로 그 사람이 말한 숫자의 카드임에 틀림없었을 때는 '다우트'를 외친 사람이 그 카드 뿐만 아니라 바닥에 나와 있는 카드를 전부 가지고 들어가지 않으면 안 될 처지에 빠진다. 만일 '다우트'를 걸려서 내놓은 카드가 가짜임이 발각나면 내놓은 사람이 바닥의 카드까지 전부 가지고 들어가게 된다.

에이스(A)부터 시작되어 킹(K)까지 13번 반복하고 다시 에이스(A)로 되돌아가지만 수패를 가장 빨리 다 내놓은 사람이 승리자가 된다.

더욱이 '패스'의 제도를 정해두고 이어지는 카드가 없이 가짜 카드를 내놓아도 간파당할 것 같은 때는 '패스'를 선언하고 다음 사람에게 순번을 양보하도록 해도 좋을 것이다. '패스'는 보통 3번까지 한다.

□요령

7에 해당하는 사람이 시치미 뗀 얼굴로 '7'이라고 말하고 내놓아도 이미 3장 나와 있고 나머지 1장은 자신이 가지고 있기 때문에 이상하다라든가, 이상하게 꾸물꾸물거리고 있기 때문에 수상하다든가로 판단해서 '다우트'를 걸지만 반대로 정당한 카드를 내놓으면서 일부러 의심받는 것 같은 기색을 보여 누군가에게 '다우트'를 걸게 해서 장패를 뒤집어 씌우는 것도 작전의 하나다. 여기에 이 게임의 재미가 있다.

닉네임

□사람 수

5명에서 8명 정도까지가 가장 적당하다.

□사용 카드

조커를 제외한 52장.

□돌리는 법

딜러는 잘 카드를 치고나서 각자에게 균등하게 나눠 준다. 배부된 카드는 뒤로 엎은 채 산 하나로 해서 자신 앞에 놓아 둔다.

□노는 법

게임을 시작하기 전에 모두 각각 자신의 닉네임을 정해 두지 않으면 안된다.

동물, 광물, 식물, 유명한 사람의 이름 등 그 범위를 한정해서 붙인다. 동물이라면 물개, 낙타, 사자, 카멜레온 등 과일이라면 사과, 체리, 귤 등.

또는 나폴레옹, 징기스칸 등 위인이름이나 가수 이름,스타의 이름

등 어느 이름을 붙여도 좋지만 상대가 말하기 어렵고 외우기 어려운 이름을 붙이는 편이 유리하다.

각각의 이름이 정해지면 1번씩 각자의 이름을 대고 모두에게 알려서 서로 확인한다.

전원 일제히 '원 투 스리'라고 구령을 붙이고 자신의 수패를 1장 젖혀 모두에게 보이도록 우측에 놓아둔다. 이후 젖힌 카드는 겉방향 그대로 우측에 쌓아간다.

카드를 젖혔을 때에 자신의 카드를 보고 나서 다른 사람이 낸 카드를 재빨리 건너다 보고 자신과 동위패를 낸 사람이 있으면 간발을 두지 말고 그 상대를 가리키며 상대의 닉네임을 외쳐댄다.

재빨리 그리고 정확하게 그 닉네임을 말한 사람의 승리로 자신의 겉 방향의 산패 전부를 진 상대에게 떠 넘길 수 있다. 아무리 먼저 외쳐도 조금이라도 틀리면 지게 되니까 너무 서둘러서 실패하는 사람도 생기고 뭐니뭐니해도 떠들썩한 게임이다.

이렇게 해서 게임을 진행해 나가고 도중에서 수패가 없어지면 겉방향의 산패를 뒤집어서 수패로 삼는다.

수패도 산패도 1장도 없어진 사람이 승리자가 된다.

더욱이 게임 도중에서 누군가의 닉네임을 잊어버리고 본인에게 다시 한번 묻는다고 하는 경우는 물음을 당한 사람의 카드를 1장 가져가지 않으면 안된다.

□요령

영웅 무장의 이름을 붙일 때에 나폴레옹이라든가, 징기스칸이라든가 너무 유명한 사람의 이름을 붙이면 손해다. 동물 이름에서도 돼지나 코끼리, 사자라든가 카멜레온 등 인상 깊은 동물은 가능한 한 피할 것. 자신의 인상과 가능한 한 동 떨어진 이름을 선택해야 한다. 너무 색다른 이름도 반대로 분명히 기억되어 오히려 실패한다.

세임

□사람 수

3명 이상, 8명 정도까지.

□사용 카드

조커를 뺀 52장.

□돌리는 법

딜러의 왼쪽 옆부터 각자에게 1장씩 돌리고 전체의 카드를 균등하게 다 나눠준다. 만일 나머지가 나오면 그 카드는 나눠 주지 말고 버린다.

□노는 법

딜러로부터 배부받은 카드는 각자 자신의 앞에 뒤로 엎어 겹쳐둔다. 이것이 제 1의 산패다.

딜러의 왼쪽 옆 사람부터 차례대로 자신의 앞에 둔 산패에서 1장씩 젖혀 그 옆의 곁을 향해서 산패로 쌓아 간다. 젖힌 자신의 카드와 동위의 카드를 다른 사람이 젖힌 것을 발견한 순간에 상대방 보다도

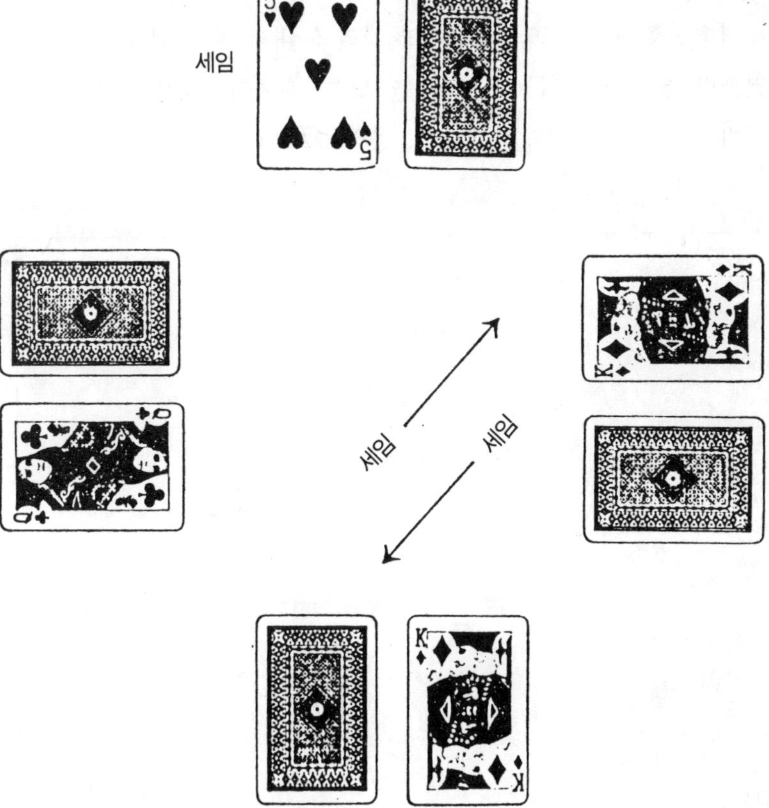

빨리 '세임'이라고 소리 지르고 상대의 젖혀진 쪽의 산패를 받아 버린다.

이렇게 해서 게임을 진행해 가는 사이에 뒤로 엎어 놓은 산패가 없어져 버리기 때문에 그 때에 각자의 취득패를 세어서 많은 사람이 승리자가 된다.

□요령

입속으로 미리 세임, 세임하고 소리를 내지 말고 혀를 움직이고 있으면 정작 때에 곧 발성할 수 있는 효과가 있지만 지나치게 덤비다 실수하지 않도록 잘 눈을 움직여 주기 바란다.

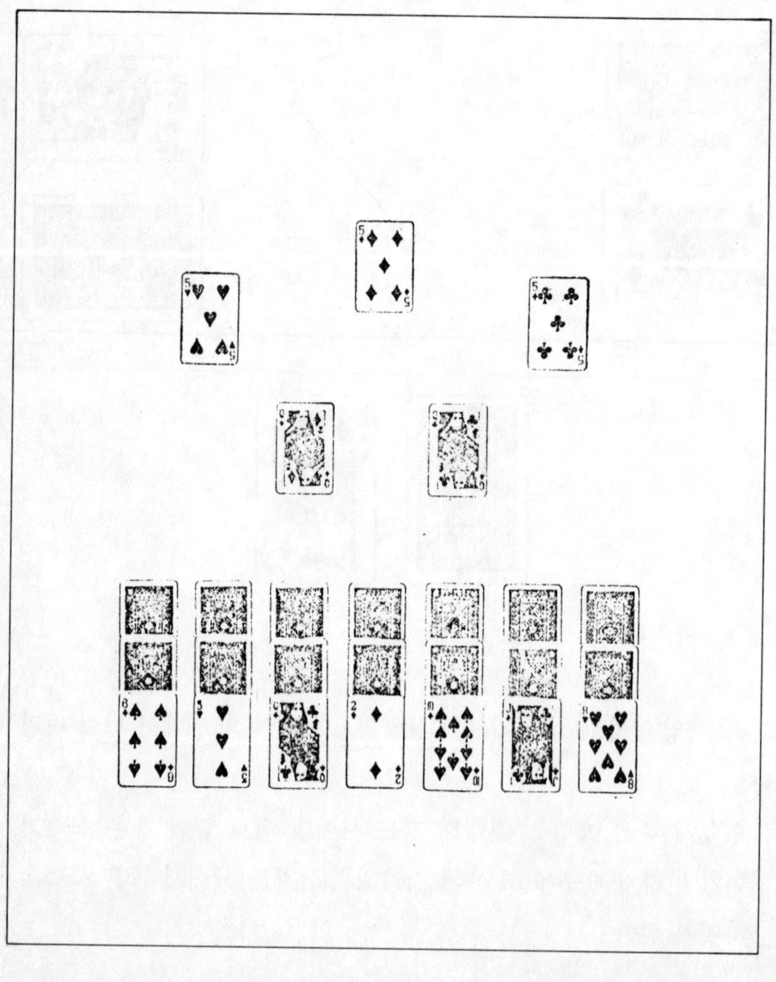

노 카드

□사람 수

3명 이상, 10명 정도까지.

□사용 카드

조커를 뺀 52장.

□돌리는 법

딜러가 잘 카드를 셔플해서 왼쪽 옆의 사람부터 균등하게 다 나눠 준다.

□노는 법

각각 배부받는 카드를 잘 보고 4장의 동위패가 있으면 그것은 이미 갖춰진 것이니까 자신의 앞의 겉 방향으로 늘어 놓는다.

동위패를 4장 갖추는 것이 목적이기 때문에 갖춰질 가능성이 있는 카드를 마크해서 그 카드를 달리 가지고 있다고 생각되는 사람을 향해서 '××씨 오늘은' 밤이라면 '오늘밤은'라고 소리질러서 '♥퀸을 주십시요'라고 하는 것 같이 자신이 갖고 싶다고 생각하는 카드를 청구한다. ××씨가 그 카드를 가지고 있다면 건네주지 않으면 안된다.

운 좋게 카드를 받은 사람은 '탱큐' 또는 '고맙습니다'라고 반드시 인사를 하지 않으면 안된다. 인사를 하는 것을 잊어 버리면 그 카드는 물론 자신이 모르고 있었던 동위패까지 그것을 지적한 사람에게 건네주어야 한다.

카드를 청구받았지만 그 카드가 손에 없을 때는 '노' 또는 '미안합니다'라고 거절함과 동시에 자신이 다른 사람에게 카드를 청구할 권리를 획득한다.

카드도 받고 인사도 빈틈없는 사람은 계속해서 다른 사람에게도 카드를 청구할 수 있지만 지명을 하고 인사하는 것을 잊으면 지명받은 사람에게 청구권이 넘어가 버린다.

이렇게 해서 4장 갖춰진 쌍의 점수를 다음 방법으로 합계해서 최고의 점수를 얻은 사람이 승리자가 된다.

에이스(A)4장 1쌍……50점, 킹(K)4장 1쌍……40점, 퀸(Q)4장 1쌍……30점, 잭(J)4장 1쌍……20점 다른 카드는 모두 4장 1쌍……10점

□요령

다른 사람이 청구하는 것을 잘 들어 두고 그 사람이 어떤 카드를 모으고 있는지를 추리한다. 그리고 만일 자신에게 그 카드가 있다면 자신의 차례가 왔을 때에 그 사람이 가지고 있는 카드를 청구하면 모으기 쉬워진다.

신경쇠약

□사람 수
3명 이상, 8명 정도까지.

□사용 카드
조커를 제외한 52장.

□돌리는 법
전체의 카드를 잘 쳐서 엎어 놓고 뿔뿔이 불규칙적으로 1장씩 바닥 가득히 뿌려둔다.

□노는 법
엎어져서 흩어져 있는 카드가 무엇인지를 기억해서 동위의 것을 2장씩 갖춰 1쌍을 만들고 몇 쌍을 많이 획득한 사람이 이긴다.

4장 1조라고 하는 방법도 있지만 대부분 2장 1조로 이루어지고 있다. 게임 방법은 우선 딜러의 좌측 사람부터 어느 것이나 마음대로 2장씩 젖혀 모든 사람에게 보이고 나서 그 위치를 움직이지 말고 엎어 놓는다.

다른 사람이 젖히고 있는 것을 보고 뒤집힌 카드가 무엇이었는지를 기억하는 것이 요점이다. 2장 1조로 갖추면 다음 몇 조라도 갖춰가는 한은 계속 집을 수 있지만 1장이라도 다른 카드를 젖히면 그대로 원래대로 되돌려놓고 다음 사람의 순서가 된다.

□요령

자신이 본 카드와 타인이 젖힌 카드를 반드시 잘 보고 그 위치를 기억하는 것이 중요하기 때문에 항상 게임의 진행에서 눈을 떼어서는 안된다. 그 때문에 별명을 기억이라고도 하고 머리를 사용하기 때문에 신경 쇠약이라고 하는 이름이 붙은 것이다.

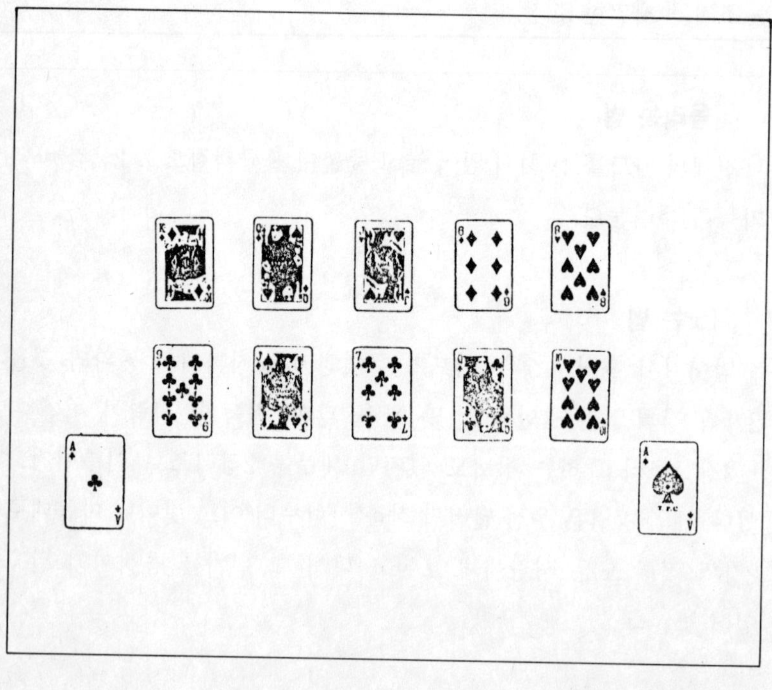

4장 맞춤

□사람 수

3명부터 6명 정도까지.

□사용 카드

인수에 따라 사용 장수가 다르다.

3인의 경우는 동위의 카드 3조 12장.

4인의 경우는 동위의 카드 4조 16장.

5인의 경우는 동위의 카드 5조 20장.

6인의 경우는 동위의 카드 6조 24장.

□돌리는 법

인원수에 맞는 장수만을 골라내서 잘 친 후 1인 4장씩 나눠준다. 동위 카드란 하트의 6, 다이아의 6, 클럽의 6, 스페이드의 6이라고 하는 것 같이 종류가 다른 같은 계급의 카드를 가리키는 말이다.

□노는 법

자신의 손에 배부된 카드를 보고 어떤 동위패를 갖춰야 할지 목적을 세워 그것을 4장 모으는 데에 노력을 집중하지 않으면 안된다.

그러나 자신이 갖추려고 마음 먹은 카드를 타인도 목적으로 했을 경우는 서로 충돌해서 간단하게는 모을 수 없고 따라서 게임은 경쟁화되어 재미있어 지는 것이다.

최초 딜러가 자신의 왼쪽 옆 사람에게 자신이 모으는 목적 이외의 카드를 건네준다. 받은 사람은 그것이 자신에게는 불필요한 카드일지라도 거절할 수 없기 때문에 받아서 다시 왼쪽 옆의 사람에게 건네주게 된다.

이렇게 해서 불필요한 카드를 자꾸자꾸 다른 사람에게 건네주어 손에 든 카드와 받은 카드를 맞춰서 가장 빨리 4장의 조를 완성한 사람이 승리자가 된다.

□요령

노 카드의 경우와 마찬가지로 상대가 어떤 수를 갖추는가라고 하는 것을 아는 것이 포인트가 되지만 자신이 모으려고 생각하는 수는 손에 든 카드 중에서 가장 장수가 많은 것을 선택하는 것이 제 1의 조건이 된다.

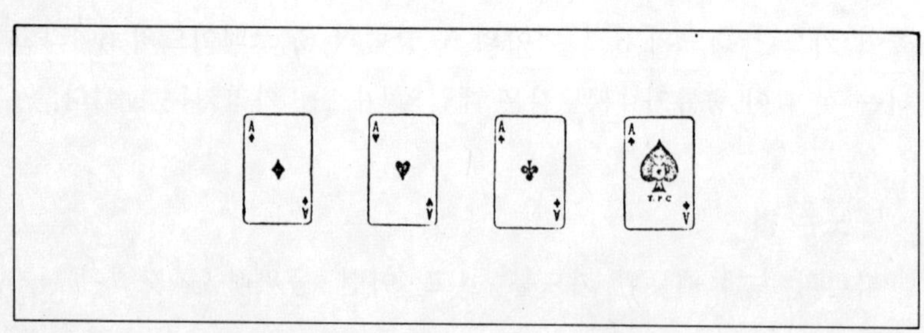

하트 모으기

□사람 수

3인 이상 8인 정도까지.

□사용 카드

조커를 포함한 53장.

□돌리는 법

각각 4장씩 나눠 주고 나머지는 엎어 놓고 산패로 바닥에 둔다.

□노는 법

우선 으뜸패를 정하고 나서 게임을 개시한다. 딜러의 왼쪽 옆에 있는 사람이 수패를 1장 바닥에 내놓고 이것이 기본패가 된다. 다음 사람부터 기본패와 같은 종류의 카드를 1장씩 내놓지만 최초의 한번 젖히기는 으뜸패와 스페이드는 내놓을 수 없다.

1회씩 카드를 조사해서 최고위의 사람이 승자가 되어 기본패와 사패 전부를 가지고 가지만 하트 이외의 카드는 버려 버린다.

다음에 이긴 사람부터 각자 1장씩 산패를 젖혀 수패를 보충해서 게임을 진행해 가지만 산패, 수패 모두 없어졌을 때에 게임은 종료가 되고 하트의 점수만을 계산해서 승패를 정한다.

더욱이 조커를 가지고 있으면 마음대로 하트를 청구할 수 있고 기본패와 동종의 카드를 가지고 있어도 조커를 내고 장패 모두를 획득할 수 있다.

카드의 점수

하트, 2, 10, 잭(J)……………………………………………각 10점

에이스(A), 킹(K), 퀸(Q)……………………………… 각 5점

9~3…………………………………………………………………각1점

□요령

어쨌든 바닥에 나온 패를 가능한 한 많이 손에 넣는 것이 선결이지만 조커는 하트의 2, 10, 잭(J)에 고정패가 나왔을 때만 사용해야 한다.

투 텐 잭

□사람 수

3인 이상, 5~6명까지.

□사용 카드

조커를 포함한 53장.

□돌리는 법

딜러는 4장씩 1회에 돌리고 나머지를 산패로서 1장만 뒤로 엎어놓고 아래는 전부 겉 방향으로 해서 겹쳐둔다.

□노는 법 ①

우선, 이 게임은 점수를 중시하기 때문에 먼저 점수를 표시해 두자.

플라스 카드

으뜸패 2, 10, 잭(J)……………………………………………각+10점
에이스(A) 킹(K) 퀸(Q)…………………………………………각 +5점

평패……에이스(A) 킹(K) 퀸(Q) 잭(J) 10………………각+1점

합계 +55점

마이너스 카드

스페이드
- 에이스(A)(스페큘레이션)……………………15점
- 2 · 10 · 잭(J)…… ……………………각 10점
- 킹(K) · 퀸(Q)…………………………각 5점

합계 55점

이와같이 플라스와 마이너스가 각 55점이 되어 차감 제로가 되는 것이다.

□으뜸패

으뜸패는 1게임마다 ♣ · ◆ · ♥의 순으로 변한다. 제 1회째는 클럽이 으뜸패, 2회째는 다이아, 3회째는 하트라고 하는 식으로 순번이 된다. 그리고 으뜸패가 아닌 경우의 카드는 '평패'라고 한다. 그리고 으뜸패 일순의 3회로 1승부가 된다. 더욱이 조커와 ♠에이스(A)(스페큘레이션이라고 한다)은 으뜸패보다도 센 카드다.

□돌리는 법

딜러는 왼쪽 옆의 사람부터 차례대로 1장씩 4장씩의 수패를 나눠준다. 나머지 카드는 산패로서 바닥에 쌓는다.

□노는 법 ②

A · B · C · D 4명이 게임을 시작했다고 한다. 딜러가 된 A씨는 자신의 4장의 수패에서 1장 기본패를 내놓는다. 단, ♠를 기본패로서 내놓을 수 없다. 만일 기본패가 ♥잭(J)이었다고 하면 나머지 3사람

B씨, C씨, D씨는 동종의 ♥가 있으면 내놓지 않으면 안되지만 없으면 1회째의 으뜸패인 ♣을 내놓든가, 사패로서 ♠에이스(A) 이외의 ♠나 ♦의 카드를 내놓는다.

B씨가 ♥퀸(Q), C씨가 ♥7, D씨가 ♥2를 내놓았다면 4장 중에서는 퀸(Q)이 최고위이기 때문에 B씨가 점수가 있는 ♥과 ♥잭(J)만을 가지고 가고 점수가 없는 ♥2, ♥7의 2장을 버린다. 이것으로 제 1회(제1의 트릭)를 끝내고 B씨가 플라스 2점을 얻게 된다.

제 2의 트릭을 시작하기전에 이긴 B씨가 산패를 젖혀서 1장 가져가고 다음의 C씨는 산패를 뒤집어서 겉 방향으로 하여 모두가 보고 있는 앞에서 카드를 1장 가져간다. D씨도 A씨도 겉 방향의 카드를 1장씩 가져가서 다시 수패는 모두 4장씩이 되었다.

제 2의 트릭은 이긴 B씨가 우선 기본패로 ♣퀸(Q)을 내놓았다. C씨는 ♣는 1장도 없기 때문에 ♠잭(J)을 내놓았다. 이것을 '스페이드를 붙인다'라고 한다. D씨는 ♣7, A씨는 ♣에이스(A)를 내놓았기 때문에 이 트릭은 A씨의 승리가 되었지만 득점은 ♣10, ♣에이스(A)로 플라스 2점, ♠잭(J)이 마이너스 10점으로 차감 마이너스 8점이라고 하는 것이 된다.

그런데 제 3의 트릭은 A씨가 산패에서 1장 가져가고 기본패를 내놓게 된다.

이렇게 해서 몇 번인가 게임을 계속해 가는 사이에 산패가 없어지기 때문에 보충을 하지 않고 수패만으로 실시해서 수패도 없어지면 게임 세트가 된다.

더욱 제 1회의 트릭에 내놓은 산패는 으뜸패와 ♠ 이외의 카드로 한정되어 있지만 제 2회의 트릭이후는 으뜸패나 ♠나 마음대로 기본패로 할 수 있다.

□요령

기본패로서 평패가 나왔을 경우 기본패와 동종의 카드가 손에 없으면 으뜸패의 저위 카드로 득점이 많은 2나 10을 내놓고 점수를 벌어 둔다. ♠의 카드가 손에 있으면 거꾸로 마이너스가 큰 카드를 내놓고 상대에게 마이너스를 붙이는 전법으로 나간다.

조커는 으뜸패로서 최강의 카드로 기본패로 조커를 내놓는 것은 으뜸패를 청구하는 것으로 으뜸패를 손에 들고 있는 사람은 반드시 1장씩 내놓지 않으면 안된다.

그러나 ♠3은 조커를 청구할 수 있는 단 1장의 카드라는 사실을 잊어서는 안된다. 자신이 기본패를 내놓은 순번 때에 ♠3을 내놓고 '조커 청구'라고 말하면 조커를 가지고 있는 사람은 반드시 내놓지 않으면 안된다.

♠에이스(A)(스페큘레이션)는 조커에 버금가는 센 카드이지만 마이너스 15점이라고 하는 성가신 카드이기도 하기 때문에 조커가 나와 있을 때에 억지로 떠맡기든가,높은 점의 플라스 카드가 바닥에 많이 나와 있을 때에 사용한다.

혼자서 으뜸패를 전부 모아 버렸을 때는 플라스의 점수가 역으로 마이너스로서 계산되어 버린다. 그 반대로 마이너스 카드 전부를 모았을 때는 플라스로 계산되어 대승을 얻게 된다. 이와 같은 경우에는 다른 사람의 득점은 모두 제로가 된다.

나폴레옹

□사람 수

3인 이상, 5~6명까지.

□사용 카드

조커를 포함한 53장.

□돌리는 법

투 텐 잭과 마찬가지로 1사람에게 4장씩 나눠준다.

□노는 법

투 텐 잭에 새로운 연구를 가한 게임으로 다른 점은 배부받은 카드를 보고 어느 정도 이길 가망이 있는지 조커가 있는지,우세한 카드가 많은지,어떤지를 조사한 다음에 자신을 가진 사람이 그 목표를 발표한다. 자신의 예상 점수가 가장 높은 사람이 '나폴레옹'이 되고 다른 사람은 연합군이 되어 이것을 타도하는 목적으로 게임을 시작한다고 하는 점이다.

이 게임에서는 나폴레옹이 자신의 수패 중에서 가장 유리하다고 생각한 카드를 으뜸패로 할 수 있다. 으뜸패가 정해지면 우선 나폴레옹이 기본패를 내놓고 모두가 카드를 내고 일순한 다음에 우열을 정한다.

이렇게 게임을 진행해 가서 마지막에 나폴레옹이 처음에 선언한 이상으로 점수를 얻었으면 그의 승리가 되지만 반대로 선언한 만큼의 점수를 따지 못했다면 패배가 되는 것이다.

또한 나폴레옹은 부관을 한 사람 선정할 수 있다. 그러나 지명받은 사람이 자신이 없으면 사퇴하고 다른 사람이 부관에 임명되게 된다.

부관은 자신의 득점보다도 나폴레옹을 이기도록 공동 작전을 세우기 때문에 게임은 복잡해져서 재미를 더한다. 이 경우 나폴레옹과 부관의 점수는 합산되게 된다.

□요령

이 게임은 어디까지나 공격측의 동맹과 수비측의 동맹과의 싸움이 되기 때문에 2조로 나뉘어서 각각 협력하지 않으면 안된다. 나폴레옹과 부관의 협동 작전이 긴밀하게 이루어지는 것이 가장 필요하다.

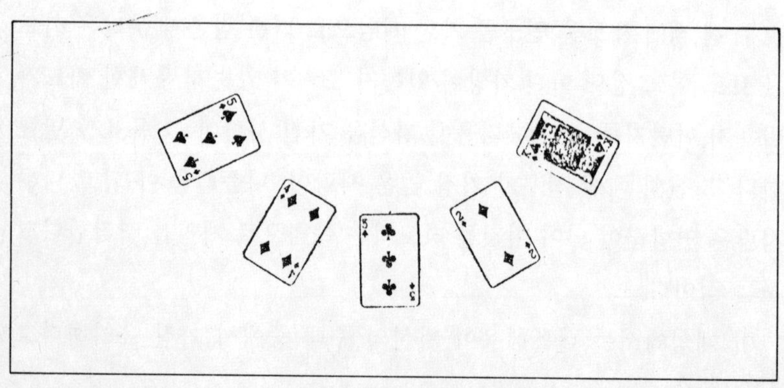

노 트럼프

□사람 수

4명이 노는 게임이지만 2인 1조가 되어 승부를 정한다. 우선 트럼프 전부를 겹쳐 두고 스스로 좋아하는 카드를 뽑아내서 고위의 카드를 뽑은 두 사람이 1조 나머지 두사람이 1조로 나뉜다.

□사용 카드

1세트 카드(조커를 포함한 53장)에서 클럽 2, 3, 스페이드의 2, 4, 하트와 다이아의 각 2, 3, 4 카드 합계 10장을 제외한 43장을 사용한다.

□돌리는 법

가장 고위의 카드를 빼낸 사람이 딜러가 되어 잘 셔플하고 나서 자신의 왼쪽 옆 사람부터 차례대로 1장씩 뒤로 엎어서 나눠주고 각자 10장씩 다 나누면 나머지 3장을 바닥에 엎어 놓는다.

□노는 법 ①

우선 카드의 순위부터 설명하자.

최고위가 조커.

이것에 이어서 으뜸패 잭(J)으로 라이트라고 부른다.

그 다음에는 으뜸패와 동색—다이아가 으뜸패일 때는 하트, 클럽일 때는 스페이드라고 하는 식으로 같은 색의 잭(J)으로 이것을 레프트라고 부른다.

그리고 다음에 으뜸패의 에이스(A), 킹(K), 퀸(Q), 10·9·8·7이라고 하는 순서가 된다.

으뜸패 이외의 평패는 에이스(A)·킹(K)·퀸(Q)·잭(J)·10의 순서가 되어 잭(J)은 별로 센 패가 되지 못한다.

♠에이스(A)(스페큘레이션)은 이 게임에서는 다른 에이스(A)와 같은 취급으로 특별히 센 패는 되지 못하고 있다.

다음에 자세히 기록하겠지만 노 트럼프의 선언이 이루어졌을 경우에는 으뜸패 없이—라고 하는 의미이므로 조커 이외에는 같은 취급이 되어 잭(J)의 라이트와 레프트의 특권도 없어지고 순위는 에이스(A)·킹(K)·퀸(Q)·잭(J)·10·9·8……이 된다.

그러나 기본패가 된 카드는 다른 카드 보다도 상위에 있다. 그런데 이 게임은 4명이 원좌가 되어 마주 앉은 두사람이 1조가 된다.

각자 10장씩 수패가 배부되면 잘 살펴보고 그 10장으로 10회의 승부를 겨루는데 무엇을 으뜸패로서 몇 번 또는 으뜸패 없이 이길 수 있는지,어떤지를 신중하게 숙고한다.

그리고 10회 승부 중에서 6회 이상 이길 수 있다고 하는 자신이 있는 사람은 선언을 한다. 선언은 으뜸패까지 말하지 않으면 안된다.

예를 들면 다이아의 수패가 많기 때문에 다이아를 으뜸패로 해서

7회는 확실히 이길 수 있는 자신이 있는 사람은 '다이아의 7(세븐)조'라고 선언한다. 선언은 6조 이상이 아니면 안된다.

다음에 그 왼쪽 옆의 사람은 그 선언을 듣고 자신은 다이아를 조금 밖에 가지고 있지 않기 때문에 다이아를 으뜸패로 하는 것은 불리하지만 클럽을 으뜸패로 하면 8회까지 이길 수 있다—즉, 8조를 딸 수 있다고 생각하면 '클럽의 8(에이트)조'라고 다투어 숫자를 올려 선언한다.

앞 사람보다도 적은 조수를 선언할 수 없기 때문에 다음 사람은 가령 하트로 7조 딸 수 있는 자신은 있어도 '패스'라고 해서 다음으로 양실한다.

또한 으뜸패를 특별히 지정하지 않고 '노 트럼프의 에이트(8)조'라고 선언할 수도 있다.

그리고 4명 중에서 가장 많이 이길 수 있는 회수를 선언한 사람이 '비더'라고 해서 경기에 이긴 사람이 되어 그 게임 10회전의 리더가 되는 것이다. 이 경기를 '비드'라고 한다.

□게임 요령

서로 마주 본 2인조는 커플이기 때문에 게임에서는 서로 협력하여 선언한 만큼의 조수를 획득하는 데에 노력하지 않으면 안된다.

따라서 두사람은 항상 서로의 가지고 있는 패를 생각한 다음에 선언하지 않으면 안되지만 카드를 서로 보이거나 말이나 사인을 교환하는 것은 루울로 금지되어 있기 때문에 서로의 선언에 의해 상대에게 자신의 마음을 알도록 해서 그 달성에 협력을 구할 수 밖에 없다.

그러나 선언에 의해 동시에 적의 2인조에게도 자신이 의도하는 바를 알리는 것이고 또한 적군의 선언으로 적의 마음도 알 수 있기 때문에 선언하는 것 즉 '비드'는 능숙한 기술과 임기 응변의 술책을 요하게 된다.

예를 들면 자신이 다이아 카드를 많이 가지고 있어 그것을 으뜸패로서 7조는 확실히 딸 수 있다고 할 때에 그보다 먼저 적군의 한 사람이 그것을 모르고 '다이아 세븐(7)조'라고 하는 선언을 했을 경우는 적의 의표를 숨기기 위해서 일부러 모르는 체 '패스'해 버리고 사전이 되어 적의 다이아를 자신의 다이아로 분쇄하는 것도 하나의 방법이다.

자신의 수패가 좋다고 해서 자신한 나머지 높은 점수를 선언하는 것은 주의 부족이다.

처음에는 낮은 것—최저선인 6조쯤부터 숫자를 올려가서 자연스럽게 자신이 생각하는대로 이끌어 간다고 하는 수법도 중요하다.

그러나 예상 외로 적에게 발각되어 버려서 좀더 높은 점수에서 비더가 되면 유리한데 빤히 보면서 낮은 점수에서 비더가 되어 버리는 경우도 있으니까 이 임기 응변의 술책이 게임상에서의 중대한 요령이라고 말할 수 있을 것이다.

노 트럼프를 선언할 때는 수패 중에 강력한 각종의 카드가 섞여 있기 때문에 다이아라든가,하트라든가의 한 종류로 한정하기 보다는 으뜸패 없이 싸우는 편이 유리하다고 판단한 경우다.

노 트럼프 때는 최초 딜러가 정한 수트의 카드를 기본패로 삼는다. 2 회에서는 그 기본패가 다른 카드보다 상위가 된다.

□노는 법 ②

비더 즉 선언자와 으뜸패의 종류가 정해지면 드디어 게임이 시작된다.

게임의 리더는 비더이기 때문에 우선 자신의 수패 중의 3장을 바닥에 엎어 놓은 3장의 카드와 바꿀 수 있는 권리를 갖고 있으므로 그 3장을 보고 유리한 카드가 있으면 수패 중의 그다지 중요하지 않은 카드와 교환한다.

물론 이 카드는 비더 이외에게는 보일 필요 없다.

제 1회의 게임은 거의, 즉 비더가 수패에서 1장 기본패를 내놓는다. 이 기본패는 으뜸패와 스페이드 이외의 수트가 아니면 안된다.

이어서 다른 세사람이 그 기본패의 수트의 카드를 수패 중에서 내놓지 않으면 안되지만 수패 중에 동종의 카드가 없을 때는 으뜸패 수트의 카드라도 또는 다른 수트의 카드라도 상관없으니까 1장씩 바닥에 내놓는다.

으뜸패가 다이아라고 지정되어 있는 게임이라면 그 최고위를 내놓은 사람이 으뜸패가 바닥에 없을 때라면 기본패의 수트의 최고위

노 트럼프 득점표

으뜸패 / 수트	♠	♣	◆	♥	노트럼프
6	40	60	80	100	120
7	140	160	180	200	200
8	240	260	280	300	320
9	340	360	380	400	400
10	440	460	480	500	520

카드를 내놓은 사람이 그 회의 승자가 되어 다음 회의 기본패를 내놓을 권리를 얻는다.

노 트럼프의 게임이었을 때는 조커를 내놓은 사람이 그 회의 승자가 되지만 조커 이외의 카드라면 기본패의 고위카드를 내놓은 사람이 승자가 된다.

딜러는 조커를 기본패로서 내놓을 수도 있지만 그 경우는 달리 기본패가 될 만한 수트를 지정하지 않으면 안된다. 딜러 이외의 경우에는 기본패와 동종의 카드를 가지고 있으면 조커를 내놓는 것은 금지되고 있다.

□요령

노 트럼프가 아닌 게임이라면 잭(J)카드의 사용법이 중요하다.

예를 들면 다이아가 으뜸패가 되어 있었을 때는 하트의 잭(J)의 레프트가 된다. 기본패로서 다이아가 나왔을 때 하트의 잭(J)은 다이아로서 통용되므로 달리 클럽 카드가 없을 때는 이것을 내놓지 않으면 안된다.

그 바닥에 다이아 잭(J)이 나와 있으면 라이트로 하트 잭(J)의 레프트 보다도 강력하기 때문에 그것을 딸 수 있어 다음 회수에서 유리해진다.

□노는 법 ③

1회의 승부가 끝날 때마다 승자는 다음의 리더가 되어 무엇을 기본패로 할까하고 작전을 구사한다.

그 동안에 승자의 파트너는 이 회에서 얻은 4장의 카드를 겹쳐서

득점 합계표(기입 예)

		비드 선언	성부	동조 득점	합계	서조득점	합계
1	동	다이아 7	○	+180	+180		
2	동	클 럽 8	×	−260	−80	+20	+20
3	서	다이아 8	○	−	−	+280	+300
4	서	하 트 9	×	+20	−60	−400	−100
5	동	노 트럼프 8	○	+320	+260		
6	동	스페이드 8	○	+240			

정리해 둔다.

각자의 수패 10장이 없어지면 10회의 승부가 끝난 것이므로 1게임의 종료로서 정리되어 있는 카드에 의해 이긴 회수를 계산한다.

그리고 선언의 회수와 으뜸패의 종류에 의해 다음의 득점표에 의한 득점을 획득한다.

비더의 조가 선언한 만큼의 회수를 얻었을 때——예를 들면 최초에 '다이아 7조'라고 선언하고 7회 또는 7회 이상 이겼을 때는 180점을 얻지만 6회 이하 밖에 이길 수 없었을 때는 선언한 '다이아 7조'의 점수 180점이 그대로 마이너스로서 계산되어 버린다.

그리고 부족한 회수——7회라고 하고 5회 밖에 이길 수 없었을 때는 그 차수 2회가 적측의 플라스가 되어 1회 10점의 계산이니까 플라스 20점으로서 가산된다.

이렇게 해서 몇 번인가의 게임을 반복하여 어느 쪽인가의 조가 플라스 50점이 되든가,또는 반대로 마이너스 500점이 되었을 때에 그 시합의 승부가 정해지게 된다.

다음에 알기 쉽도록 득점 합계표의 기입례를 들어두자.

□보충

리더가 내놓은 기본패와 같은 수트의 카드를 가지고 있다면 반드시 내놓지 않으면 안된다. 같은 수트의 카드가 도저히 없다면 으뜸패를 내놓고 칠 수도 있다. 그것도 없으면 다른 카드를 버린다.

조커는 가령 기본패와 같은 수트의 카드를 가지고 있었을 때라도 내놓으면 괜찮지만 가장 마지막에 내놓았을 때는 무효로서 무력한 카드가 되어 버린다.

리더가 조커를 가지고 있었을 때는 그 조커를 내놓고 그 게임의 으뜸패를 다른 세사람에게 청구할 수 있다.

리더가 스페이드 3을 가지고 있을 때는 이 카드로 '조커 청구'를 할 수 있다. 조커를 가지고 있는 사람은 반드시 내놓지 않으면 안되고 가지고 있지 않은 사람은 스페이드의 카드를 내놓는다.

□게임 요령

회수를 끝낸 카드는 조별로 나눠서 정리하는데 엎어 놓는 것이 규칙이므로 게임 종료까지 젖혀 볼 수 없다. 따라서 지금까지 어떤 카드가 나오고 각자의 수패에 무엇이 남아 있는지를 잘 생각해서 작전을 세워야 한다.

21

이 게임은 별명을 '블랙 잭'이라고도 해서 13세기부터 이루어지고 있는 오래된 게임이다.

□사람 수

3명에서 4~5명.

□사용 카드

조커를 포함한 53장.

□돌리는 법

딜러는 왼쪽 옆부터 1장씩 카드를 뒤로 엎어서 나눠 주고 자신 앞에도 1장 엎어놓아 둔다.

배부받은 카드를 보고 각각 팁(내기패)을 자신 앞에 내놓는다.

□노는 법

카드의 점수는 다음과 같이 정해져 있다.

킹(K) · 퀸(Q) · 잭(J)…………………………………………… 각 10점

에이스(A)……………………………………………11점 또는 1점

스페이드의 에이스(A)
조커 }…………………………11점 또는 1점

2~10……………………………………… 카드의 숫자와 동점

엎어 높은 카드를 도르고 팁을 다 내놓으면 다음에 딜러는 1장씩 이번에는 겉 방향으로 도른다. 배부받은 사람은 처음 뒤로 엎어서 받은 카드와 2번째의 겉 방향의 카드의 점수를 합계해서 그 1점이 되면 되지만 부족한 경우는 딜러에게 또 1장 청구한다.

이 카드도 더해서 아직 부족할 때는 다시 1장 더 청구할 수도 있지만 그 1점을 초과해 버리면 거꾸로 제로가 되어 버리므로 21점을 절대로 넘지 않도록 생각해서 청구하지 않으면 안된다.

이렇게 해서 각각 이 카드를 희망대로 장수만큼 다 가져가면 나머지는 산패로 삼는다. 마지막에 딜러가 자신의 카드를 보고 점수가 부족하면 산패에서 1장 가져간다.

그리고 합계 점수가 21점, 또는 거기에 가까운 20점, 19점이라고 하는 고점이었다면 손을 들고 각각의 카드를 공개시키고 점수를 조사해서 딜러가 최고점이었다면 팁은 전부 딜러의 것이 된다. 딜러가 21점을 딱 채웠을 때는 다시 모두로부터 내놓은 팁과 동수의 팁을 거둘 수 있다.

딜러는 자신보다 점수가 많은 사람—예를 들어 자신이 19점이고 달리 20점의 사람이 있다면 그 사람에게는 내놓은 팁의 배수를 건네주지 않으면 안되지만 18점, 16점의 사람의 팁은 가져가도 괜찮다. 단, 달리 21점의 사람이 있다면 딜러는 상대가 내놓은 2배의 팁을 자신이 건네주지 않으면 안된다.

딜러가 21점을 초과했을 때는 21점 이내인 다른 사람에게는 내놓은 만큼의 팁을 내놓지 않으면 안된다. 딜러 이외에 21전을 초과한 사람, 16점 이하의 사람은 내놓은 텁을 딜러에게 건네주지 않으면 안되지만 그 때 딜러도 초과하고 있다면 무승부가 된다. 딜러의 역할은 이와같이 중요하지만 이긴 딜러가 이어서 딜러를 계속하고 지면 최고 지점자에게 딜러의 위치를 넘겨주는 방법과 1회마다 순번대로 딜러가 되는 방법이 있다.

□요령

자신의 수패가 16점 이하에서는 승부가 되지 않기 때문에 그 이하라면 자꾸자꾸 청구할 필요가 있다. 어려운 것은 17점쯤의 경우에서 신중하게 스톱하느냐,모험하느냐의 갈림길에 놓여 있는 것이다. 그러나 강하게 그 보다 라인을 19점 쯤으로 가지고 가는 편이 성공률이 높은 경우도 있다.

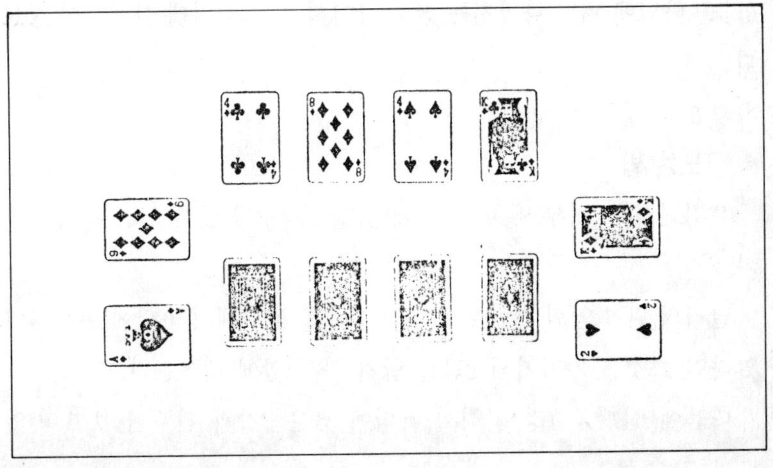

카지노

□사람 수

4명 정도가 좋지만 몇 명이라고 할 수 있다.

□사용 카드

조커를 뺀 52장.

□돌리는 법

딜러는 왼쪽 옆의 사람부터 1장씩 4회 돌리고 나머지 카드에서 4장을 바닥에 펴고 나머지는 전부 엎어서 바닥 중앙에 산패로서 쌓는다.

□노는 법

우리나라의 '화투'와 비슷한 게임으로 점수가 많은 사람이 승리자가 된다.

딜러의 왼쪽 옆의 사람부터 우선 수패를 조사해서 바닥에 동위패가 있다면 그것을 가져가서 2장을 합쳐 자신 앞에 내놓는다.

다음에 산패를 1장 젖혀서 바닥에 남은 3장과 견주어 보고 만일 동위의 카드가 있다면 그것도 가져갈 수 있지만 없다면 그대로 장패로서 놓아둔다.

이렇게 해서 순서대로 돌지만 만일 바닥에 있는 카드와 동위패가 손에 없을 때는 수패 중의 1장을 바닥에 버리고 산패를 1장 젖힌다. 그리고 그 카드와 동위의 카드가 바닥에 있으면 맞춰서 가져 가지만 없다면 이것도 장패로 삼는다.

가령 동위의 카드가 아니더라도 장패 2장의 수의 합계와 수패 1장의 수가 같다면 3장을 합쳐서 가져가는 것도 가능하다. 즉, 바닥에 4와 5의 2장이 있고 손에 9의 카드가 있으면, 4와 5의 2장과 수패의 9로 1조를 만들 수 있고, 또한 바닥에 6의 카드가 2장 이상 있고, 손에 6이 1장 있으면 거기에 있는 6의 카드는 모두 가져 갈 수도 있다. 이 점이 화투와 다른 점이다. 그러나 이것은 숫자패로 한정되어 있고 그림패는 역시 그 동위의 그림패 밖에 가져갈 수 없다.

자신의 순서가 돌아왔을 때에 수패가 1장도 없을 때는 산패만을 젖혀서 바닥에 맞는 카드가 없으면 장패로서 버린다.

모두가 수패가 없어져 버리면 딜러는 산패에서 다시 4장씩을 도르고 승부를 계속한다.

그리고 수패도 산패도 모두 없어졌을 때에 게임은 끝나고 각각 자신의 득점을 계산해서 최고점을 딴 사람이 이기게 되는 것이다.

□채점법

에이스(A)……20점

킹(K)…………20점

퀸(Q)…………15점

잭(J)…………12점

10~2……숫자가 점수가 된다.

□요령

우리나라의 화투와 매우 비슷한 방법의 게임이기 때문에 그 요령을 알고 있으면 유리하게 진행할 수 있다.

숫자패를 합계로 가져가는 점을 잘 생각하고 적은 수의 패부터 내가서 장패의 숫자패와 합계한 수의 카드를 다음에 내놓고 맞춰 가져가도록 유의하는 것이 요령이다.

마긴

□사람 수

3명 이상, 7~8명까지.

□사용 카드

조커를 뺀 52장.

□돌리는 법

딜러는 카드를 잘 치고나서 전부 엎어 놓고 왼쪽 옆의 사람부터 1장씩 돌린다.

□노는 법

각자 배부받는 카드를 자신의 앞에 엎어 쌓는다.

우선 딜러의 왼쪽 옆의 사람부터 자신의 산패에서 1장 젖혀서 겉 방향으로 산패 전방에 놓고 몇 장인가 겹쳐가는 사이에 에이스(A)가 나오면 다시 중앙의 바닥에 그림과 같이 놓는다.

그리고 에이스(A)에 이어서 동종의 2, 3, 4로 이어지는 카드가 나올 때마다 에이스(A) 위에 쌓아간다. 즉 동종 숫자 오름 시퀸스를

마긴
(4인의 경우)

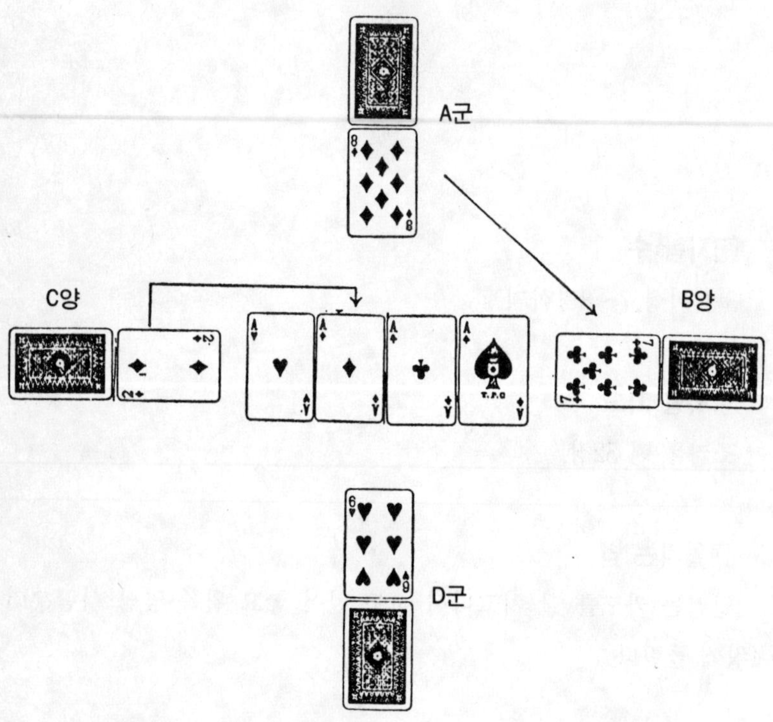

만들어 가는 것이다.

더욱이 다른 사람이 펴서 쌓아 간 산패 위에 자신이 젖힌 카드로 상하 어디에나 이어지는 카드가 있다면 그 사람이 펴 놓은 산패 위에 겹친다. 그 경우는 수트에 관계없다.

그림으로서 설명해 보면,

A씨가 자신의 앞에 쌓은 뒷방향의 산패를 젖혔더니 ◆8이 나왔

다. B씨에게 ♣7이 있었기 때문에 그 위에 겹친다.

다음은 C씨의 순서인데 이미 바닥 중앙에는 에이스(A)가 쭉 늘어서 있다. 그리고 C씨가 젖힌 산에 ◆2가 나와 있다. 이 경우는 뒷방향의 산패를 젖히지 말고 펴 놓은 산패의 톱 ◆2를 바닥의 기본패인 ◆에이스(A) 위에 겹칠 수 있다. 그러나 ◆2가 아닌 다른 카드였다면 그대로 자신의 전방 산패 위에 겹친다.

뒷방향으로 쌓은 산패가 없어져 버리면 펼친 패를 몽땅 뒤집어서 뒷방향으로 쌓는다.

이렇게 해서 뒷방향의 카드의 산로 겉 방향의 카드의 산도 모두 빨리 1장도 없어진 사람이 승리자가 된다.

만일 다른 사람이 카드를 잘못 놓았을 때는 '마긴'이라고 외치고 그 사람은 잘못한 사람에게 카드를 1장 건네 줄 수 있다. 두사람이 동시에 잘못을 발견하고 '마긴'이라고 소리를 질렀을 때는 조금이라도 빨랐던 사람이 2장 약간 느린 사람은 1장의 카드를 잘못한 사람에게 건네준다. 이 벌패는 펼친 산패의 밑바닥에서 빼내 잘못한 사람의 뒤로 엎어져 있는 산패 위에 뒷 방향으로 겹치는 것이다.

□게임 요령

자신의 펼친 산패의 톱에 ◆2가 나와 있었을 때에 다른 사람이 중앙에 ◆에이스(A)를 내놓았다면 다음에 자신의 차례가 왔을 때에 뒷방향의 산패를 젖히지 않고 마긴이라는 소리를 듣지 않도록 파울을 해서 겹치는 사람도 있지만 벌칙으로 오히려 손해를 본다. 오히려 타인의 잘못이나 부정을 간파해서 카드를 줄이는 편이 유리하다.

유카

□사람 수

4명.

□사용 카드

조커 및 각종의 2, 3, 4, 5, 6을 제외한 32장.

□돌리는 법

딜러는 잘 카드를 친후 왼쪽 옆부터 차례대로 각 5장씩의 수패를 돌리고 나머지 카드는 엎어서 바닥 중앙에 쌓지만 톱의 1장만은 겉방향으로 해 놓는다. 이것이 으뜸패를 정하기 위한 기본패가 된다.

□노는 법

4명을 2인 2조로 나누어서 대항시키면 더 재미가 있다. 짝을 짓기 위해서는 4장의 카드를 각각에게 빼내게 해서 고위의 카드를 뽑은 두사람과 저위의 카드를 뽑은 두사람으로 나눠서 최고위의 카드를 뽑은 사람이 딜러가 되는 것이 좋을 것이다. 그림과 같은 식이 된다.

다음에 이 게임에 있어서 카드의 순서에 대해서 설명해 두자.

으뜸패의 잭(J)이 최강의 카드로 '라이트 파워'(정잭)라고 불리고 으뜸패와 동색의 잭(J)이 '레프트 파워'(부잭)라고 해서 다음으로 센 카드가 된다.

순위도 으뜸패와 평패에서는 달라진다. 으뜸패 때는,

잭(J)–으뜸패와 동색의 잭(J)–에이스(A)–킹(K)–퀸(Q)–10–9–8–7

으뜸패가 아닐 때는,

에이스(A)–킹(K)–퀸(Q)–잭(J)–10–9–8–7

의 순위가 된다.

으뜸패를 정하기 위해서는 딜러의 왼쪽 옆 '에르데스트 핸드'부터 차례대로 기본패와 같은 수트를 으뜸패로 삼는지,어떤지 의견을 서술한다. 반대라면 '패스', 찬성이면 '오더'라고 한다. '오더'가 많을 경우는 기본패의 수트를 으뜸패로 결정하고 게임을 개시하지만 '패스'가 많으면 딜러가 결단을 내리지 않으면 안된다. 딜러도 '패스'하면 산패 중에서 다음의 1장을 젖힌다. 그것이 기본패와 같은 수트였다면 다시 한장 더 젖히지 않으면 안된다.

그리고 새롭게 나온 기본패에 대해서도 다시 한번 멤버의 의견을 듣지 않으면 안된다. 그리고 '오더'가 되면 딜러는 자신의 수패 중의 1장과 기본패를 교환할 수도 있지만 이것은 결정된 으뜸패의 종류와는 아무런 관계는 없다.

이 게임의 목적은 자신에게 유리한 으뜸패를 정해서 조의 두사람이 5회의 트릭 중 3트릭까지를 얻을 수 있으면 승리가 된다.

우선 딜러의 왼쪽 옆의 사람이 자신의 수패 중에서 적당하다고 생각하는 1장을 기본패로서 내놓고 최초의 트릭을 리드한다. 다른 사람은 기본패와 같은 수트의 카드가 수패에 있으면 반드시 그것을 바닥에 내놓지 않으면 안된다.

만일 동종패가 없을 때는 으뜸패로 치든가,또는 다른 수트의 카드를 내놓는다.

나온 4장의 카드 중에서 고위의 카드를 내놓은 사람이 그 트릭을 얻게 된다. 으뜸패가 최강이지만 나와 있지 않을 때는 기본패의 수트에서 고위의 카드가 이기는 것이다.

이 트릭을 얻은 사람이 다른 트릭의 기본패를 내놓는다. 5장의 수패를 5회 트릭으로 다 내놓으면 게임은 끝난다.

〈스코어〉

본격적인 게임으로서는 승리에 의한 득점을 다음과 같이 계산해서 5점을 선취한 조를 우승자로 한다.

(1) 딜러의 조가 3, 또는 4트릭을 얻으면 1점.

(2) 딜러의 조가 5회의 트릭 전부를 얻으면 2점.

(3) 딜러의 조가 3트릭 이상 이길 수 없었을 경우는 그 상대조가 2점.

□게임 요령

자신의 수패에서 유리한 수트를 으뜸패로 하는 것이 중요하기 때문에 으뜸패를 결정하는 기술이 승부의 요령이 된다. 딜러의 왼쪽 옆을 딜러의 적측에 해당하는 것이지만 딜러와 이 좌측 옆이 유리한 카드를 으뜸패로 삼기 위해서 잘 생각하고 결정하지 않으면 안 된다.

포카

'포카 페이스'라고 하는 말은 심중의 감정의 움직임을 억제하고 외부로 나타내는 일,없는 무표정한 얼굴을 말하는 것이지만 포카에는 그만큼 상술이라고 하는 것이 의외로 중대한 포인트를 차지하고 있다는 사실도 나타낸 말이기도 할 것이다.

포카는 브리지와 함께 세계에서 가장 보급되어 있는 트럼프 게임으로 군미에서는 남성 여성을 불문하고 대부분의 사람이 상식으로서 알고 있는 데다가 영화나 텔레비젼에도 활발하게 등장하는 사실은 여러분도 잘 아시리라고 생각한다.

포카라고 한마디로 말해도 지방에 따라서 꽤 루울에 차이가 있지만 기본원리만 이해하고 있으면 어느 정도의 변형은 곧 이해할 수 있을 것이다. 기본이 되는 원리는 포카 핸드(역의 종류)와 팁의 거는 방법 '베트'뿐이므로 비교적 간단하게 배울 수 있다.

□포카의 역

포카의 역은 모두 5장의 카드의 편성으로 만들고 이 역을 '포카 핸드'라고 해서 이 역의 고저로 인해 승부를 결정하게 되므로 역의 종류를 익히는 것이 가장 중요하다.

2인 이상의 플레이어가 같은 역을 만들었을 때는 카드의 순위로 승부를 정하는데 그 때의 카드의 순위는 에이스(A)·킹(K)·퀸(Q)·잭(J)·10·9·8·7·6·5·4·3·2다. 다음에 포카의 역을 고위의 것부터 설명해 간다.

(1) 파이브 카드

앞에 서술한 와일드 카드를 사용했을 경우에만 할 수 있는 최고위의 포카 핸드로 동위패 4장에 와일드 카드 1장의 편성이다.

그림에 나타난 에이스(A) 4장에 조키의 파이브 카드가 가장 센 힘을 가지고 있다.

(1) 파이브 카드

(2) 로얄 플래쉬

와일드 카드를 사용하지 않을 경우의 최강의 카드로 같은 수트로 에이스(A)—킹(K)—퀸(Q)—잭(J)—10이라고 하는 세퀀스가 되었을 때의 편성이다.

(2) 로얄 플래쉬

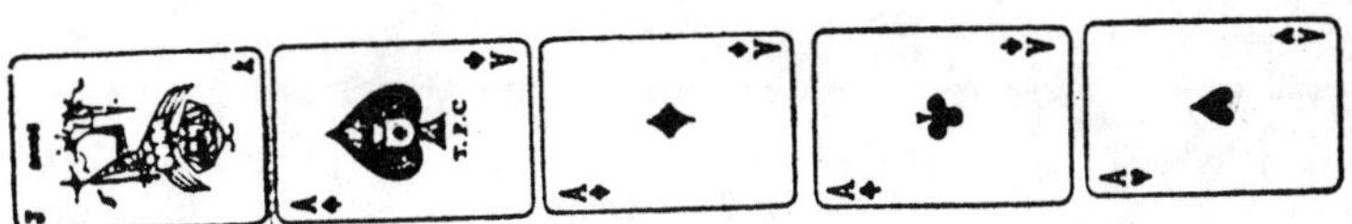

(3) 스트레이트 플래쉬

그림과 같이 같은 종류로 5장의 세퀜스의 편성이다.

(3) 스트레이트 플래쉬

(4) 포 카드

5장의 수패에서 동위패가 4장 갖춰진 편성.

2조 이상의 포 카드가 겹치면 고위의 것이 승리가 된다.

(4) 포 카드

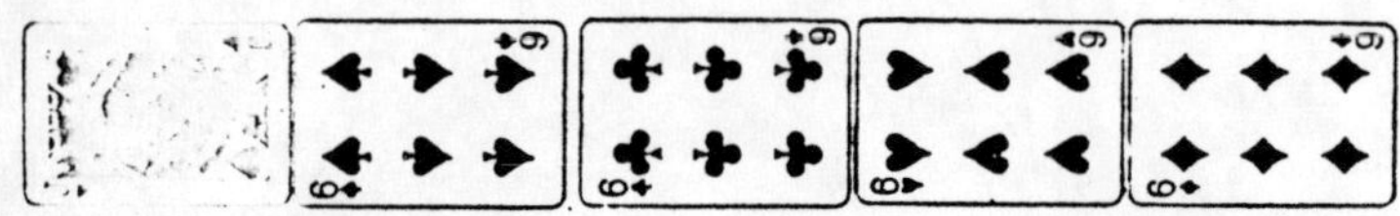

(5) 폴 하우스

동위패 3장(스리 카드)과 동위패 2장(페어)의 편성을 말한다. 풀 하우스의 플레이어가 두사람 이상 있었을 경우는 스리 카드의 고위의 것이 승리다.

(6) 플래쉬

5장의 수패가 전부 같은 수트의 경우를 말한다. 플래쉬의 플레이어가 두 사람 이상 있었을 때는 플래쉬 최고위 카드의 고저에 의해 승부를 정한다.

(7) 스트레이트

종류는 섞여 있어도 5장의 세퀜스로 갖춰져 있는 경우로 2사람 이상 있으면 고위의 카드로 이어져 있는 세퀜스의 승리다.

(5) 폴 하우스

(6) 플래쉬

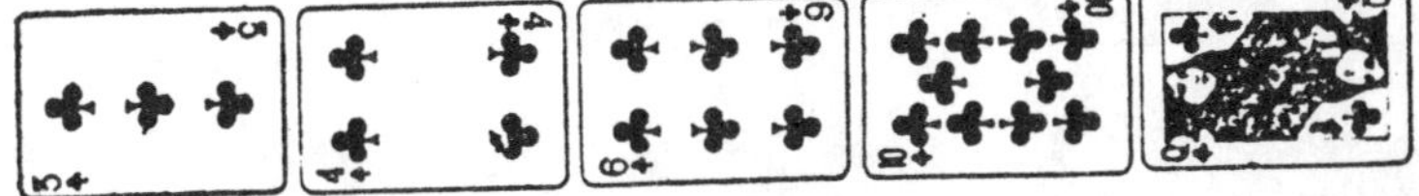

(7) 스트레이트

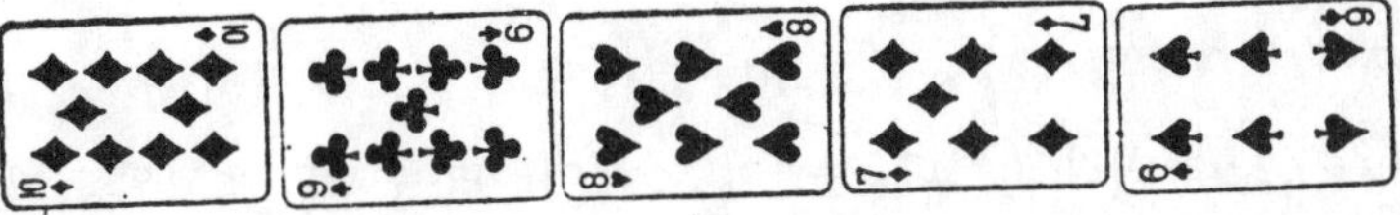

(8) 스리 카드

동위패가 3장 갖춰진 편성. 두사람 이상 있었을 때는 고위 카드의 승리.

(8) 스리 카드

(9) 투 페어

동위패가 2조 갖춰진 편성. 남은 1장은 뭐라도 좋다. 두 사람 이상이면 고위의 페어 소지자가 승리

(10) 원 페어

동위패에 2장 갖춰진 편성.나머지 3장은 뭐라도 좋다. 두 사람 이상 있으면 고위의 페어가 승리 페어도 동이라면 나머지 카드의 고저로 결정한다.

(11) 노 페어

5장의 수패 중에서 전술한 10종류의 포카 핸드를 전혀 볼 수 없는 경우를 노 페어라고 한다. 전원이 노 페어라면 수패의 초고위를 가지고 있는 사람이 승리가 된다. 최고위의 카드가 동위였다면 차위 카드의 고저로 결정한다.

(9) 투 페어　　　　(10) 원 페어

□사람 수

2인 이상, 6인 정도까지이지만 4~5명이 가장 적당한 인원수다.

□사용 카드

조커를 와일드 카드로 사용한다고 하면 이것을 포함해서 53장, 사용하지 않을 때는 조커를 제외한 52장.

와일드 카드란, 사용하는 사람의 의지로 어떤 카드나 될 수 있는 카드다. 조커를 포함해서 그것이 수패로 들어오면 최저 원 페어는 반드시 할 수 있는 셈이다.

이 외 조커의 사용법으로서 어떤 카드나 된다고 하는 것이 아니라 에이스(A) 대용패로서 또는 스트레이트, 플래쉬, 스트레이트 플래쉬의 세개를 만들 때에 그 중의 1장으로 사용한다고 하는 방법이 있다. 이것을 '백'이라고 한다.

□돌리는 법

정식으로는 '벙커'라고 해서 팁의 관리나 계산을 담당하는 사람이 자리를 정해 최초의 딜러가 벙커의 좌우 옆에 앉고 나머지는 딜러를 정한 '드로'의 카드 순위에 따라 벙커의 왼쪽 옆부터 한 사람씩 순서대로 앉는다. 더욱이 벙커가 없는 게임에서는 딜러가 최초로 자리를 고른다.

딜러는 카드를 잘 셔플한 후에 자신의 왼쪽 옆 사람에게 1회만 컷트시킨다.

포카의 딜러 결정은 1조의 카드에서 일동이 1장씩 젖혀 가서 최초로 어느 수트라도 상관없이 잭이 나오면 그 사람이 최초의 딜러가 되는 것으로 정해져 있다. 2회째 이후는 왼쪽 옆으로 각자 1회씩 딜러의 역을 맡는다.

딜러는 일동에게 각 5장씩 수패를 돌리고 나머지 카드는 엎어서 자신 앞에 쌓는다.

□노는 법

5장의 수패를 고위의 포카 핸드로 편성하거나 다른 사람 따를 수 없는 베트에 의해 포트(바닥)에 나온 팁을 따는 것이 목적이다.

포카에 사용되는 팁은 백(1점), 적(5점), 청(10점), 황(25점)의 4색의 것을 이용한다. 성냥개비, 바둑돌, 단추 등을 대용해도 좋을 것이다.

베트는 1회 게임에서 2회 이루어진다. 전반전이 제 1회의 베트, 후반전이 제 2회의 베트가 된다.

제 1회의 베트는 카드를 돌리기 전에 참가료 '앙띠'를 1팁 내놓는다.

그리고 나서 각자 배부 받은 수패를 보고 딜러의 왼쪽 옆 사람부터 베트인지,패스인지 어느 쪽인가의 적도를 보이지만 최초로 베트를 하기 위해서는 적어도 노 페어라도 그림패가 1장 이상 없으면 안된다.

수패를 보고 모두가 패스해 버리면 일동은 다시 앙띠를 내고 새로운 딜러에 의해 카드를 다시 도르게 된다.

누군가 한사람이 베트했을 때 (이 최초의 베트를 오픈이라고 한다)다른 사람은 이미 패스한 사람도 포함해서 누구나 1번씩은 '콜', '레이프', '드롭' 중 어느 것인가를 선언하지 않으면 안된다.

드롭—즉,포기하지 않고 게임에 남기 위해서는 '콜'이나 '레이즈' 중 어느 것인가를 선언할 필요가 있다. 콜의 경우는 앞 사람과 같은 수만큼을 내놓을 뿐이지만 레이즈의 경우는 숫자가 올라간 베트 수를 전원에게 알리지 않으면 안된다.

제 1회의 베트에서는 한번 오픈, 콜, 또는 레이즈를 하면 2회의 베트에서는 콜은 할 수 있어도 두번 다시 레이즈할 수 없는 것이다.

예를 들면 A씨가 5텝으로 오픈하고 이어서 B시와 C씨가 A씨의 베트를 콜하고 각각 5텝씩 내놓으면 그 이상의 레이즈는 할 수 없다.

그러나 가령 C씨가 A씨의 5텝에 대해서 3텝의 레이즈를 하고 8텝을 내놓으면 다음의 D씨는 이 8텝에 대해서 드롭, 콜, 레이즈 중 어느 것인가를 선택하게 되지만 이미 베트한 A씨와 B씨는 다시 한번만 콜이나 드롭의 선언을 할 수 있을 뿐 레이즈는 할 수 없다.

다음에 포기한 사람 이외의 게임을 하는 사람 '액티브 플레이어' 들은 딜러의 왼쪽 옆,또는 거기에 가까운 사람부터 차례대로 '드로'를 한다.

이것은 이번의 수패에 의해 생기는 포카 핸드를 점도 고위의 것으로 하기 위해서 수패 중에서 불필요한 카드를 뒤로 엎어서 바닥에 내놓고 대용 카드를 그 장수만큼을 딜러로부터 받는다.

이것은 그 사람의 희망에 의해 하는 것으로서 무리하게 드로를 할 필요는 없다. 딜러가 드로를 하는 경우는 스스로 카드를 교섭하지만 장수를 분명하게 다른 사람에게 알리지 않으면 안된다.

그런데 드로가 끝나면 일동은 다시 자신의 수패를 재검토하고 딜러의 좌측 옆 사람부터 체크라든가, 제 2회째 베트를 해 가지만 누군가 한사람이 베트하면 나머지 사람은 체크할 수 없고 최초의 베트 때와 마찬가지로 드롭, 콜, 레이즈 중 어느 것인가를 선택해서 선언을 한다.

예를 들면 A씨가 체크하고 다음에 B씨가 2팁을 베트했을 때, C씨와 D씨는 역시 2팁을 내고 콜하지만 그 경우 B씨, C씨는 모두 레이즈할 수도 있는 것이다.

가령 A씨가 콜 또는 드롭했다고 하면 제 2회 베트는 종료로 쇼다운에 들어가지만 A씨가 레이즈했을 때는 다른 세사람이 A씨의 레이즈에 대해서 콜이나 드롭을 선언하고 여기에서 비로소 제 2회째의 베트가 끝난다.

제 2회째의 베트가 끝나면 드롭한 사람을 제외한 일동이 각각 5장의 수패를 공개해서 포카 핸드의 우열을 겨룬다. 그리고 고위의 포카 핸드의 플레이어가 모든 팁을 획득한다.

더욱이 도중에서 한사람을 제외한 전원이 드롭했을 때는 쇼다운을 하지 않고 그 사람이 모든 팁을 획득할 수 있다.

이런 요령으로 1게임이 끝나면 딜러에 의해 카드를 다시 도르고 또 정해져 있는 앙띠를 내고 다음 게임으로 옮긴다.

□요령

수패의 좋고 나쁨도 그렇긴 하지만 상대와의 심리적인 술책도 크게 승부에 영향한다. 수패가 좋다고 해서 안면에 희색을 띠거나 수패가 나쁘다고 해서 침울한 얼굴을 하는 식으로는 상대에게 자신의 수패를 읽혀 버린다.

수패——즉 포카 핸드가 어떻든지 결코 표정에 나타내지 말 것—

즉 '포카 페이스'가 이 게임에서는 가장 중요하다는 사실을 잊어서는 안된다.

예를 들면 반드시 좋지는 않은 포카 핸드로 베트해서 다른 사람들에게 '도저히 저 녀석에게는 당할 수 있을 것 같지도 않다'고 믿게 해서 드롭시키는 등은 포카 페이스의 소유자라야 비로소 가능하다고 말할 수 있을 것이다.

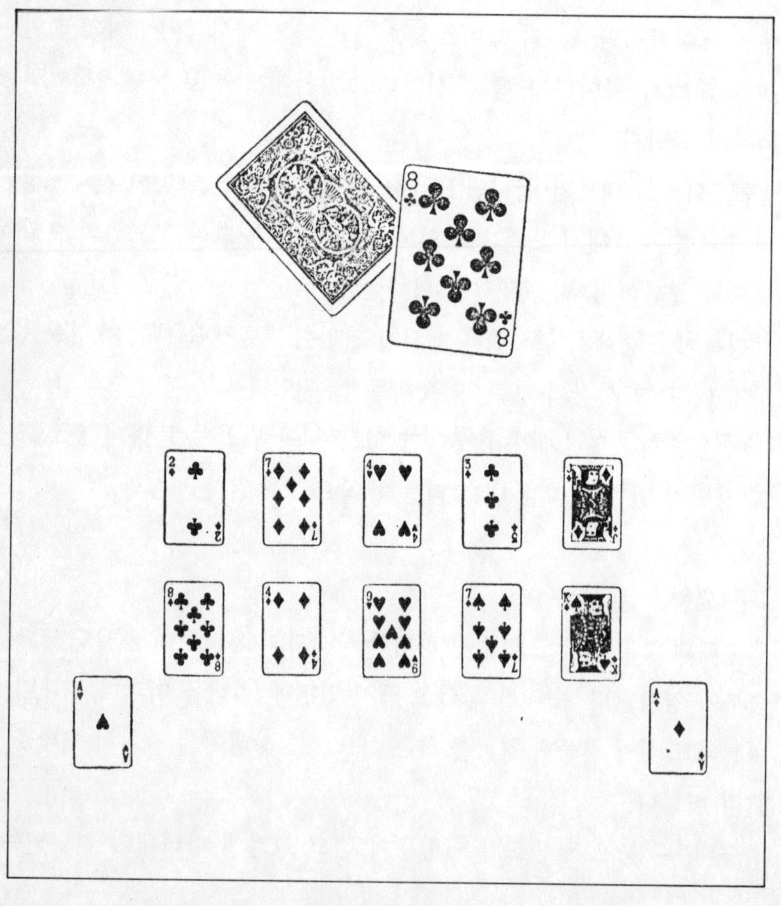

콘 트락트 브리지

브리지는 포카나 라미와 함께 구미에서는 대표적인 트럼프 게임으로 생각되고 있다.

방법도 여러가지 있고 규칙도 매우 번잡해서 자세히 설명하면 그것만 해도 완전히 1권의 책이 완성될 정도이지만 여기에서는 가정이나 그룹으로 즐길 수 있는 '로트락트 브리지'를 소개하겠다.

□사람 수

4명이 2조로 나뉘어 같은 조의 파트너끼리 협력해서 상대의 조에 맞선다. 조를 나누기 위해서는 카드를 1장씩 건네주고 고위의 카드를 받은 두 사람과 저위의 카드를 받은 두 사람으로 나눈다. 최고위의 카드를 뽑은 사람은 최초의 '딜러'가 된다. 고위의 카드의 두 사람과 저위의 카드의 두 사람이 각각 마주 보고 앉는다.

□카드 순위

에이스(A) · 킹(K) · 퀸(Q) · 잭(J) · 10 · 9 · 8 · 7 · 6 · 5 · 4 · 3 · 2. 이 게임은 종류에 따라서 카드의 우열이 달라진다.

□사용 카드

조커를 뺀 52장.

□돌리는 법

딜러는 각각에게 13장씩의 카드를 돌린다. 그 카드가 없어질 때까지의 13트릭을 하는 것이다. 카드는 1장씩 위로 엎어서 돌리지만 전체의 카드를 다 돌릴 때까지는 자신에 배부된 패라도 손을 대서는 안된다. 다 돌리고 나서야 비로소 각자의 카드를 손에 든다.

□노는 법

(1) 오크션

카드를 손에 들면 디크레어러(최고의 경기를 해서 콘트락트 '계약'을 정하는 사람)을 결정하기 위해서 오크션(경기)을 한다.

우선,딜러부터 차례대로 각자가 각각 콜(선언)하는 것인데 거기에는 다음과 같은 4가지 태도를 분명히 하는 것이다.

패스……수패가 좋지 않기 때문에 비드(경기 값을 매긴다)를 하지 않고 그 권리를 왼쪽 옆 사람에게 양보한다.

비드……자신의 경기 값을 발표한다. 자신의 파트너의 협력을 얻어서 획득할 수 있다고 생각되는 오드 트릭)자신이 딸 수 있는 트릭이 7트릭이면 6을 빼고 1오드 트릭, 8트릭이면 6을 뺀 2오드 트릭)의 수와 으뜸패의 종류를 예를 들면 '노 트럼프 1'이라든가,'하트 2'라고 하는 식으로 발표하는 것이다. '하트 2'란,으뜸패를 하트로 해서 2오드 트릭—즉 13회의 트릭 중 8트릭을 획득하기 때문에 거기에서 6을 뺀 2오드 트릭—을 이긴다고 하는 의미다.

이 비드의 수는 1부터 7까지로 먼저 2라고 선언당하며 다음에 비드하는 사람은 그것보다도 큰 수로 비드하든가, 같은 2라도 '하트 2'라고 비드당하면 다음은 '스페이드 2'나 '노 트럼프 2'라고 그것보다도 고위를 선언하지 않으면 안된다.

노 트럼프라고 하는 경우는,으뜸패를 지정하지 않는 비드가 되어 수트의 으뜸패보다도 훨씬 센 종류가 된다. 수트에서는 ♠가 가장 세고 이어서 ♥, ◆, ♣의 순이 된다.

또한 비드는 세 사람이 계속해서 패스를 선언할 때까지는 언제까지나 돌기 때문에 아무리 유망한 수패가 있더라도 처음부터 너무 고위의 비드를 선언할 필요는 없다. 임기 응변의 술책으로 이 비드를 겨루어 숫자를 올려가는 데에 '브리지'의 재미가 있는 것이다.

더블……경기에서 자신의 앞 사람이 선언한 비드에 관련된 트릭스코어, 프레미엄 스코어의 점수를 2배로 한다고 하는 선언이다.

리더블……더블을 건 비드에 다시 더블을 건다고 하는 선언으로 이것으로 트릭 스코어, 프레미엄 스코어의 점수는 최초의 4배가 된다.

예를 들면 다이아 2가 60이라고 한다. 더블은 2배이니까 120이 되고 리더블은 240이 된다.

그러나 이렇게 더블이나 리더블이 걸린 비드라도 그 다음에 더욱 고위의 비드가 선언되면 소멸한다.

예를 들면 '하트 3'의 비드에 더블, 또는 리더블이 걸린 후에 '스페이드 3'을 선언하는 사람이 있으면 더블, 리더블은 당연 성립하지 않는다.

누군가 한 사람이 내놓은 비드에 대해서 만일 더블 또는 리더블이 걸렸다고 해도 다른 세 사람이 패스를 선언하면 거기에서 오크션(경기)은 끝나고 비드를 선언한 사람이 '디크레아러'가 된다.

더블이나 리더블을 건 사람은 이것에 관계가 없다. 그 비드가 '하트 3'이면 그것이 로트락트(계약)가 되는 것이다.

그리고 디크레아러의 파트너를 '다미이'라고 하며 상대조의 두 사람을 '디펜더'라고 부른다.

그런데 비드를 선언하기 위해서는 어떤 식으로 생각해야 할까?

배부된 카드를 손에 쥐면 우선 13장의 카드 중에서 고위의 카드에 주의한다.

수패 중에 에이스(A)가 있으면 1트릭, 에이스(A)와 킹(K)이 있으면 그 트릭의 승부가 있다.

다음에 수패를 보고 예상할 수 있는 트릭의 수에 대해서 표로 설명해 두자.

수패	트릭
에이스(A) · 킹(K)	2
에이스(A) · 잭(J) · 10 에이스(A) · 퀸(Q)	$1\frac{1}{2}$
킹(K) · 퀸(Q) · 잭(J) 킹(K) · 퀸(Q) · 10	$1\frac{1}{2}$
에이스(A) 킹(K) · 퀸(Q) 킹(K) · 잭(J) · 같은 수트의 2~9	1
킹(K) · 같은 수트의 2~9 퀸(Q) · 잭(J) · 같은 수트의 2~9	$1\frac{1}{2}$

지금 수패가 A그림과 같은 예외 예상을 세우면,

스페이드 에이스(A) · 킹(K)=2
클럽 킹(K) · 잭(J) · 5 =1
} 계 3

이 된다.

또 B그림과 같은 수패라면,

스페이드 에이스(A) · 퀸(Q) · 잭(J)=$1\frac{1}{2}$
하트 퀸(Q) · 잭(J) · 10= $\frac{1}{2}$
다이아 에이스(A) · 잭(J)=1
클럽 킹(K) · 퀸(Q) · 10=$1\frac{1}{2}$
} 계 $4\frac{1}{2}$

이 된다.

비드로 1트릭을 선언하기 위해서는 아무래도 $1\frac{1}{2}$ 보다도 고위의 카드를 가지고 있지 않으면 안된다. 만일 그것보다도 저위의 카드를 가지고 있으면 패스한다.

또한 수트의 '길이'라고 하는 것도 중요한 포인트가 된다. 4장 이상의 수트의 카드를 가지고 있지 않으면 그 수트를 선언할 수 없다. 가령 4장 가지고 있었다고 해도 전체의 카드의 가치가 $1\frac{1}{2}$ 이상으로서 5장의 카드의 가치만으로도 $\frac{1}{2}$ 아니면 안된다.

예를 들면 A씨의 수패가 A그림과 같았을 경우 가치는 $2\frac{1}{2}$ 이므로 충분하지만 스페이드는 4장 있어도 저위의 카드이므로 수트를 선언할 수 없다. 가령 A씨의 수패가 B그림과 같았다고 한다면 스페이드로 $\frac{1}{2}$ 다른 카드로 합계 3이니까 '스페이드' 선언을 할 수 있다.

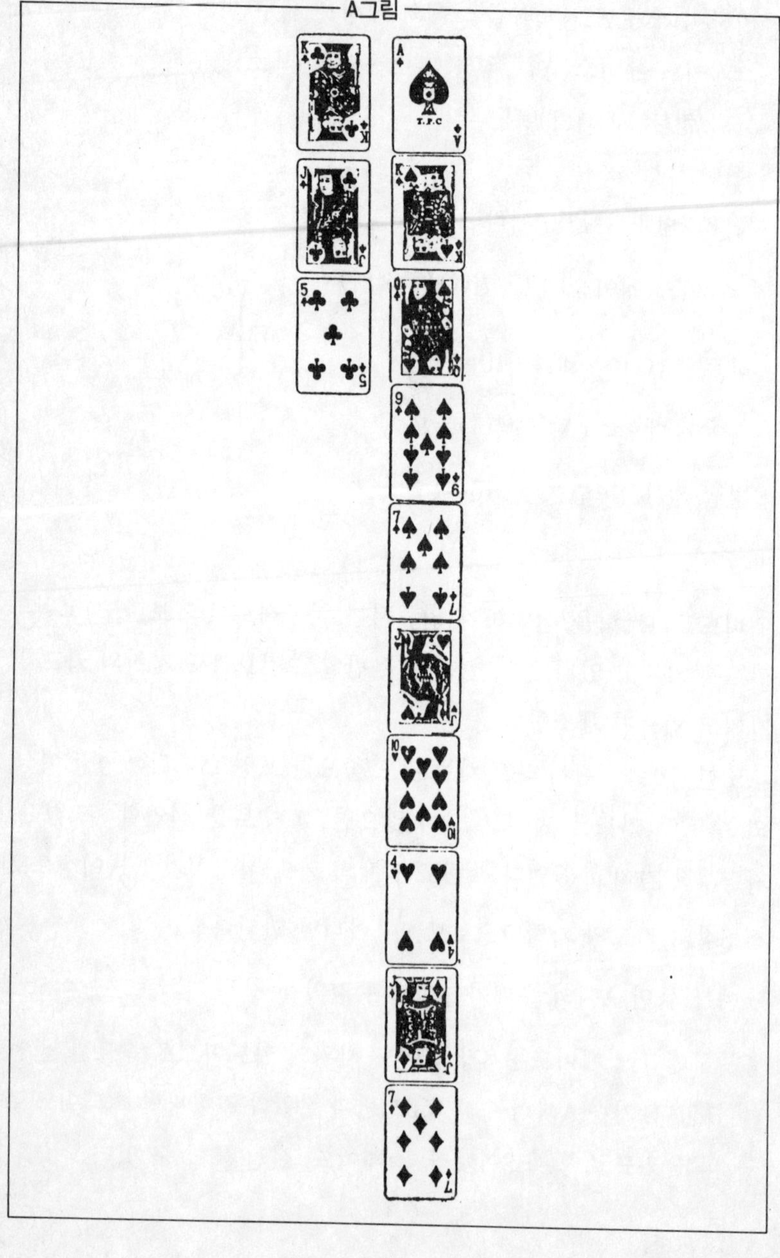
A그림

B그림

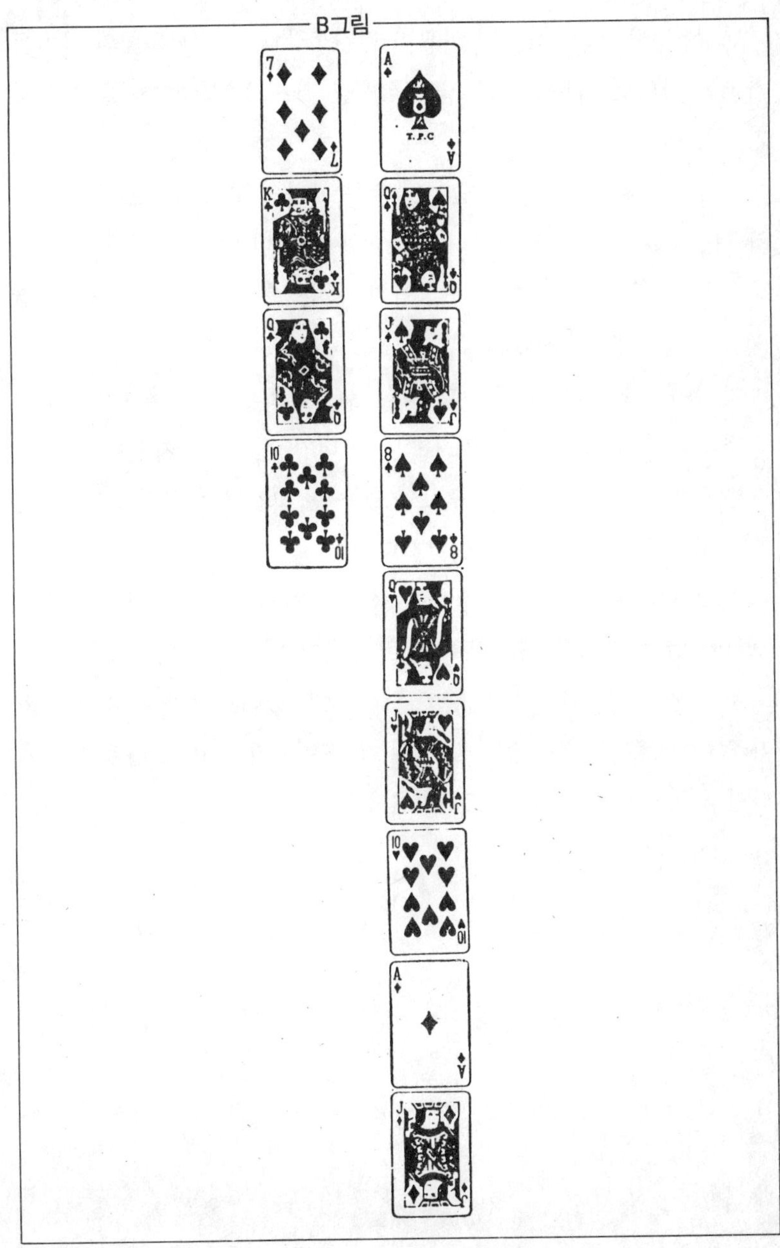

만일 스페이드와 하트의 카드가 각각 5장씩 있고 모두 2의 가치를 가지고 있다면 하트보다도 고위 점수를 가지고 '스페이드'를 선언하기로 한다.

결국 2개의 수트가 같은 길이일 때는 고위의 수트를 비드하고 길이가 다를 때는 긴 쪽을 비드하는 것이 원칙이다.

이런 원칙을 이해하고 E그림과 같은 수패의 경우 수트 결정 방법을 생각해 보십시요.

이 경우 E는 하트 1, F는 다이아 1, G는 스페이드 1을 비드한다.

더욱이 최초의 선언자 리오프닝 비더가 될 때는 자신이 있어도 가능한 한 1을 선언하고 또 수트가 있는 한 그것을 선언하고 '노 트럼프'를 선언하지 않는 편이 현명하다.

'노 트럼프'를 선언하는 경우는 적어도 가치가 3이상 있고 수패에 고위에 있는 카드가 세개의 수트로 건너가 있는 것 같은 경우다.

예를 들어 F와 같은 수패라면 클럽은 4장 있어도 가치가 없고 가치가 있는 수트는 모두 3장으로 '길이'가 충분하지 않고 또 가치를 합계하면 4가 되기 때문에 노 트럼프 1을 선언해야 한다.

A그림

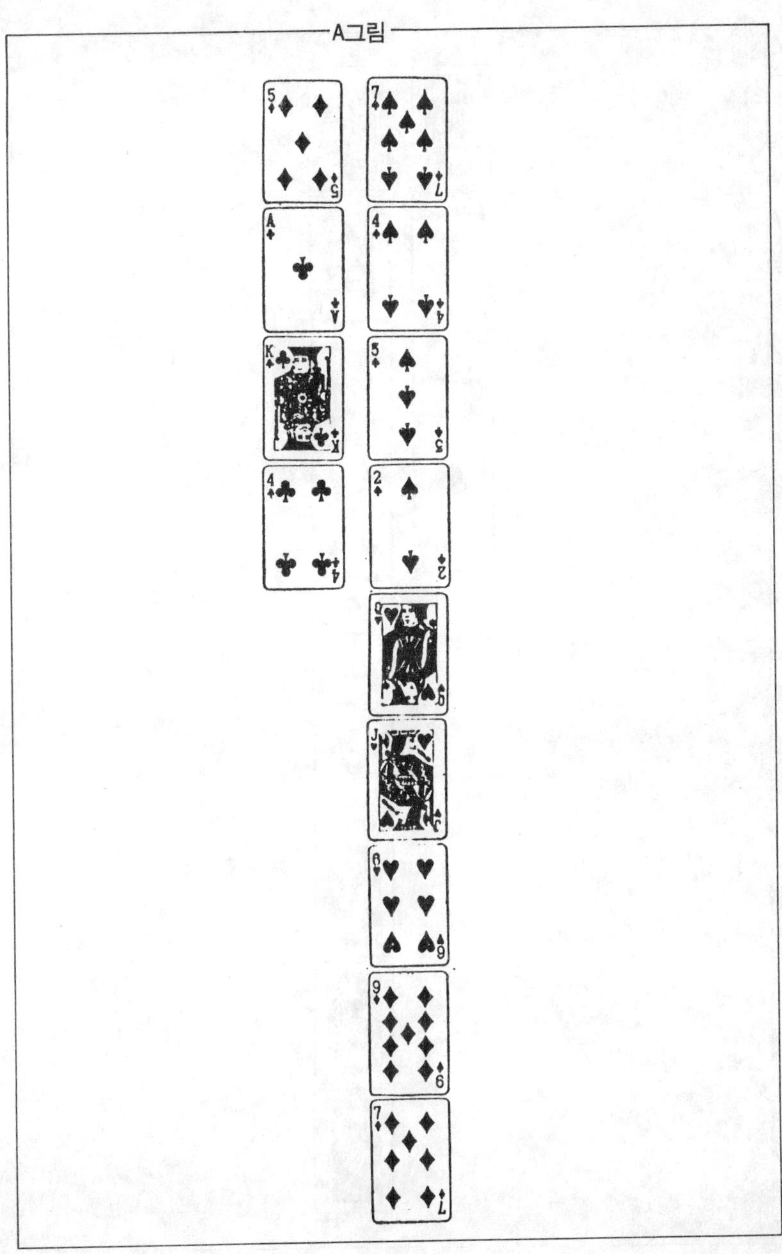

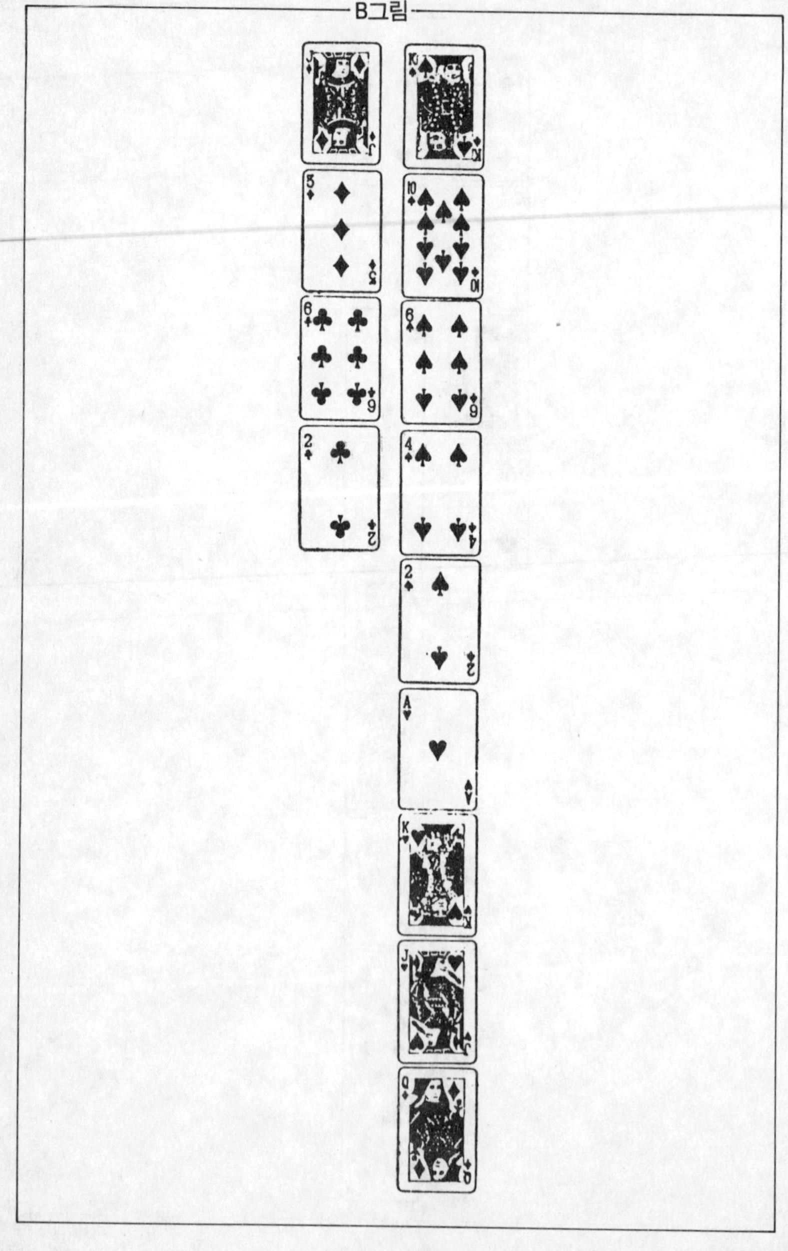
B그림

C그림

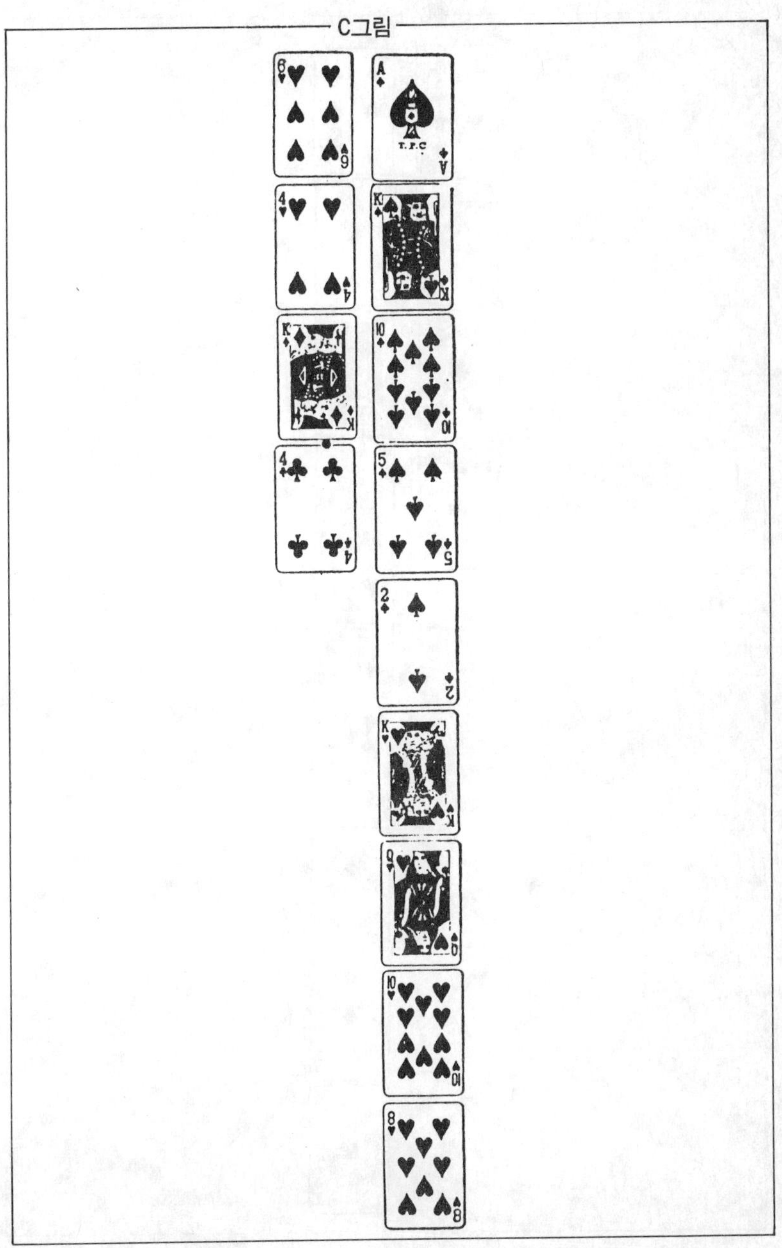

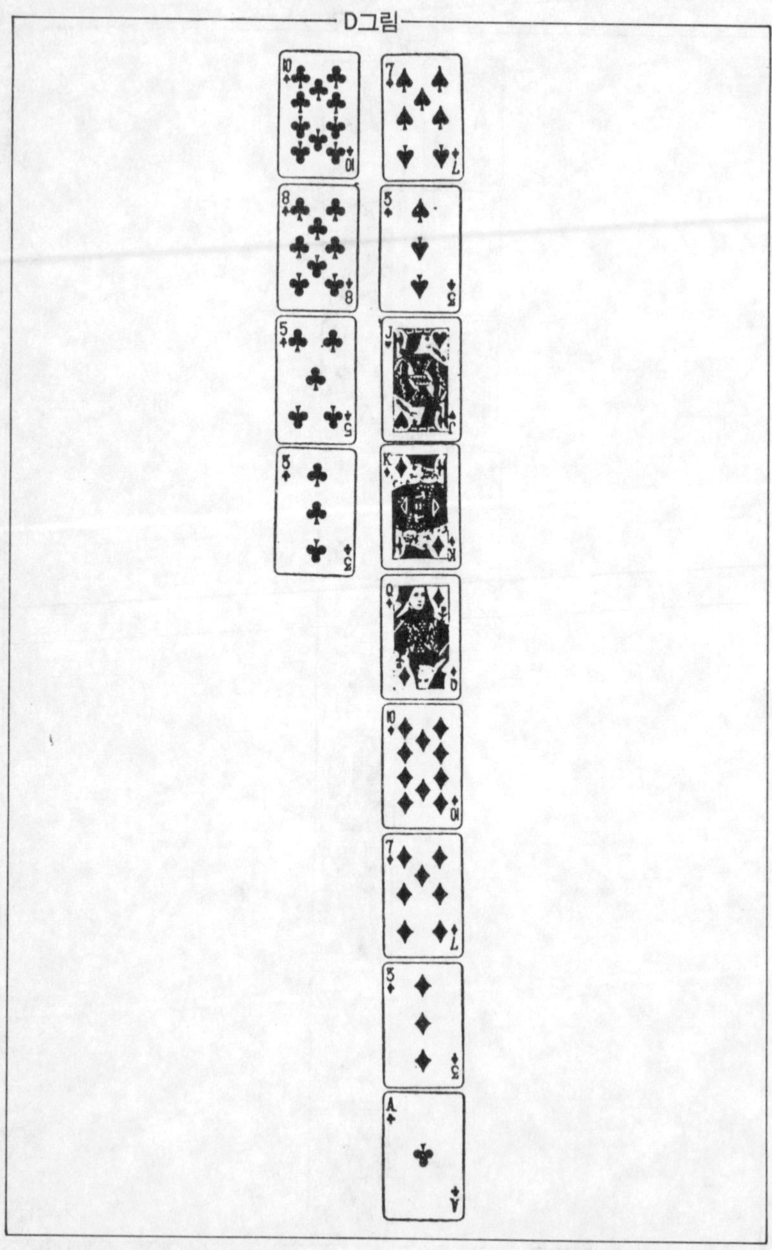
D그림

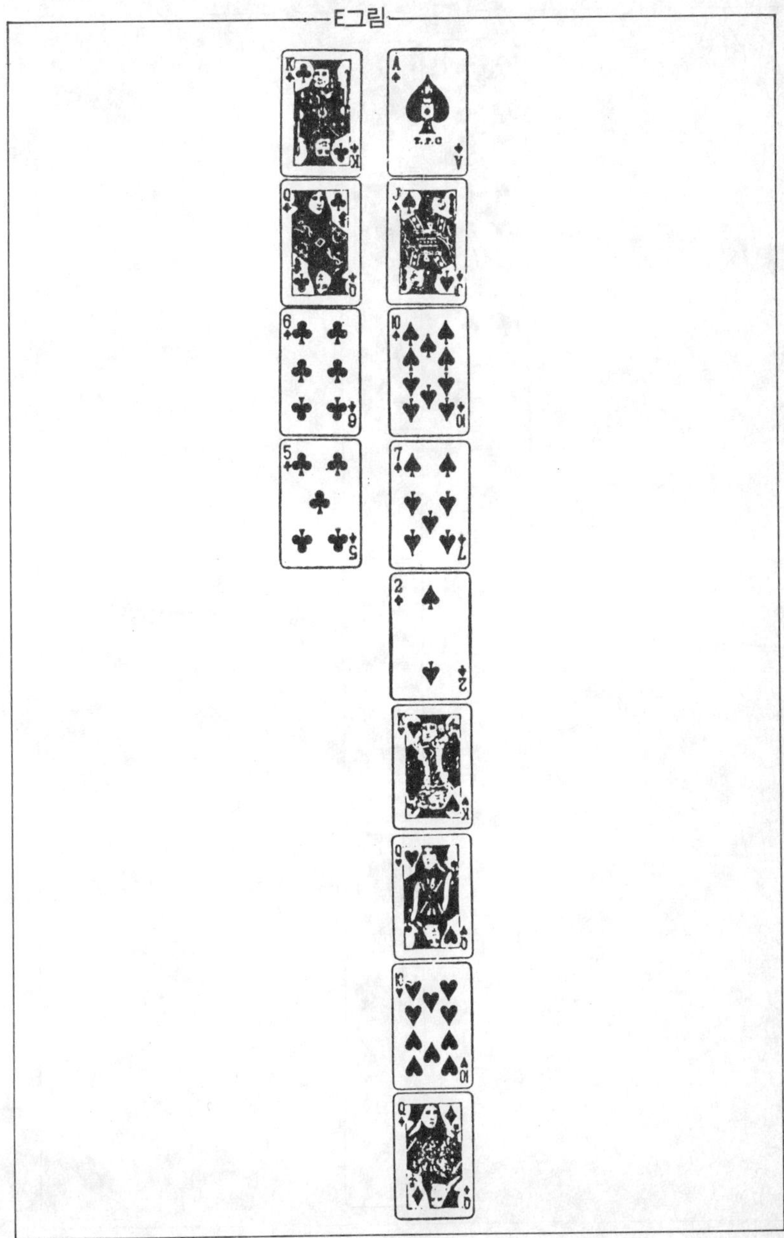
E그림

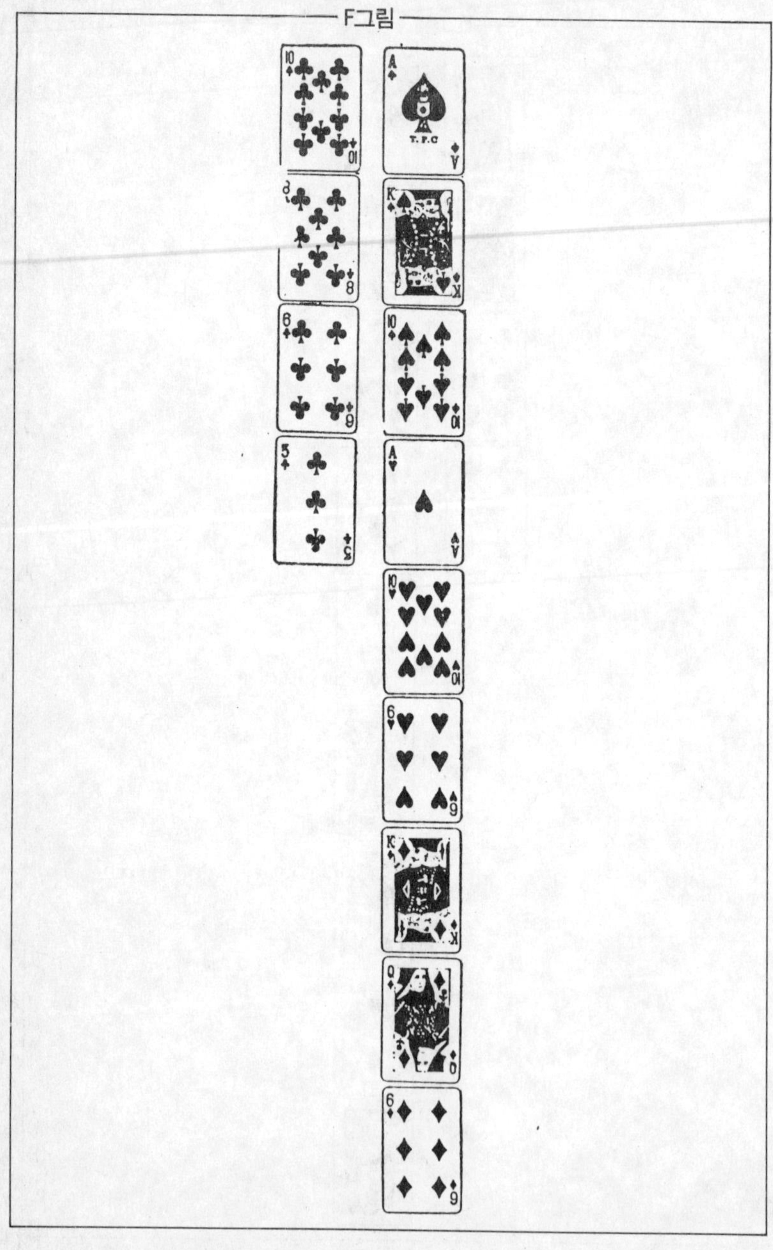
F그림

(2) 게임의 콘트락트

다음에 예를 들면서 게임의 진행 방병에 대해서 설명하자.

딜러인 동씨가 우선 오프닝 비더로 최초의 선언자가 된다. 동씨는 수패로 3의 가치가 있는 높은 카드를 가지고 있고 최초의 선언에 있어서 선언할 수 있는 수트는 하트 뿐. 스페이드도 4장이나 있지만 가치가 $\frac{1}{2}$ 밖에 안되기 때문에 자격이 부족하다.

우선 그래서 '하트 1'하고 선언한다.

남씨는 가치 $\frac{1}{2}$ 밖에 없어 비드를 선언할 자격으로서의 $1\frac{1}{2}$ 에 부족하므로 다이아를 5장 가지고 있어도 저위의 패 뿐이므로 '패스'라고 하는 수 밖에 없다.

서씨는 딜러인 동씨의 파트너이므로 어떤 중요한 역할을 가지고 있다.

(1) 파트너의 수트로 높은 선언을 한다.

(2) 다른 수트(또는 노 트럼프)로 받고 높은 선언을 하든가 패스한다.

(3) 선언을 높게 하기 위해서(동씨의 선언=하트 1을 하트 2로 한다) 동씨의 수트에서 4장 또는 1장이 에이스(A), 킹(K) 또는 퀸(Q)이면 3장의 작은 카드를 가지고 있지 않으면 안된다. 그런데 서씨의 하트는 모두 저위의 카드 뿐이므로 동씨가 선언한 하트 1을 그 이상 높게 하는 것은 불가능하다.

그러나 스페이드는 6장으로 $1\frac{1}{2}$ 이므로 스페이드를 받는 것은 가능하기 때문에 동씨에게 '하트는 없지만 스페이드가 있으니까 스페이드로 수트를 맞추자'라고 상담해서 '스페이드 1'을 선언한다.

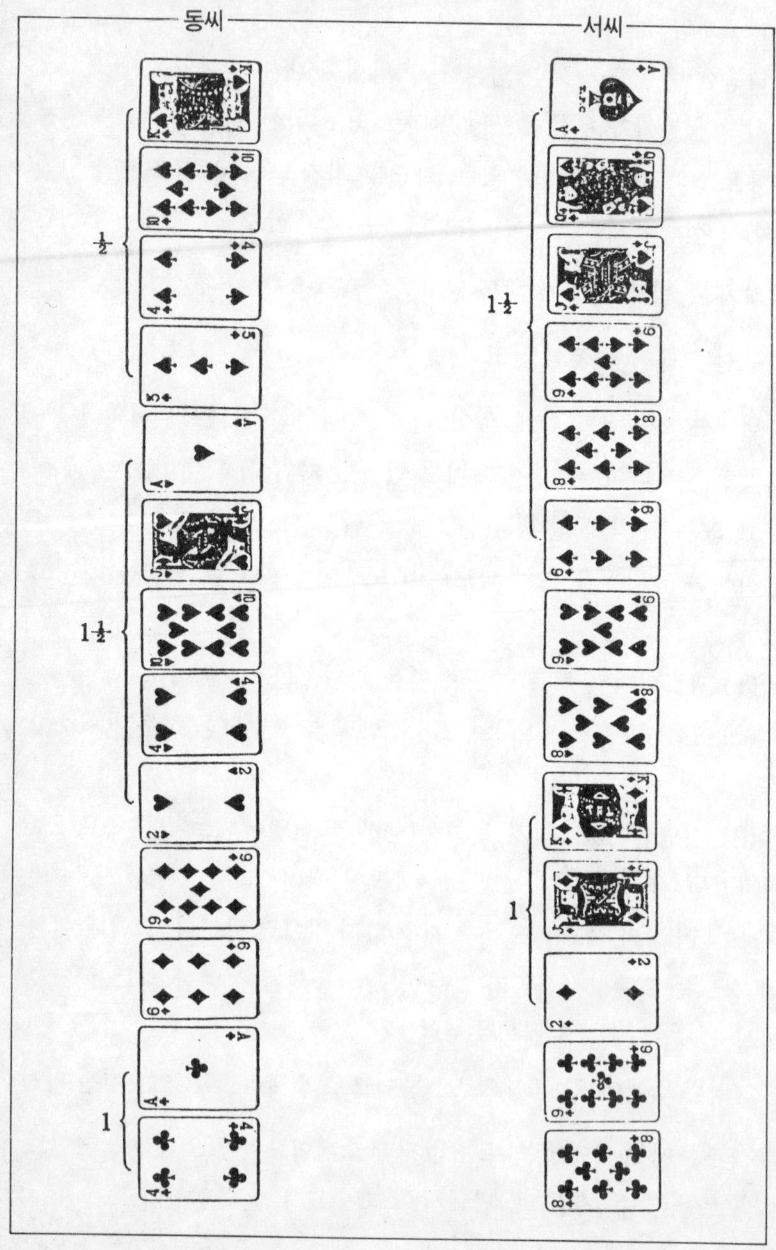
동씨
서씨
½
1½
1
1½
1

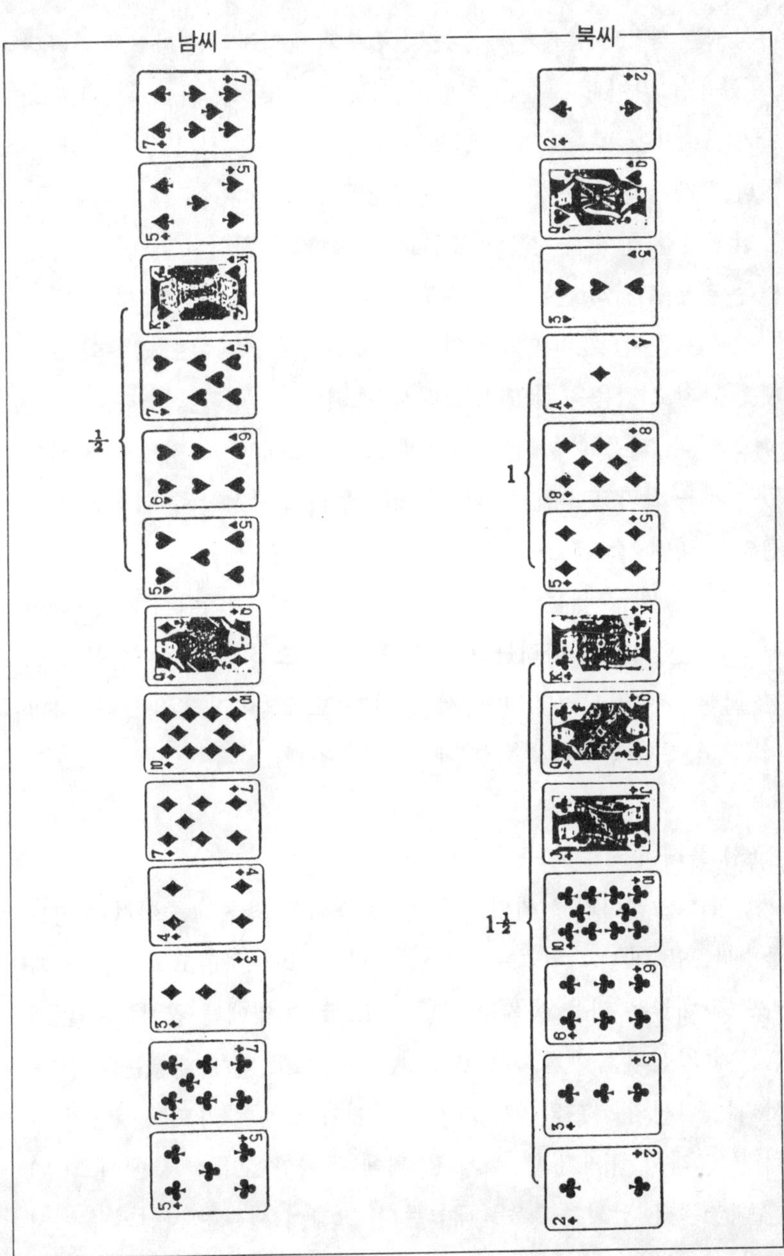
남씨
북씨
½
1
1½

북씨는 파트너 남씨가 패스한 것은 수패가 약하다는 사실을 나타내고 있음을 알아도 자신은 클럽의 으뜸패로 6트릭, 다이아로 1트릭, 합계 3트릭은 딸 수 있고 남씨와의 협력으로 다시 1트릭은 딸 수 있다고 생각하고 8~6= 2로 '클럽 2'를 선언한다.

남씨는 자신의 수패를 봐도 파트너 북씨가 선언한 '클럽'을 높게 하는 것은 도저히 곤란하기 때문에 다시 한번 '패스'를 한다.

서씨는 동씨의 2번째의 선언을 듣고 하트와 스페이드 양쪽의 고위패를 가지고 있음을 알았다. 그래서 '스페이드 3'을 선언했다. 북씨는 '패스'한다. 다음에 동씨는 서씨가 스페이드에 어느 정도의 자신이 있는 것을 살피고 자신의 카드의 협력에 의해 달성할 수 있다고 하는 전망 아래에 '스페이드 4'를 결심하고 선언한다.

남씨, 서씨, 북씨는 모두 '패스'했기 때문에 여기에서 세 사람의 패스로 인해 드크레아러는 처음에 으뜸패라고 정한 스페이드를 선언한 서씨로 결정되었다. 따라서 동씨가 드크레아러의 파트너 '다미이'가 되고 남씨와 북씨는 '디펜더'(상대조)가 된다.

(3) 플레이

우선 디크레아러 서씨의 왼쪽 옆의 북씨가 최초의 좋아하는 카드 ♣킹(K)을 내놓고 퍼스트 트릭(제 1회)를 리드하려고 한다.북씨가 카드를 내놓은 다음 동씨는 다미이이므로 게임에는 참가하지 않기 때문에 자신의 수패를 전부 오픈(겉 방향으로 앞에 내놓는다)한다. 서씨는 자신의 카드와 마찬가지로 동씨가 오픈한 카드를 사용할 수 있다. 그래서 북씨가 낸 ♣킹(K)위에 동씨가 오픈한 ♣에이스(A)를 내놓는다. 남씨는 ♣7을 내놓는다. 그래서 서씨는 자신의 손에서

♣2를 내놓고 퍼스트 트릭은 이렇게 해서 다미이가 내놓은 ♣에이스(A)로 승리가 결정되고 서씨는 전부 바닥의 카드를 가져간다.

여기에서 주의해 둘 점은 일동은 가능하면 기본패와 같은 수트의 카드를 내놓지 않으면 안되지만 만일 같은 수트의 패가 없으면 으뜸패인 스페이드나 다른 수트의 카드를 내놓는다.

퍼스트 트릭은 으뜸패가 나오지 않았기 때문에 ♣의 최고위를 낸 서씨의 승리이지만,이 최고위의 카드는 다미이의 카드로부터 내놓은 것이기 때문에 다음 회를 리스할 카드는 다미이로부터 내놓지 않으면 안된다.

(4) 스코어

이런 요령으로 13회의 트릭을 마치면 게임, 스코어와 오너 스코어를 기입한다.

이 게임에서 서씨가 10트릭을 얻을 수 없었을 때는 동씨와 서씨 조는 무득점이 되고,남씨와 북씨의 디펜더가 서씨가 10트릭을 선언하고 7트릭 밖에 딸 수 없었다면 부족한 3회가 언더 트릭이라고 불려서 1회당 10점씩 계 150점을 획득할 수 있다.

디크레아러가 선언한 대로의 트릭으로 이길 수 있다면 트릭 스코어표의 소정에 따라서 득점할 수 있고,그 이상으로 많이 트릭을 얻으면 오버 도꾸이라고 해서 프레미엄 스코어표에 의한 소정의 점수는 얻을 수 있다.

앞에 서술한 서씨의 '스페이드 4'의 로트락트에 의한 게임에서는 서씨의 조가 선언대로 이기면 120점 11트릭을 얻고 선언보다 1회 오버하면 30점 추가되어 150점이 된다.

[콘트락트 브리지 득점표]

(1) 트릭 스코어

콘트락트 종류	더블이 아닐 때의 점수	더블일 때의 점수
♣ · ◆(각 1에 대해서)	20점	40점
♥ · ♠(각 1에 대해서)	30	60
노 트럼프 { 최초의 한 장	40	80
2번째 부터는	30	60

(2) 디크레아러의 오드 트릭 득점표

6트릭 이상	1	2	3	4	5	6	7
♣	20	40	60	80	100	120	140
◆	20	40	60	80	100	120	140
♥	30	60	90	120	150	180	210
♠	30	60	90	120	150	180	210
노 트럼프	40	70	100	130	180	190	220

오드 트릭=획득한 트릭에서 6을 뺀 트릭수

(3) 디크레아러의 오드 트릭 득점표

		디크레아러가 발나러블이 아닌 경우	디크레아러가 발나러블인 경우
디크레아러의 득점	오버 트릭 하나당	트릭 스코어 표와 동일	트릭 스코어 표와 동일
	더블의 경우 오버 트릭 하나당	100점	200점
	리더블의 경우, 오버 트릭 하나당	200	400
	더블 또는 리더블의 경우 콘트락트 굴와 같은 오드 독을 취하면	50	100
디펜더의 득점	언더 트릭 하나당	50	100
	더블일 때 언더 트릭의 최초의 하나는	100	200
	2번째 부터는	200	300

(4) 슬럼의 프레미엄 스코어

	리틀 슬럼	그랜드 슬럼
발나러블이 아닐 때	500점	1000점
발나러블일 때	750점	1500점

리틀 슬럼……콘트락트 수 6의 디크레아

러의 조가 비드대로 6오드 트릭을 얻으면 13회의 트릭중 12회의 트릭에 이긴 것이 되니까 이것을 리틀 슬럼이라고 해서 상기의 프레미엄 스코어에 의한 득점이 주어진다.

그랜드 슬럼……콘트락트 수 7의 디크레아러 조의 비드가 완성되면 13트릭 완승이 되니까 이것을 그랜드 슬럼이라고 해서 상기의 프레미엄 스코어에 의한 득점이 주어진다.

(5) 러버의 프레미엄 스코어

A B C	2회 게임 …………………………………… 700점 3회 게임 …………………………………… 500점 말종료 러버 1게임 승리자 ……………………………… 300점 한쪽만 득점이 있으면 ………………………… 50점

(6) 오너의 프레미엄 스코어

오너	4장 ……………… 100점
오너	5장 ……………… 150점
노 트럼프로 에이스(A) 4장	………… 150점

오너……으뜸패 에이스(A)·킹(K)·퀸(Q)
잭(J)·10 5장을 오너 카드라고 한다.

여기에서 이 점수 계산 때에 문제가 되는 발너러블에 대해서 서술하자.

한쪽의 조가 트릭 스코어에 의한 득점만으로도 100점에 이르면 그 조는 게임에 이긴 것이 된다. 그리고 3게임 중에서 1게임에 이기면 발너러블(취약의 의미)이라고 불리는 상태가 된다.

3게임 중에서 2게임을 따면 러버가 되지만 2승으로 이긴 러버와 2승 1패로 이긴 러버는 스코어가 다르다.

만일 동씨 서씨 조가 발너러블에서 10트릭을 따는데 실패하면 상대측의 득점은 별점표와 같이 각 회당 50점 이상이 되어버린다. 3회전의 최초 게임에 이겨서 발너러블이 되고 2회전에 비드해서 로트락트를 실패했을 때는 또 벌점이 많아지지만 러버로 선언하고 이긴 경우는 더욱 많이 득점할 수 있게 되어 있다.

그리고 다음 회는 전의 딜러였던 동씨의 왼쪽 옆의 남씨가 딜러가 되어 서씨가 카드를 셔플하고 동씨가 컷트해서 남씨는 왼쪽 옆부터 차례대로 카드를 다 도르면 수패를 조사하고 나서 오프닝 비드하든가 패스한다.

□게임 요령

콘트락트 브리지에서는 러버에게 이기는 것—발너러블의 조가 제 2회 또는 제 3회에 이기는 것—이 대량 득점을 올리는 원인이 되기 때문에 러버에게 이기는 것을 목표로 하는 경향이 많지만 그것만을 바라보고 무리한 비드를 계속해서 그 때문에 상대방에게 대량의 프레미엄 스코어를 주는 것 같은 경우가 되어서는 아무 소용없다.

하이 파이브

□사람 수

2인 이상 6인까지이지만 4인이 최적이다. 4인이라면 2조로 나눠서 게임을 한다.

□사용 카드

조커를 뺀 52장.

□돌리는 법

딜러가 잘 카드를 셔플하고 나서 한 번에 3장씩 엎어서 1사람에게 9장을 돌리고 나머지는 엎어 놓은 채 바닥 중앙에 둔다.

□노는 법

빨리 51점을 획득한 조가 승리가 되는 게임이다. 우선 득점표를 들어두자.

하이(고) 으뜸패의 에이스(A)……1점

로우(저) 으뜸패의 2……1점

잭 으뜸패……1점

게임 으뜸패의 10……1점

라이트 페드로 으뜸패의 5……5점

레프트 페드로 으뜸패와 동색의 5……5점

카드의 순위는 으뜸패는 에이스(A)·킹(K)·퀸(Q)·잭(J)·10·9·8·7·6·5·4·3·2다. 다른 카드는 에이스(A)~2다.

동씨와 서씨, 남씨와 북씨가 각각 조가 되어 게임을 한다고 가정하고 설명을 진행하자.

우선 딜러인 동씨의 왼쪽 옆의 남씨가 수패를 잘 조사하고 나서 파트너 북씨와 협력하여 이길 자신이 있는 점수를 14점 이내에서 선언한다. 수패 자신이 없을 때는 패스한다.

남씨가 선언했을 경우 서씨는 남씨가 선언한 점수보다도 높은 점수를 선언하든가 또는 패스한다.

북씨도 동씨도 마찬가지로 선언한다. 선언은 반드시 앞 사람이 선언한 점수보다 높은 점수가 아니면 안된다. 그러나 '로트락트 브리지'와 같이 수트를 선언할 필요는 없다.

4명 전부가 패스했을 때는 딜러는 카드를 다시 셔플해서 도른다.

최고의 점수를 선언한 사람이 으뜸패로 삼을 수프를 발표한다. 예를 들면 남시가 8, 서씨가 9, 북씨가 10을 선언하고 동씨가 패스하면 최고의 북씨가 '스페이드 10'이라고 발표한다.

각각 수패를 9장씩 가지고 있지만 게임을 시작하기 위해서는 6장 이상은 가질 수 없게 되어 있으므로 적어도 3장은 중앙의 바닥에 겉 방향으로 해서 버리지 않으면 안된다. 6장 이상이면 으뜸패라도 버리지 않으면 안된다.

전원이 카드를 다 버렸을 때에 동씨는 바닥의 중앙에 둔 뒤로 엎은 카드에서 남씨부터 차례대로 각각의 수패가 6장이 되도록 계산해서 돌린다.

남씨는 9장 가지고 있었던 중에서 4장 버리고 5장이므로 1장 더, 서씨는 6장 버렸기 때문에 3장 밖에 가지고 있지 않으니까 3장을 더, 북씨는 9장을 돌린다.

그리고 딜러인 동씨는 자신에게 필요한 장수를 돌리는 대신 남은 카드를 전부 가지고 가서 수패로 삼고 그 중에서 유리한 으뜸패만을 골라 내어 6장을 수패로 하고 나머지는 바닥에 끝방향으로 버린다. 으뜸패로 6장이 안되면 좋다고 생각하는 다른 카드로 합계 6장을 만든다.

자, 드디어 게임이 시작된다.

우선 북씨가 카드를 내놓고 리드한다.

다른 사람은 그것과 같은 수트의 카드를 또 으뜸패를 내놓지 않으면 안된다. 북씨가 으뜸패 스페이드로 리드했을 경우, 만일 레프트 페드로 밖에 가지고 있지 않았던 사람은 그것을 내놓지 않으면 안된다. 으뜸패가 나오지 않았을 때는 리드한 수트의 최고 카드가 승리다.

같은 수트의 카드 또는 으뜸패를 가졌으면서 일부러 내놓지 않았던 사람은 반칙이 되어 이 회에 획득한 점수는 모두 상대조의 것이 되어 버린다.

각회의 승자가 각각 다음 회를 리드해서 6회를 끝내면 각각 조별로 득점한 점수를 득점표에 의해 계산한다.

북씨가 10점을 선언하고 11점을 획득하면 동씨와 서씨의 조는 3점의 득점이 되지만 북씨가 9점에 딸 수 없었다면 선언에 실패했기 때문에 무득점이 되고 반대로 동씨, 서씨로는 득점 5에 북씨의 차액 1을 더해서 6점이 되어 6대 0으로 사이를 벌린다.

다음 회의 딜러는 남씨이고 서씨가 리드한다. 이것은 딜러가 얻을 수 있는 카드 선택의 특권을 균등하게 주기 위해서다.

이렇게 해서 몇 회인가의 게임을 계속해서 어느 쪽인가의 조가 먼저 51점을 따면 승리자가 되고 게임은 끝난다.

□요령

게임이 시작되기 전에 수패를 버리지만 으뜸패만을 남기고 다른 카드는 과감히 잘 전부 버리는 것이 좋은 방법이다. 또 동색의 5(레프트 페드로)는 질문해서 버리지 않도록 주의해 주십시요.

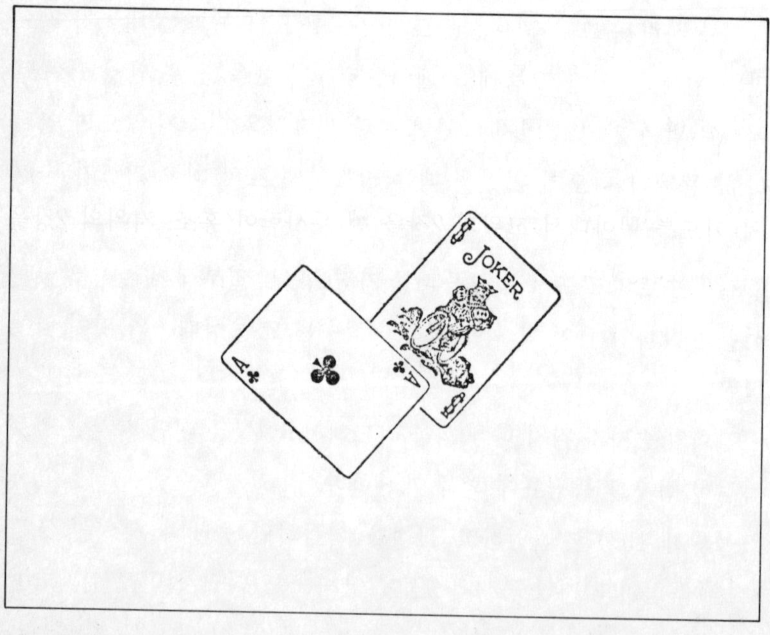

호이스트

이 게임은 영국에서 오래 이루어진 것으로 백년쯤 전에는 가장 인기가 있었지만 '브리지'에게 그 지위를 빼앗기고 쇠퇴해 버렸다.

'투 텐 잭'과 '브리지'의 중관과 같은 게임으로 브리지의 입문을 위해 알아두어야 할 것이다.

'호이스트'란 영어로 '쉿', '조용히'라고 하는 의미로 플레이에 들어갈 때에 '호이스트!'라고 말한 것에서 이 이름이 붙여졌다고 한다.

□사람 수

4명이 2인 2조로 나뉘어서 한다. 전체 카드로부터 4명 각각 마음대로 카드를 뽑아내서 고위의 2장을 뺀 두사람이 홍조, 저위의 2장을 뺀 두 사람이 백조가 된다. 동위패의 경우는 ♠♥◆♣의 순위가 된다.

최고위의 카드를 뽑은 사람이 딜러가 되고 그 파트너는 딜러의 맞은 편에 앉는다. 제 3위의 사람은 딜러의 왼쪽 옆에 제 4위가 그 맞은 편, 즉 딜러의 오른쪽 옆에 앉는다.

□사용 카드

조커를 뺀 52장.

□돌리는 법

딜러는 왼쪽 옆부터 1장씩 뒤집어서 52장 전부를 다 돌린다. 각자 13장씩 골고루 나눠지게 된다.

□노는 법

마지막에 딜러가 자신에게 도른 카드만을 겉으로 뒤집어서 일동에게 보이고 이것이 이 게임의 으뜸패가 된다.

카드의 순위는 에이스(A)·킹(K)·퀸(Q)·잭(J)·10·9·8·7·6·5·4·3·2다.

우선 딜러의 왼쪽 옆의 사람이 자신이 좋아하는 카드를 1장 내놓고 기본패로 삼아서 최초의 회를 리드한다. 다른 세사람은 기본패와 같은 수트의 카드를 각각 1장씩 내놓지만 없으면 다른 수트의 패를 내놓는다. 바닥에 갖춰진 4장의 순위로 승자를 정하고 승자가 다른 회의 기본패를 내놓고 이런 요령으로 13장의 수패가 없어질 때까지 계속한다.

이렇게 해서 1게임 13회의 승부가 이루어지는 것이지만 13회 중 홍백 어느 쪽인가의 조가 6회 이상 이기면 그 게임에서 2게임 실패한 쪽이 이기게 된다.

또한 홍이 7회,백이 6회 이겼을 때는 홍이 1점, 홍이 8회이면 2점, 9회이면 3점, 13회 완승하면 7점이라고 하는 식으로 이긴 횟수에서 6점을 뺀 점수를 승점으로 해서 7점을 선취한 조를 우승으로 하는 스코어 채점 방법도 있다.

□요령

단순한 순위의 결정으로 승부를 매기는 것이므로 고위 카드를 언제 내느냐라고 하는 점과 자신이 기본패를 낼 때에 고위패가 있는 수트를 선택하는 것이 요령이 된다.

파트너끼리의 암시의 사인—눈짓 등도 작전에 덧붙일 필요가 있을 것이다.

은행(뱅크)

유럽의 카지노(연예나 댄스, 캠블을 하는 클럽) 등에서 이루어지고 있는 '바카라'라고 하는 게임의 변형이다. 갬블적인 요소가 강한 게임이기 때문에 실수를 하지 않도록 반드시 텁을 사용해 주십시요.

□사람 수

5명에서 7명 정도까지.

□사용 카드

조커를 뺀 52장.

□카드의 가치

(1) ♠에이스(A)(스페큘레이션)……천점

(2) ◆♣♥의 각 에이스(A)……각 5백점

(3) 킹(K)(어느 것이나 두장으로)……3백점

(4) 퀸(Q)(어느 것이나 두장으로)……2백점

(5) 잭(J)(어느 것이나 두장으로)……150점

(6) ◆♣♥♠의 10부터 2까지……각 10점

□돌리는 법

4개의 수트 어느 종류라도 상관 없으니까 에이스(A)·킹(K)·퀸(Q)·잭(J)을 2장씩 합계 8장을 골라낸다. 단, ♠에이스(A)는 사용하지 않는다. 이 8장을 딜러(은행)가 맡고 나머지 카드를 인수에 따라 1인당 5백점이라든가, 7백점인가로 적당히 나눠준다.

점수는 카드의 가치를 계산해서 내 주십시요. 나머지 카드는 뱅크의 지불준비금으로서 딜러가 수중에 쌓아둔다.

□노는 법

딜러(뱅크)는 처음에 뽑아 낸 8장의 그림패를 잘 셔플해서 그 중의 7장을 뒤집어서 일렬로 늘어놓고 나머지 1장은 자신 앞에 이것도 뒤집어서 놓아둔다.

이 1장의 카드가 뱅크 카드가 되어 중요한 열쇠가 된다.

딜러 이외의 사람=예금자는 일렬로 늘어 서 있는 7명의 장패 중의 1장에 자신이 좋아하는 만큼의 점수를 몇장인가의 카드에 건다.

1장의 장패에 몇 사람 걸어도 좋지만 한 사람이 장패 1장 이상 걸 수 없다.

카드의 우열은 점수는 관계없이 카드의 상식인 에이스(A)→킹(K)→퀸(Q)→잭(J)의 순위로 정한다.

뱅크 1장의 카드와 장패를 1장씩 비교해서 뱅크가 이기면 상대방이 건 카드는 뱅크의 것이 되고, 지면 상대방이 건 점수만큼 뱅크가 건 사람에게 지불해야 한다.

뱅크의 1장과 장패가 동위라면 무승부다.

뱅크의 카드가 에이스(A)로 이겼을 때는 상대방은 건 점수의 2

배를 뱅크에게 지불하지 않으면 안되고 뱅크가 상대방의 에이스(A)에 졌을 때는 마찬가지로 건 점수의 2배를 상대방에게 지불하게 된다. 뱅크의 지불 카드는 수중의 준비금의 카드를 사용한다.

1회 끝날 때마다 뱅크는 8장의 장패를 잘 셔플해서 항상 3장의 장패와 1장의 뱅크 카드가 일정하지 않도록 하지 않으면 안된다.

알기 쉽게 그림으로 설명하자.

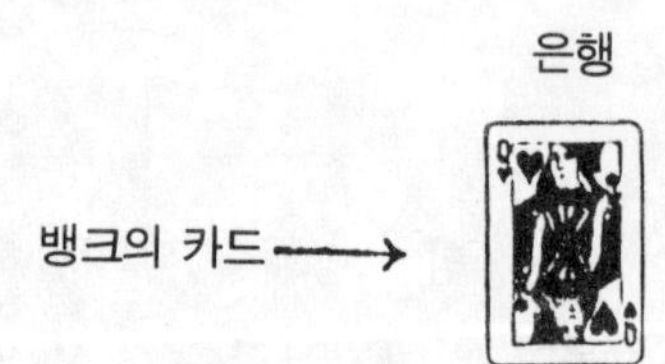

뱅크의 장패 7장에 상대방이 ①에 백점, ②에 150점 ③에 2백점 ④에 3백점 ⑤에 2백점 ⑥은 아무도 걸지 않고 ⑦에 4백점 걸었다고 한다.

그래서 장패와 뱅크의 카드를 젖히자 뱅크의 카드는 퀸(Q)이었다.

①은 장패가 에이스(A)이니까 뱅크의 패배로 더구나 에이스(A)에게 졌기 때문에 뱅크는 2백점 지불하지 않으면 안된다.

②는 킹(K)으로 뱅크의 150점의 패배.

③은 잭(J)이나 뱅크는 2백점 따지만,

④는 킹(K)으로 뱅크의 3백점 패배.

⑤는 퀸(Q)으로 무승부.

⑥은 에이스(A)였지만 건 사람이 없었기 때문에 뱅크는 한 숨 돌렸다고 하는 경우다.

⑦은 잭(J)으로 뱅크의 4백점의 승리가 된다.

합계해 보면 뱅크는 우승이 6백점, 패배가 650점이므로 손해가 50점이라고 하는 것이 된다.

뱅크가 수중의 준비금으로 다 지불할 수 없게 되면 파산이지만 그 전에 건 카드가 없어져 버리는 상대도 나올 것이다.

뱅크가 파산했을 때에 가장 점수를 많이 번 사람이 다음에 딜러(뱅크)가 된다.

또 몇 회 뱅크를 하면 교체하기로 정해두고 그 시기에 가장 많은 점수를 가지고 있는 사람이 다음 딜러(뱅크)가 된다고 하는 방법도 좋을 것이다.

점수를 다 낸 사람에게 뱅크가 대부한다(이자로서 1회 10점 얻는다)든가 파산 직전의 뱅크가 상대로부터 몇 점씩인가, 빌린다든가 파산한 뱅크가 다음 뱅크로부터 빌린다든가 여러가지 복잡한 방법도 생각할 수 있다.

□요령

장패의 우열은 판단하기 어려우므로 요령은 오히려 점수 거는 방법에 있다고 해도 좋을 것이다.

조금씩 조금씩 걸거나 해서 번 것으로 과감히 크게 걸거나 항상 평균 점수를 걸어가든가는 그 사람의 전법에 있지만 1회씩 크게 걸거나 작게 걸거나 하는 것도 하나의 방법이다.

카나스타

아베크 게임으로서 소개한 '라미이' 계통의 게임이지만 최근 아메리카에서 매우 유행하고 있기 때문에 여기에 여러명이 즐기는 게임의 하나로서 소개해 두자.

'카나스타'란 스페인어로 '바구니'를 의미하는 말이다. 대개 남아메리카의 우루과이 부근에서 이루어지고 있었던 게임이었지만 탱고로 유명한 아르헨티나에서 형식을 정리했다고 전해지고 있다.

□사람 수

두 사람부터 6명 정도까지 대개 둘이서 대항하는 게임이었지만 최근에는 2인 2조로 나뉘어서 대항 게임을 하게 되어 있기 때문에 그 형식으로 설명을 진행하자.

□사용 카드

이 게임은 2세트의 카드를 사용한다. 그리고 조커와 엑스트라 조커도 첨가되므로 합계 108이 된다.

□카드의 순위

코커, 엑스트라 조커의 각 2장, 계 4장은 어떤 카드로도 대용할 수 있다.

다른 카드의 순위는 에이스(A) · 킹(K) · 퀸(Q) · 잭(J) · 10 · 9 · 8 · 7 · 6 · 5 · 4 · 3 · 2다. 동위패가 다 나왔을 때는 ♠♥◆♣의 순위로 한다.

□돌리는 법

두 사람씩 짝을 이룰 때는 우선 파트너를 정하고 산패를 젖혀서 최고위의 사람이 딜러가 된다. 딜러는 카드를 잘 셔플해서 다시 컷트한 후 뒤로 뒤집어서 각각 카드를 1장 씩 돌린다. 장수는 2인=15장씩,3인=13장씩,4인 이상=11장씩이다. 수패를 돌린 나머지는 뒤로 엎어서 산패로 삼고 톱안을 겉으로 뒤집어서 기본패로 한다.

단, 이 카드가 조커(엑스타라도 포함한다) 2, 3의 경우는 별도로 1장 더 젖혀서 그것을 위에 겹친다.

이 게임에서는 4장의 조커와 8장의 2가 '와일드 카드'가 되어 경기장의 의사로 어느 카드로나 대신 사용할 수 있다.

또한 8장의 3은 '스페셜 카드'라고 해서 색의 4장이 '레드 스페셜' 흑의 4장이 4 '블랙 스페셜'이라고 일컬어져서 득점에 큰 영향을 가진 카드가 되고 있는 것이 특색이다.

□노는 법

게임은 딜러의 왼쪽 옆 사람부터 시작된다. 우선 1사람씩 산패에서 1장 젖혀 수패에 덧붙인다. 처음 사람은 겉 방향으로 나와 있는 산패를 가져가는 편이 유리하다고 생각하면 그것을 가져가고 산패는 젖히지 않는다.

이 게임은 우선 3장 이상의 동위패의 세트를 만드는 것이 목적이기 때문에 손에 든 카드에 의해 3장 이상의 세트가 완성되면 자신 앞에 겉으로 뒤집어서 늘어 놓는다.

이 경우에 조커나 4 '화일드 카드'인 2가 들어 있으면 모으려고 생각하고 있는 카드 대용이 된다.

즉,

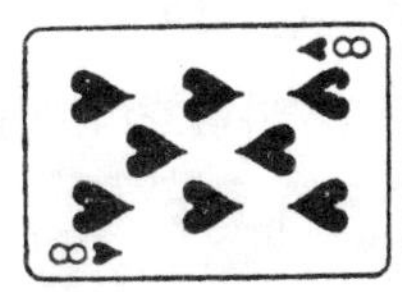
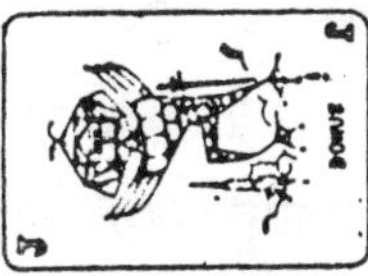
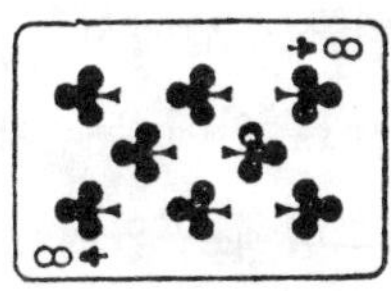

의 3장으로 8의 세트가 1조 완성된 것이다. 라미이에서는 순위패의 세트—5, 6, 7이라고 하는 세트가 인정되지만 이 게임은 동위패에 한한다.

3장의 세트, 4장의 세트에서는 조커나 와일드 카드의 2를 빼고 달리 동위패(네츄럴 카드라고 한다)가 2장 이상 없으면 안되는 그것도 같은 수트의 것이 들어 있어서는 성립하지 않는다.

즉,

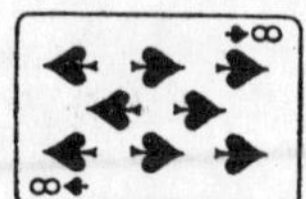

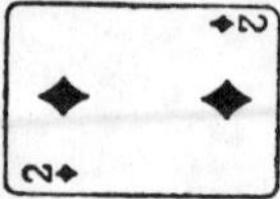

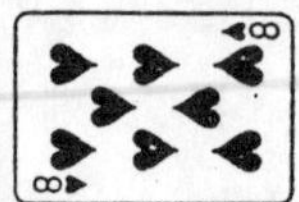

이라고 하는 조합에서는 세트로서 인정되지 않는 것이다.

이런 세트 외에 동위패를 7장 이상 모으면 '카나스타'라고 부른다. 카나스타에도 와일드 카드를 전혀 포함하지 않은 것과 포함한 것에서 점수가 다르다.

A는 '내츄럴 카나스타'의 에로 5백점을 얻을 수 있다.

B의 경우는 '와일드 카드'가 포함되어 있기 때문에 '믹스 카나스타'라고 해서 특정은 3백점이다.

카나스타의 자격으로서는 1조에 최저 4장 이상의 내츄럴 카드——예 B에서는 5장의 6——가 없으면 안되게 되어 있다.

이 밖에 ♥3과 ◆3은 '레트 스페셜'로 셔트에 이것을 사용하는 것은 인정되고 있지 않다. 여기에 대해서 '블랙 스페셜'인 ♣3과 ♠3은 마지막에 끝날 때에 한해서 3장 셔트 또는 4장 세트로서 인정되고 있다. 그러나 '레드 스페셜'은 1장 손에 들어올 때마다 백점 얻는다. 4장 갖춰지면 4백점 외에 보너스로써 4백점이 주어져서 합계 8백점

이 된다.

그런데 산패를 1장씩 젖혀서 세트가 완성되면 그것에 앞에 내놓고 자신의 수패 중에서 반드시 1장을 장패로서 겉방향으로 해서 내놓는다. 이 장패가 갖고 싶을 때는 1장만 가져갈 수는 없다. 모든 장패를 가져가지 않으면 안되고 그 톱은 곧 세트로서 내놓든가,또는 이미 자신 앞에 세트로서 나와 있는 카드에 붙이지 않으면 안된다. 그 톱의 카드가 ♠3 ♣3의 '블랙 스페셜'이든가,조커나 2의 '와일드 카드'일 때는 장패를 가져갈 수 없게 되어 있다.

또한 전연 1세트도 만들지 못하고 있는 경기자에게는 이 장패를 가져 갈 권리는 없다.

단, 장패의 가장 위의 카드 1장을 가져가면 '내츄럴 카드에 의한 세트'가 완성된다고 할 때에 한해서 21장만을 가져갈 수는 없다.

그러나 수패가 1장 밖에 없는 경기자가 장패가 1장 밖에 없을 때는 가져갈 수 없게 되어 있다.

세트를 만들 때에는 여러가지 제약이 있다. 예를 들면 제 1회의 게임에서도 합계 점수 50점 이상의 세트가 아니면 내놓을 수 없다.

카드 점수표

죠키	50점
2	20
에이스(A)	20
킹(K), 퀸(Q), 잭(J), 10, 9, 8	10
7, 6, 5, 4	5
블랙, 스페셜	5
레드, 스페셜	100

낼 수 있는 세트의 점수표

이미 획득한 점수의 합계	첫 세트로서 낼 수 있는 점수
마이너스 점	15점
0~1, 495점	50
1,500~2,995점	90
3,000점 이상	1200

앞의 카드의 득점수와 세트해서 내놓을 수 있는 점수를 표로 나타내 둔다.

예를 들면 이미 3회 게임을 하고 현재까지 1200점을 얻고 있는 사람은 4회째의 게임에서는 50점 이상의 세트가 아니면 내놓을 수 없기 때문에 가령 킹(K)4장의 세트를 만들어도 40점으로 규정 점수에 미치지 못하므로 내놓을 수 없는 것이다.

그러나 최초로 세트해서 내놓는 것은 1조가 아니더라도 괜찮기 때문에 2조 이상이 되면 50점을 넘어 내놓을 수 있게 된다. 한번 세트를 내놓으면 다음은 몇 점이라도 내놓을 수 있다.

이 게임은 경기자의 한사람이 수패 전부를 잃고 종료가 되면 1회를 끝낸다.

단, 끝내기 위해서는 1조 이상의 카나스가 완성되어 있지 않으면 안된다.

이렇게 해서 산패가 없어져도 아무도 끝내지 않을 때는 장패를 산패로 대신할 수 있다.

장패를 가져갈 자격이 없는 경기자가 한 사람이라도 있으면 그 회의 게임은 종료가 된다.

산패의 최후 카드가 '레드 스페셜'이었을 때는 그것으로 그 회를 끝낸다.

두 사람씩 조를 짜서 겨루고 있는 게임이라면 혼자서 마음대로 끝낼 수 없다.

자신의 파트너에게 '끝내도 좋으냐'라고 묻고 '예스'이면 좋지만 '노'라고 하면 끝낼 수 없다.

파트너끼리 조를 짜서 카라스타를 만들 수도 있다.

예를 들면 A가 ◆7, ♥7, ♣7, ♥2의 세트를 갖고 B가 ♣7, ♥7, ♠7, 조커를 가지고 있으면 양자를 합쳐서 카나스타를 만들 수 있는 것이다.

자신이 세트로서 앞에 내놓은 것에 다시 계속하는 것은 괜찮고 또 파트너의 세트에 붙일 수도 있다.

□스코어

계산은 각회가 끝날 때마다 다음과 같은 계산법으로 합계 득점수를 낸다.

(1) 끝낸 경기자(또는) 조에……백점

(2) 수패를 한 번에 세트하고 끝내 버렸을 때……백점

(3) 레드 스페셜 1장당……백점

레드 스페셜 4장이 갖춰졌을 때는 전술과 같이 보너스가 붙어서 8백점. 반대로 레드 스페셜을 수패로 남겨 버린 사람은 1장 백점씩 감점이 된다.

(4) 내츄럴 카나스타……5백점

(5) 익스 카나스타……3백점

(6) 세트해서 내놓은 카드의 합계 점수.

이들 합계 득점수에서 수패로서 남은 점수를 뺀 것이 그 회의 득점이 된다.

최초로 5천점에 이른 경기자(또는 조)가 나왔을 때에 게임은 그 사람의 승리가 되어 종료한다.

□게임 요령

이 경기의 목적은 빨리 수패의 장수를 없애면서 가능한 한 많은 카나스타를 만드는 데에 있기 때문에 항상 그것을 유의해서 몇 개의 세트를 목표로 하기보다 카나스타를 만드는 데에 주력하는 것이 요령이다.

처음에 배부받은 수패 중에 ♥3, ◆3이 들어 있으면 이것은 '레드 스페셜'로 세트는 만들 수 없기 때문에 자신의 문번이 돌아왔을 때에 그것을 자신의 앞에 내놓고 다른 카드를 산패에서 뽑는다. '레드 스페셜'은 그대로 손에 들고 있으면 반대로 감점이 된다.

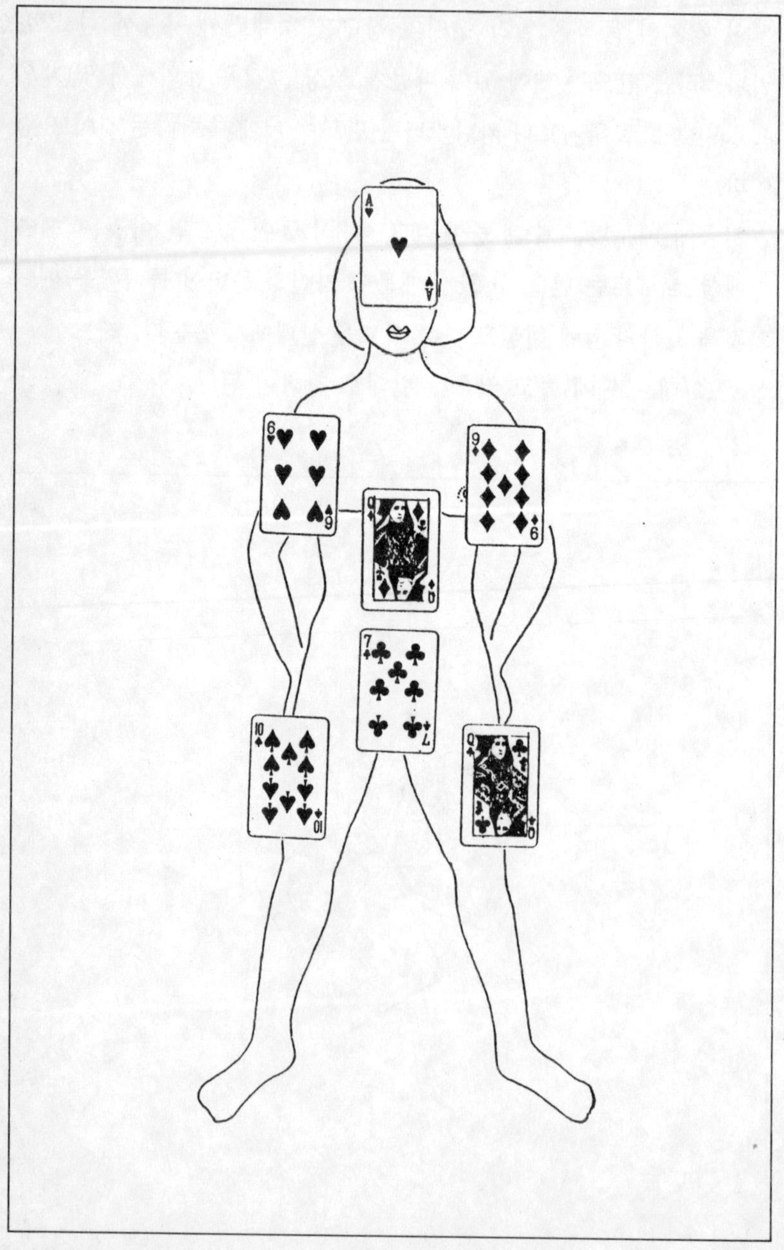

제 5 장

어린이용 트럼프게임

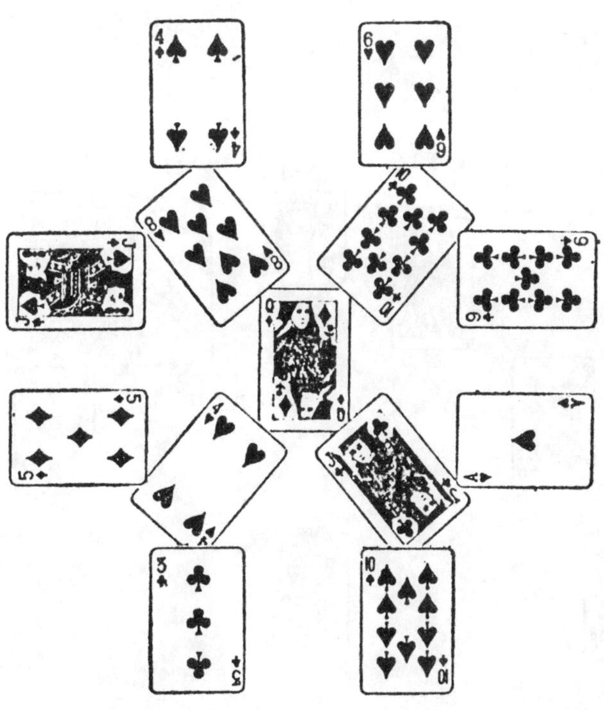

혼자서 집을 지킬 때에 또는 친구들과 함께 즐겁게 놀 때에 트럼프는 사이 좋은 친구가 되어준다.

여기에는 어린이용의 쉬운 게임만을 모아 두었다.

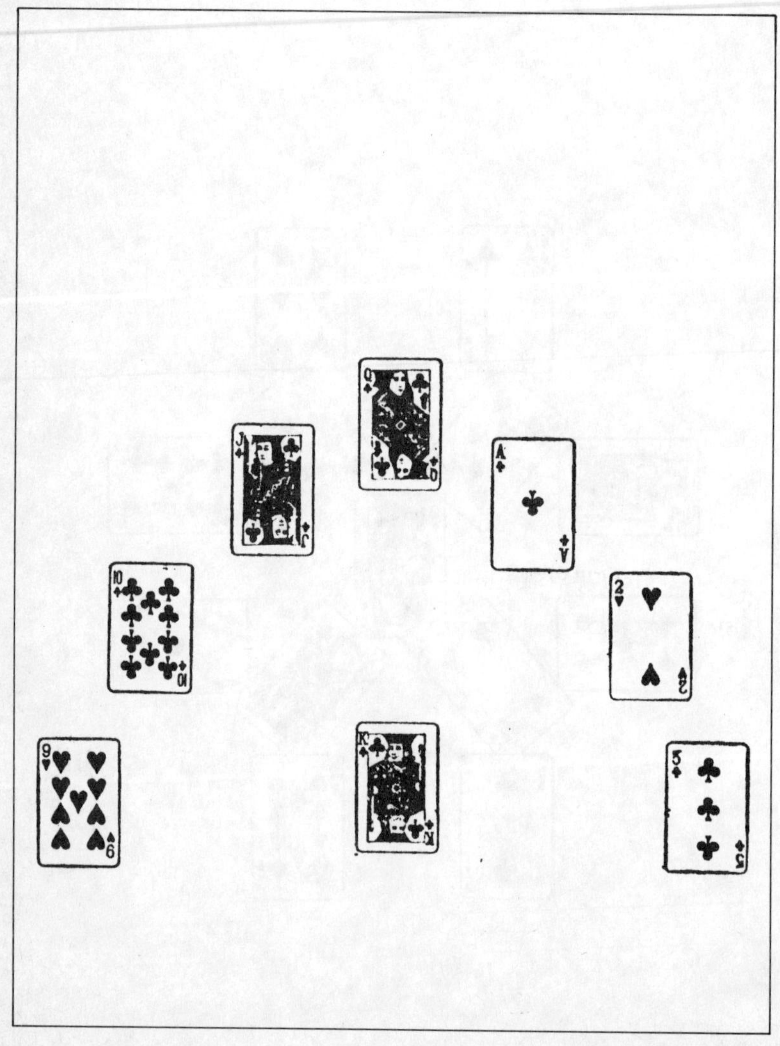

동키(당나귀)

□사람 수

몇 명이라도 놀 수 있는 재미있는 게임이다.

□사용 카드

한 사람이 4장씩 가질 수 있도록 인수에 4장을 봉한 카드가 필요하다.

3인……12장(동위패 3조)

4인……16장(동위패 4조)

5인……20장(동위패 5조)

6인……24장(동위패 6조)

7인……28장(동위패 7조)

8인……32장(동위패 8조)

□돌리는 법

딜러는 카드를 잘 치고 나서 뒤로 엎은 카드를 일동에게 1장 1장 돌리고 전체 카드를 돌리면 1사람이 4장씩 카드를 갖게 된다.

□노는 법

동위의 카드를 4장 모으는 것이 목적이다.

우선 게임을 시작하기 전에 점수 계산에 사용하기 위해서 단추나 납작한 구슬을 인원수보다 하나 적게 준비해서 중앙에 두십시요.

딜러부터 왼쪽 옆의 사람에게 자신이 필요없다고 생각하는 카드를 1장 건네준다. 받은 사람은 다시 자신이 필요없다고 생각하는 카드를 1장 자신의 왼쪽 옆사람에게 건네준다. 이렇게 해서 왼쪽으로 차례대로 돌아가는 사이에 동위의 카드가 4장 갖춰진 사람은 '동키'하고 외치고 중앙에 놓아 둔 단추를 한 개 가져간다. 이것과 동시에 다른 사람들도 재빨리 단추를 하나씩 집어간다. 인원수보다 한개 부족하기 때문에 꼭 동작이 느린 사람이 나오니까 이때에 동키—DONKEY의 머리 글자 D를 써 버린다. 이렇게 해서 2회째 게임이 시작된다.

몇 번을 반복하고 있는 사이에 DONKEY라고 전체 문자를 이마에 쓰여져 버린 사람이 나오니까 그렇게 되면 제 1의 게임은 끝이다. DONKEY라고 쓰여진 사람은 큰 소리로 당나귀 울음 소리를 내서 모두를 웃겨 주십시요. 가장 문자가 적은 사람이 우승이 된다.

DONKEY는 문자가 너무 길다고 생각하면 돼지 새끼라든가 도둑고양이 등으로 바꿔 보십시요.

4장의 잭

□사람 수

4명이나 5명.

□사용 카드

4명……(2·3·4·5·6을 뺀다)…… 32장. 5명……(2· ·4를 뺀다)……40장. 6명……(2를 뺀다) 48장.

□돌리는 법

딜러는 왼쪽 옆 사람부터 차례대로 한장 한장 돌려 한 사람에게 8장 건네주도록 한다.

□노는 법

잭을 뽑으면 지게 되니까 잭 카드를 가능한 한 다른 사람이 뽑도록 한다.

우선,딜러의 왼쪽 옆 사람부터 시작해서 가능한 한 잭이 자신에게 오지 않도록 생각해서 저위의 카드를 기본패로 내놓는다.

다른 사람은 순서대로 기본패와 같은 수트의 패를 내놓지만 없으면 다른 수트의 패라도 상관없다.

이렇게 해서 한 바퀴 돌고 최고위의 카드를 내놓은 사람이 다음 회에 자신에게 유리한 기본패를 내놓을 수 있다.

카드가 전부 없어지고 마지막으로 스페이드 잭(J)을 가지고 있는 사람이 마이너스 3점, 그 밖의 잭(J)을 가지고 있는 사람은 마이너스 1점씩 매겨져 버린다.

딜러가 한 바퀴 돌았을 때 또 누군가가 마이너스 10점에 달했을 때에 게임을 끝내고 마이너스 점수가 가장 적은 사람이 우승이 된다.

개구리

□사람 수

3명 이상 6명 정도까지. 4명일 때는 2인 2조로 나눠서 논다.

□사용 카드

3명……조커를 뺀 52장.

4명……조커와 2를 뺀 50장.

5명……조커와 2를 4장 뺀 48장.

□돌리는 법

4명일 때는 한 사람에게 10장씩,3명의 경우는 한 사람에게 13장씩, 5명의 경우는 한 사람에게 8장씩 돌리고 나머지 카드는 뒤로 엎어서 중앙에 놓아둔다. 이 산패가 '개구리'에 해당한다. 한 사람당 수패와 개구리의 장수는 일치하지 않으면 안된다.

□노는 법

점수를 많이 딴 사람이 우승이다.

점수표

플라스 { 10……10점 킹(K)……3점 5……5점 퀸(Q)……2점
에이스(A)……4점 잭(J)……1점.

마이너스 ♠잭(J)……10점.

더욱이 카드의 순위는 에이스(A) · 킹(K) · 퀸(Q) · 잭(J) · 10 · 9……2가 된다.

우선 딜러의 왼쪽 옆 사람이 최초로 자신이 좋아하는 카드를 내놓는다. 다른 사람은 처음에 나온 기본패와 같은 수트의 카드를 내놓지 않으면 안되지만 없으면 다른 수트의 패라도 상관없다.

최고의 카드를 내놓은 사람이 우승으로 바닥에 나온 카드를 전부 가지고 가서 개구리의 제일 윗 카드를 2장 가지고 일제히 뒤로 엎어 둔다.

짝수

이것은 어린이의 혼자 놀이에 적합한 게임이다.

□사용 카드

1세트의 카드에서 조커와 킹(K) · 퀸(Q) · 잭(J)의 그림패를 뺀 40장.

□노는 법

40장의 카드를 잘 치고 나서 우선 1장을 둔다. 이것이 기본패가 된다. 다음의 카드를 그 패에 늘어놓고 이 2장의 수를 합계해 봐서 짝수가 되면 그 카드는 2장 모두 치워 버린다. 그러나 합계가 홀수이면 2번째로 낸 카드는 최초의 카드 위에 겹치고 3번째의 카드를 늘어놓고 2번째의 카드와 세번째 카드의 수를 합계해 본다.

그 답이 짝수이면 3번째 카드와 2번째 카드의 2장을 치우지만 홀수의 경우는 3번째 카드를 2번째 카드 위에 겹치기 때문에 산패는 3장이 되는 셈이다.

이렇게 해서 산패와 수패로부터 내놓은 1장을 합계해서 짝수가 되는 2장의 카드를 제거해 가서 마지막에 전체의 카드를 없애 버리면 되는 것이다. 수패가 있는 한 계속하고 다시 돌릴 수는 없다.

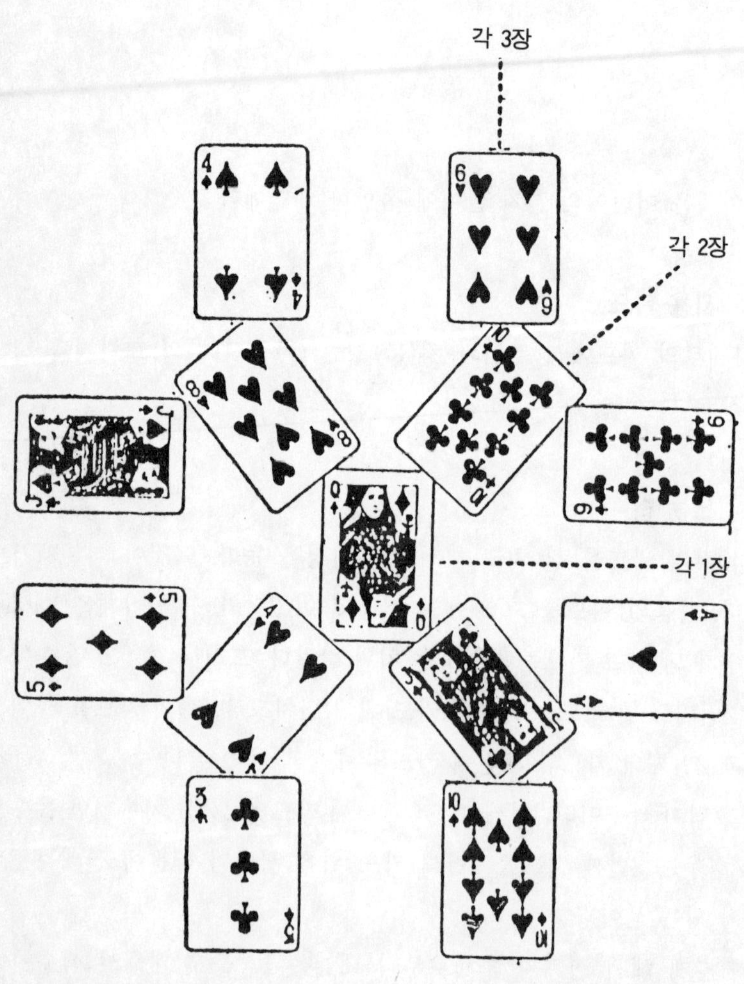

짝수

플라워

□사용 카드

조커를 뺀 52장.

□레이 아우트

그림을 보고 카드를 배열 한다. 처음 중앙에 1장 다음에 그 카드의 4구석에 조금 겹쳐지도록 해서 2장씩 겹쳐서 4군데에 두고 그 주위의 8개의 산에는 3장씩 겹쳐서 돌린다. 나머지 19장은 수패로 삼는다.

□노는 법

동위패 2장을 커플로서 제거해 가서 전체의 카드가 없어지면 성공이다.

우선 곁에 나와 있는 카드를 보고 동위패를 제거하면 아래의 카드를 사용할 수 있게 된다. 단, 구석의 겹친 아래의 카드는 위의 카드가 전부 없어지지 않으면 사용할 수 없다.

막히면 수패를 1장 내려서 맞춘다. 그래도 맞는 카드가 없을 때는 따로 쌓아 그 톱은 언제라도 사용할 수 있는 카드가 된다. 수패가 같은 수 또는 그림패가 2장 계속 나왔을 때 이것도 제거할 수 있다.

시계

□사람 수

혼자놀이.

□사용 카드

조커를 뺀 52장 1세트.

□레이 아웃

그림과 같이 1장씩 뒤로 엎어서 13장의 카드를 시계 모양으로 나열하고 다시 그 위에 1장씩이라고 하는 식으로 1조 4장의 산을 13개 만든다.

□노는 법

전체의 카드를 겉으로 뒤집어서 시계의 문자판과 같은·숫자(11은 잭(J), 12는 퀸(Q))로 나열하도록 한다.

우선 최초의 산의 제일 윗 카드를 젖힌다. 그 카드가 9였다면 시계의 문자판 9위치의 카드의 제일 위에 펼쳐두고 그 카드를 얹은 산의 제일 밑 패를 빼서 본다.

시계 (1)

그것이 4였다면 4시에 해당하는 산에 얹고, 그 산의 제일 밑을 빼낸다고 하는 식으로 차례차례 제일 밑의 카드를 빼내서는 겉 방향으로 해서 그 수의 시계 문자판에 해당하는 산에 겹쳐 가서 전체의

시계 (2)

완성된 것

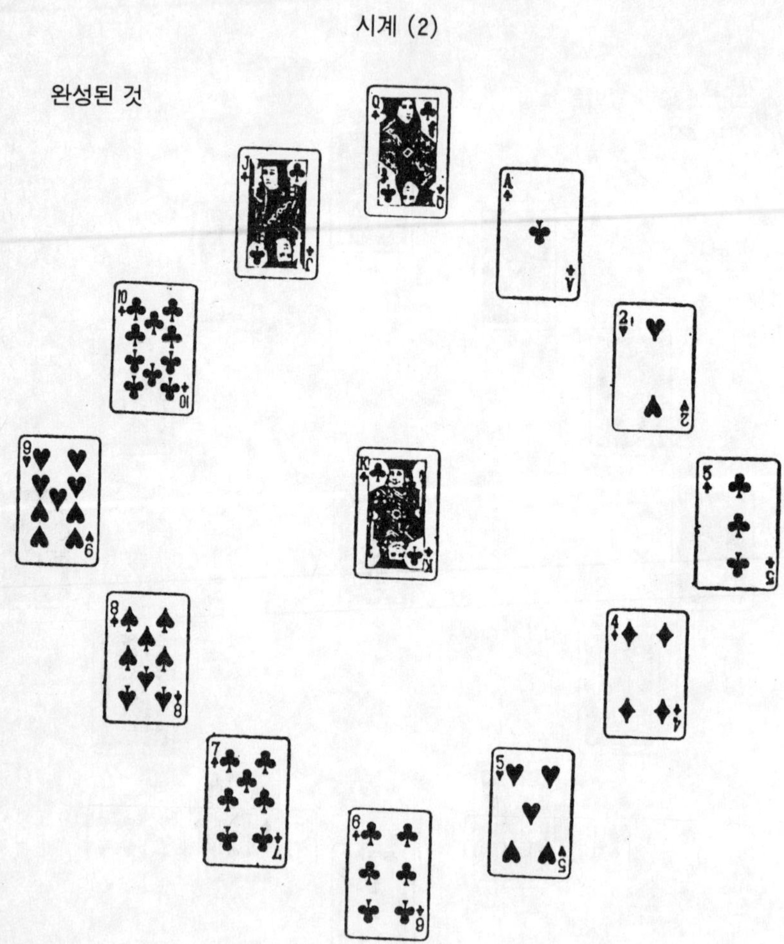

산을 펼칠 수 있으면 성공이다.

그런데 킹(K)이 4장 나와 버리면 더 이상 밑에서 빼 낼 카드가 없어져 버린다.

이 게임을 해 보고 좀더 복잡한 게임을 하고 싶다고 생각하는 분은 '할아버지의 시계'를 시도해 보기 바란다.

제 6 장

트럼프 점

트럼프라고 하는 것은 원래 점의 도구로서 만들어진 것으로 놀이나 내기의 도구가 된 것은 훨씬 나중의 일이다.

중국에서 만들어진 엽자(葉子)라고 하는 점패가 트럼프의 원조라고 전해지고 있지만 인도의 하층 계급으로 나중에 서구로 흘러간 집시의 선조가 생활의 자본을 얻기 위해서 트럼프를 사용하여 점을 업으로 한 것이 트럼프 점의 기원이다 라고 하는 것이 오늘날의 정설로 되어 있다.

어째서 트럼프를 점의 재료로 사용했느냐 하면 동양식의 점인 점대나 주판과 같이 '수'를 나타내는 도구이기 때문이다. 게다가 킹, 퀸, 잭은 인간의 남녀별, 장유별을 나타내는 것이고, 다이아, 하트, 스페이드, 클럽의 4가지 기호는 각각 재산 · 애정 · 교재 · 파탄을 나타낸 것으로 생각되고 있다.

이들 카드의 배합의 여부에 따라서 인생의 길흉, 연애의 성부 등을 점치기 위해서는 실로 안성 마춤인 도구이기 때문에 천년 이상이나 사람들에게 애호되어 믿겨지고 있으며 오늘에는 세계 각국에서 활발히 이루어지게 되었다.

이 책에서는 대표적인 점치는법을 몇 가지 들어 보겠지만 가장 자신의 마음에 드는 방법을 골라내서 가끔씩 무엇인가를 하는 도중 점을 쳐 보면 한층 더 흥미가 깊어질 것이다.

애정점

사랑하고 있는 상대의 마음 속을 들여다 볼 수 있는 렌즈가 있었다면—두사람의 연애의 전도를 전자 계산기로 가르쳐 주지 않을까?

누구나 그런 소망을 품고 있을 것이다.

그의 본심은? 그녀의 마음은? 그것이 알고 싶은 사람을 위해서 이 애정점을 가르쳐 주겠다. 3천년의 신비한 마력을 가진 트럼프야말로 현대의 전자 계산기 보다도 훨씬 정확하게 두 사람의 사랑 코스를 지시해 준다.

특히 남자와 여자에 관한 한 트럼프 점이 가장 적절하게 들어 맞는다고 하는 사실은 젊시 여자들이 실제로 증명하고 있다. 나폴레옹도, 카르멘도 그 정확함에는 깜짝 놀랐다고 한다. 조금도 의심하는 일 없이 점쳐 보기 바란다.

□점치는 법

52장의 카드에서 2, 3, 4, 5의 숫자 카드는 ♦♥♣♠와 함께 모두 빼낸다. 16장 빼고 카드는 36장이 되었다.

그것을 잘 셔플하고 나서 A씨의 성명과 K양의 성명 수만큼 다시 셔플한다.

예를 들면,A씨──×, × × 3회, K양──○, ○ ○ 2회, 합계 6회를 A씨의 얼굴을 떠올리면서 셔플하는 것이다.

셔플이 끝나면 36장 전체의 카드를 뒤로 엎은 채 손에 들고 그림과 같이 왼쪽에서 오른쪽으로 뒤로 엎어서 4장 나열해서 4열을 만든다.

5장째는 다시 제 1열 위에 엎고,이렇게해서 1장씩 왼쪽에서 오른쪽으로 4조 위에 엎어 가면 9장씩의 조가 4개 완성된다.

전부 다 엎었으면 제(1) 조의 카드 9장을 들어 올려서 겉으로 뒤집어 부채꼴로 펴서 내용을 조사해 본다.

이 점의 중심을 이루는 카드는 4장 있다. 여성의 마음을 나타내는 ♣에이스(A), 여성의 몸을 나타내는 ♣퀸(Q), 게다가 남성의 마음을 나타내는 ♥에이스(A)와 몸을 나타내는 ♥잭(J)──이 4장이 기본이 되는 카드다.

그런데 부채꼴로 펴서 본 9장의 카드 중에 이 4장의 기본이 되는 카드가 1장이라도 들어 있지 않은지 조사해 보는 것이다.

그림과 같이 제(1)조의 왼쪽으로부터 5장째에 ♥에이스(A)가 있었다면 그 카드로부터 오른쪽의 4장은 사패로서 제거하고 5장째에서 다음의 카드를 그대로 순서를 무너뜨리지 말고 뒤로 엎어둔다.

이렇게해서 제 2조, 제 3조, 제 4조, 차례차례 조사해 보지만 9장 1조 중에 기본 카드가 1장도 없었다면 그 조는 9장 모두 사패로 삼는다.

또는 1조 중에 ♥잭(J), ♣에이스(A)와 같이 2장이나 기본 카드가 들어 있었을 때는 오른쪽에 위치한 기본카드에서 뒷쪽 것을 취하고 곧 그것보다 오른쪽에 있는 카드만을 버리는 것이다.

4조 전부를 다 조사해서 불필요한 카드를 버리면 (1)조의 뒤로

애정점(1)

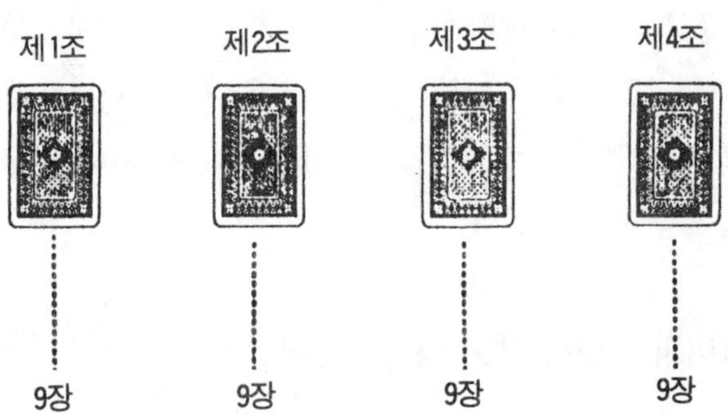

애정점(2)

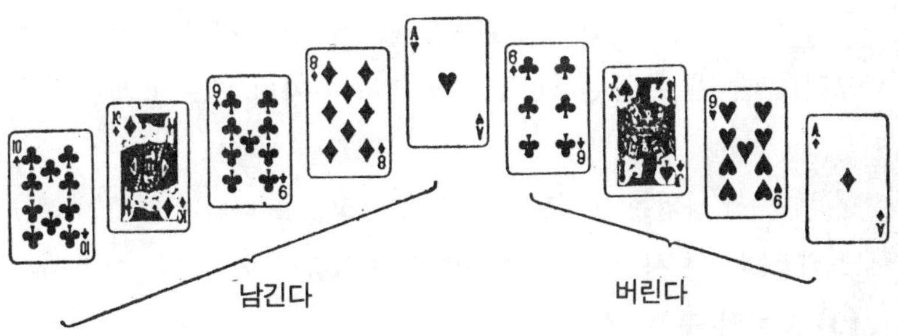

엎어진 나머지 카드 위에 (2)조의 나머지 카드를 뒤로 엎은 채 겹쳐 얹고 (3)조, (4)조의 손으로 겹쳐 간다. 카드의 순서는 중요하기 때문에 절대로 셔플해서는 안된다.

남은 카드 몇 장인가를 다시 한 번 처음에 4조 늘어놓았을 때와 마찬가지로 1장씩 왼쪽에서 오른쪽으로 4조로 평균하게 겹쳐가서 다시 한번 (1)로부터 순차적으로 기본 카드의 오른쪽 패를 버려간다.

이렇게 해서 몇 번인가 반복해 가는 사이에 반드시 4장의 기본 카드가 1장씩 4조가 되어 남는 결과가 되기 때문에 이 4장을 그 위치대로 겉으로 뒤집어서 기본 카드의 나열 방법에 의해서 두 사람의 애정 전도를 점치는 것이다.

그와 그녀의 애정의 전도, 타입 보는 법

(1) 여성 적극형

그녀 쪽이 열이 높은 것을 나타내고 있다. 그리고 열렬한 애정이 그를 움직여서 몸도 마음도 그녀에게 꽉 안기게 된다.

(2) 남성 적극형

이 경우는 남성 쪽이 정렬적이다. 남성이 점쳐서 이 타입이 나오면 한번 밀고, 두번 밀고, 세번 밀고 나가면 반드시 성공할 것이다.

이 두 가지 타입은 대길로 이상적인 애정운을 나타내고 있기 때문에 오래 오래 두 사람은 행복하게 살 수 있을 것이다.

(3) 사랑의 불장난형

그의 '몸'과 그녀의 '몸'은 서로 기대고 있기 때문에 즐거운 꿈을 있는 것은 가능하다. 그러나 성격의 차이나 가정의 사정 등으로 '마음'까지 일치하지는 않는다. 이윽고 이별의 때가 다가올 우려가 다분히 있기 때문에 서로 현명하게 교제하는 것이 중요하다.

(4) 여성 정열형

그녀 쪽이 열중해서 몸도 마음도 그에게 다 바칠 셈이지만 남성

애정점(3)

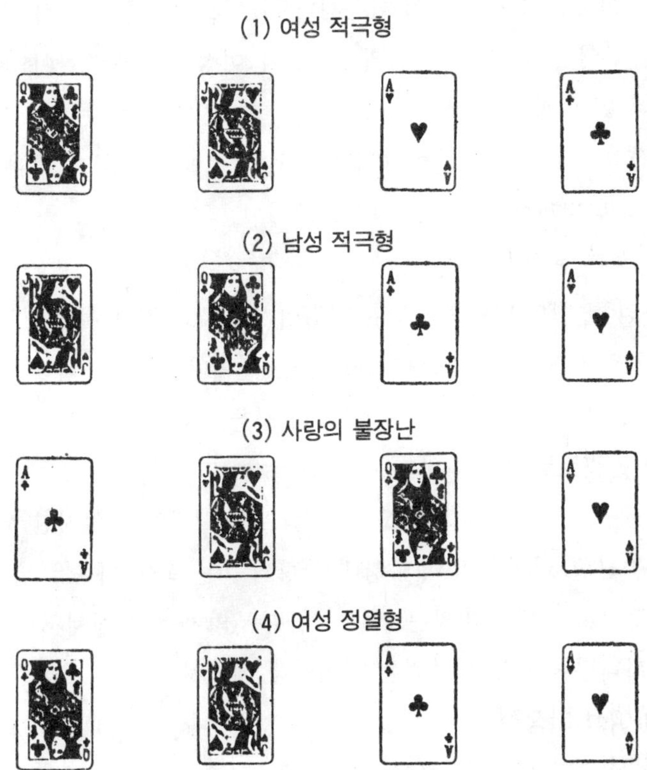

쪽은 바람을 피울 셈으로 교제하고 있기 때문에 스위트 홈까지는 어려운 연애다.

결혼한 두 사람 사이에서 이 타입이 나타나면 남편의 바람기를 나타내고 있는 것이니까 주의가 필요하다.

(5) 한 때의 변덕형

양쪽의 '마음'은 양끝에 떨어져 있는데 '몸'의 카드만이 접근해 있는 것은 한 때의 변덕스런 사랑을 나타내고 있다. '불장난으로 사랑은 끝나고'라고 프랑스의 시인 미유세가 가르쳐 준 말을 상기하라. 더욱이 이 타입과 같이 남성의 카드 2장과 여성의 카드 2장이 좌우로 나뉘어 있을 때는 좌측 쪽이 좇는 형, 우측이 달아나는 형이다. 즉 이 (5)의 형에서는 남성이, 다음의 (6)의 형에서는 여성 쪽이 좇고 있는 것을 나타내고 있다.

(6) 보이 헌트형

(5)의 한 때의 변덕형과 같은 타입이지만 다른 점은 여성이 적극적이고 남성이 도망치려는 태도라고 하는 점이다. 한 때는 바싹 접근한 적은 있어도 도저히 오래가지 못하는 것을 나타내고 있다.

(7) 플라토닉형

그녀는 그를 사모하고 그도 그녀를 계속 생각하고 있지만 서로의 몸이 접근할 기회가 없어 마침내 쌍방의 가슴 속에 마음을 숨긴 채 멀리 떨어지게 되어 버리는 비련이다. 부부의 애정을 점쳐서 이 타입이 나타나면 이윽고 별거하는 사이임을 예지하고 있는 것이다.

(8) 여성 다정형

남성은 순정으로 한결같이 그녀를 생각하고 있는데 여성 쪽이 천성적으로 다정한 성질이기 때문에 가령 맺어져도 오래 가는 연애라고는 말할 수 없다. 결혼 생활에서는 여성의 다정이 남편에게 큰 고민을 주게 될 것이다.

이상이 이 애정점에 의해 나타난 카드의 나열법 설명이지만 대개 '몸'의 카드가 양끝에 떨어 있으면 그 사람은 열매 맺지 못한다. 그러

애정점(4)

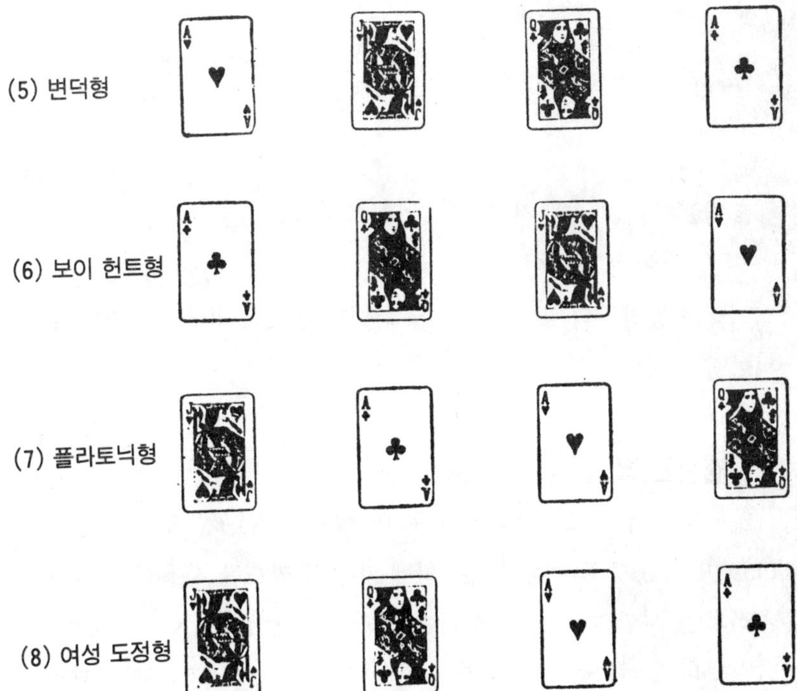

나 '마음'의 카드가 떨어졌을 경우는 가령 '몸'의 카드가 나란히 있어도 이윽고 그 연애에 금이 가는 것이 예상된다. 이런 원칙을 이해하고 카드의 위치에 따라 판단을 내리도록 한다.

점치는 사람은 여성뿐만 아니라 남성이 점을 쳐도 괜찮다. 의중에 숨은 여성과 어느 정도의 사이까지 진행될지 점쳐 보는 것도 좋을 것이다.

운세의 나무

트럼프의 자기 운 점치기로 자신의 운세, 금전운, 사업운, 건강, 병 등을 점치는 방법이다.

원래가 동양식의 트럼프 점으로 나타난 카드의 의미를 잘 알아두는 것이 중요하다.

□점치는 법

2, 3, 4, 5의 카드를 4종류 모두 뺀 에이스(A), 킹(K), 퀸(Q), 잭(J), 10, 9, 8, 7, 6의 각 4종류 합계 36장의 카드를 사용한다.

점치는 사람의 이름의 소리에 따라서 셔플한다. ×××라면 ×, ×, ×라고 3회 셔플하는 것이다. 그리고 자신이 생각하는 카드를 1장 뽑아내서 겉으로 뒤집어서 중앙에 놓는다.

다른 사람의 운세를 점쳐 줄 때는 그 사람의 이름이 소리만큼 셔플한 카드 중에서 그 사람에게 1장을 뽑게 하는 것이지만 점쳐 받는 본인이 없으면 점치는 사람이 대리가 되어 뽑아 내도 상관없다.

그리고 차례차례로 자신이 생각하는 카드를 1장씩 뽑아내서 그림과 같은 순서로 각각의 위치에 놓아간다.

좌우로 늘어선 것은 모두 왼쪽을 앞으로 하고 오른쪽을 뒤에 놓지 않으면 안된다.

이것은 인간의 몸을 나타내고 있는 것과 마찬가지로 그 사람의 운세를 수목의 모습으로 나타낸 점이다.

수목에 비교한 그림을 보기 바란다. 좌우의 뿌리는 흙 속에 튼튼하게 뻗어 있다. 이 뿌리가 튼튼하게 있으면 있을수록 수목은 점점 성장해 가지만 만일 뿌리가 한쪽이라도 썩어 있으면 성장하는 과정에서 여러가지 장해가 되어 나타날 것이다.

양쪽의 뿌리가 썩어 있으면 불의의 지진이나 태풍에 잠시도 지탱못하고 쓰러져 버릴지도 모른다. 가지가 무성하고 잎이 번성해 가기 위해서는 토대가 되어야 할 뿌리가 튼튼하지 않으면 안된다.

이것을 인간의 운명에 비유해서 생각해 보면 인연, 부모로부터 물려받은 성질, 체질, 재산, 명예, 게다가 유소년기의 환경이나 교육 등 그 사람 인생의 기본이 되는 운명력을 나타내고 있다고 해도 좋을 것이다.

다음 그림에 나타난 어느 남성의 운세에 대해서 설명해 보자.

우선 뿌리에 해당하는 부분 ♣퀸(Q)은 모친의 성격으로 영향을 받고 있는 것을 나타냄과 동시에 선천적인 온화한 성격이지만 자란 환경이 너무 금전적으로 풍요롭지 못했던 것은 ♠10이 나타내고 있다. 기본적인 운명력을 결코 강한 편은 아니다.

싹(배)에 있는 ♣7은 직업을 착실하게 노력해 가는 이 사람의 태도를 나타내고 있다. 7이라고 하는 숫자는 직업에 관계가 있는 카드이지만 ♣라고 하는 수트가 수수한 착실한 집무 태도를 나타내고 있다.

줄기(마음)는 현재의 모습이지만 ◆퀸(Q)은 여성 협력자 또는

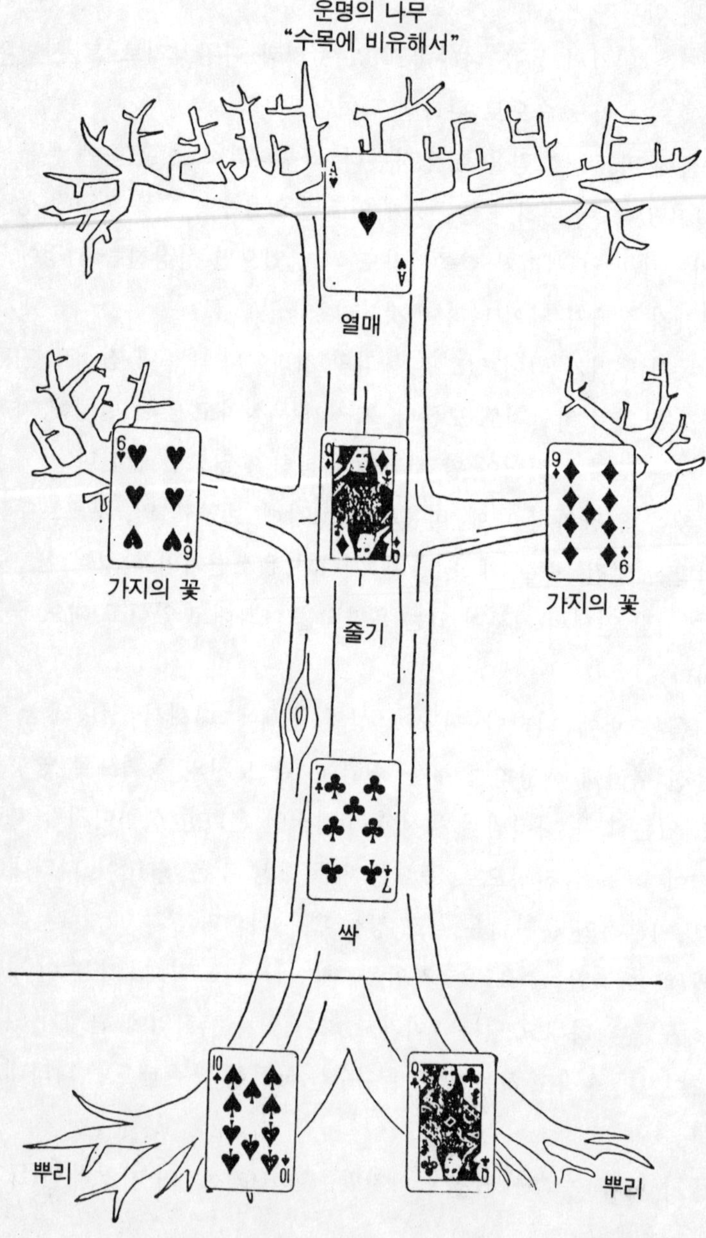
운명의 나무
“수목에 비유해서”
열매
가지의 꽃
가지의 꽃
줄기
싹
뿌리
뿌리

운명의 나무
"인체에 비유해서"

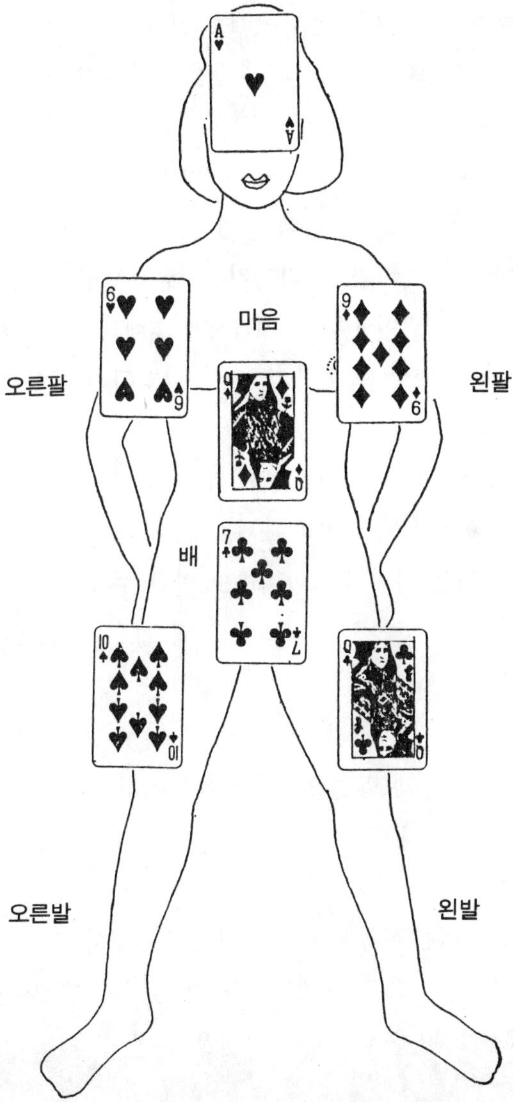

마음
오른팔
왼팔
배
오른발
왼발

외면적으로 애정의 행복을 의미하고 있다.

어쨌든 좋은 애정의 혜택을 입고 있다고 하는 부러워할 만한 생활이다. 이것이 ♠퀸(Q)이라면 애정 관계로 인한 과실, 악녀에게 속아 실패한다고 하는 사실을 나타내고 재출발을 의미하기 때문에 주의해 주기 바란다.

가지 및 꽃(양팔)에 있는 ♥6 ◆9는 ♥6은 남자의 나아갈 길을 의미하지만 ◆9는 외부로부터 굴러 들이온 고생을 나타내고 있다.

이것을 종합해서 판단하면 여러가지 장해에 부딪치지만 용기를 내서 나아간다고 하는 것이 된다. 마지막으로 열매(머리)의 ♥에이스(A)는 남성의 마음, 소망, 목적이 반 이상 달성된다고 하는 마음의 만족을 나타내고 있다.

이것이 ◆에이스(A)라면 재산, 명예, 장래의 기초 등을 구축하는 것을 타나내지만 ♥에이스(A)라면 출세보다도 오히려 가정의 행복을 중요시 여긴다고 하는 타입의 사람이라고 말할 수 있을 것이다.

□전체의 운세

유소년기부터 그다지 금전의 혜택을 받지 못했지만 부모의 애정—특히 모친의 사랑을 받고 성장한 마음이 다정한 남성이다. 일에는 매우 열심으로 눈에 띄지 않지만 차분히 끝까지 하는 강인함을 가지고 있다.

현재는 애정에 넘치는 행복한 가정을 꾸려서 여성이 가져온 재산도 얻어 풍요롭게 지내고 있고 외부로부터 여러 가지 장해에도 지지 않고 강하게 극복해 나가서 행복한 일생을 보낼 수 있을 것이라고 말할 수 있다.

다음에 이 점치는 법으로 이 사람의 건강 상태, 게다가 앞으로의 병을 점쳐보자.

생리적으로는 머리도 좋고 심장도 비교적 튼튼하지만 왼손과 오른발에 문제가 보인다. 왼손은 부상의 우려가 있고 오른발을 조금 긴 병—신경통, 류마티즘과 같은 것으로 이 때문에 지출도 있을 것 같다. 내장은 강인하다고는 말할 수 없지만 그다지 질환도 없기 때문에 장명이라고 생각된다.

□카드의 의미

운세의 나무 점에서 나타난 결과를 보고 판단을 내리기 위해서는 각각의 카드의 의미를 잘 알아두지 않으면 안된다.

◆는 재산, 출세운, 명예 등을 나타내고, ♥는 남성의 마음, 희망, 애정을, ♣는 여성의 마음, 희망, 애정을 나타내고 있지만 ♠는 싸움, 실패, 손해, 병, 전락, 사고 등을 나타내는 마이너스의 수트다.

◆A……모든 일의 기초, 튼튼한 재산—집, 토지 등—.

◆6……사회적인 경우라든가,도정(道程)에서 번영, 성공을 의미한다.

◆7……사업 상의 성공, 장사 번창.

◆8……사회적인 행운, 복권이 당첨된다든가,의외의 행운이 많은 소위 운이다.

◆9……외부로부터의 난재, 고생.

◆10……세상에서 인정받은 금 · 물질 · 실력—즉,유형의 재산의 풍부함을 나타낸다.

◆잭(J)……친구, 좋은 동료, 인간 관계가 좋은 것을 나타낸다.

◆퀸(Q)……여성 협력자, 외면적으로는 애정의 행복을 의미한다.

◆킹(K)……◆에이스(A)와 함께 가장 행운있는 카드다. 강력한 후원자, 스폰서 및 자신이 거대한 재력, 권력을 쥐고 명성을 올리는 것을 의미한다.

♥에이스(A)……남성의 마음, 소원, 목적이 반 이상 이루어져서 행복한 인생을 보낼 수 있다.

♥6……남성이 나아갈 길을 강하게 쏜살같이 나가면 성공을 얻는다고 하는 카드.

♥7……장사나 일이 더없이 바쁘고 이 결과가 좋아지느냐, 나빠지느냐는 다른 카드와 견주어서 판단한다.

♥8……남성의 기쁨을 나타낸다.

♥9……반대로 남성의 심적 고민을 나타내고 있다.

♥10……남성의 수입, 일에 의한 보수, 남성의 재산을 의미한다. 그녀의 운세를 점쳐서 마음의 위치에 이 카드가 나오면 그녀는 남성의 애정보다도 물질에 목적이 있다는 사실을 간파할 수 있다.

♥잭(J)……남성의 육체, 건강, 강한 노동력을 나타내고 있다.

♥잭(J)……모친의 인연이라든가, 모친에게서 계승한 것을 나타낸다.

♥킹(K)……부친의 인연, 부친에게서 계승한 것을 나타내고 있다.

♣에이스(A)……여성의 마음, 소망이 반 이상 이루어진 것을 나타낸다. 또한 여성이 이니시어티브를 잡는 것을 나타내는 경우가 있다.

♣6……길은 험난하지만 노력함으로써 앞날에 희망이 있으니까 반불해 주십시요.

♣7……여성의 직업운의 세기를 나타내고 있다. 남성이 점쳐서 이 카드가 나오면 그 사람은 직업에서 톱이 되기가 어렵지만 착실하게 일을 계속해 가는 것은 가능하다. 수수한 입장에 있는 사람이라고 말할 수 있다.

♣8……여성의 행복을 나타낸다. 남성의 머리, 마음, 배에 이 카드가 나오면 그 사람은 페미니스트이거나 여성에게 행복을 줄 수 있는 사람이다.

♣9……반대의 여성의 고생, 마음의 고민을 나타내는 카드로 실연이라든가, 남편의 바람끼 등의 경우에 나타난다.

♣10……여성의 수입, 재산을 의미하고 있다.

♣잭(J)……사람을 지도하는 지위, 회사에서는 계장, 과장, 부장이라고 하는 감독자, 관리직을 나타낸다.

♣퀸(Q)……여성에게 있어서는 행복한 '아내의 자리'를 나타내거나 애정이 충만한 운세를 나타내지만, 남성의 경우는 자기 자신은 표면에 드러나지 않는 아니역이라고 하는 운을 나타내고 있다. 이것이 머리에 나오면 부인에게 머리를 들 수 없는 약한 남편을 나타내게 된다.

♣킹(K)……모친 쪽의 선조라든가 친족을 의미한다.

♠에이스(A)……최악의 카드로 실패, 불화, 파탄, 손실, 사고, 병, 더욱이는 죽음도 의미한다.

♠6……고생이 계속되고 더구나 그 고생도 보상받지 못하고 마침

내는 실패 별리에 있는 결과를 보이게 된다.

♠7……직업에 대한 나쁜 일을 나타내는 카드이다. 샐러리맨이면 실패, 좌천, 해고를, 장사를 하고 있으면 손실, 싸움, 소송 등을 나타내고 있다.

♠8……재난이 주변에 다가오고 있다고 하는 적신호의 카드다. 남성이나 여성의 기쁨을 질투해서 화를 불러오는 악마와 같은 존재다.

♠9……가정내, 친구간의 트러블 등 인간 관계의 알력을 나타낸다.

♠10……손실을 의미한다. 특히 물질면의 손실을 나타내고 있다. 출비라든가 출전, 물건을 도둑 맞거나 분실한다고 하는 카드다.

♠잭(J)……자신의 득은 되지 않고 타인의 시중을 든다고 식의 툇마루 밑의 장사와 같은 운명을 나타내고 있다. 타인에게 속는 경우도 있을 수 있을 것이다.

♠킹(K)……실패, 반대자로 선거에 이 카드가 나오면 나쁘다.

♠퀸(Q)……재출발을 의미한다.

더욱이 건강, 병은 ♠카드의 위치나 그 숫자로 알 수 있다.

두부에 ♠에이스(A)가 있으면 뇌일혈 또는 두부의 상처로 생명에 위험이 있고 마음에 있으면 심장 마비, 복부에 있으면 위장병이 그 사람의 생명을 앗아갈 우려가 있다. ♠킹(K), ♠퀸(Q), ♠잭(J), ♠10의 순으로 병의 무거움이 가중된다. 9는 병이라고 하기 보다도 상처, 부종 등의 경우가 많고 또 ♠에이스(A) ♠킹(K)이 머리와 마음에 나오면 충분히 몸에 주의하지 않으면 큰 일을 당한다.

과거 · 현재 · 미래의 점

미래의 일은 어쨌든 과거와 현재는 점쳐 받는 사람에게 있어서 그것이 맞았는지, 어떤지 곧 알 수 있을 것이다.

그래서 점 따위 별로 신용하지 않는다고 하는 사람도 일단 무릎을 앞으로 내밀며 다가앉지만 과거 · 현재가 딱 맞으면 미래의 일도 신뢰성이 생기는 것으로 당신에 대한 신용도 한층 더 깊어지는 것이 당연 예상된다. 그 셈으로 정신 차려서 점쳐 주십시요.

□점치는 법

52장의 카드 중에서 2, 3, 4, 5의 4종류 합계 16장을 제거한 36장으로 점친다.

이 중에서 ♥잭(J)의 남성을, ♠퀸(Q)이 여성을 나타낸다고 하는 것은 앞에 서술한 '애정점'과 동일하다.

우선 점치는 사람의 연령을 단수로 고친다. 21세의 여성이라면 2+1=3으로 3회, 29세라면 2+9=11, 1+1=2로 2회라고 하는 숫자를 계산하면 그 수만큼 셔플해서 뒤로 엎은 채 카드를 손에 들고 그 중의 1장을 뽑아 낸다. 점치는 본인이 눈 앞에 있으면 그 사람에게 뽑아 내도록 한다.

그리고 그 카드를 우선 겉으로 돌려서 1장 두고 뽑아 낸 패의 다음 카드에서 세어 7장째의 카드를 1장 또 그 다음부터 세어 7장째를 1장 정확하게 3장씩 왼쪽에서 오른쪽으로 3열로 나열한다. 카드가 없어졌으면 앞에 뽑아 낸 카드 위에 있었던 카드를 사용하고 그것도 없어지면 7장째 이외의 카드를 사용한다.

그리고 그 9장의 카드 중에 점쳐 주는 본인이 남성이라면 ♥잭(J), 여성이라면 ♣퀸(Q)이 나오면 되지만 그 카드가 없을 때는 새삼 처음 방법부터 3열 3장씩 다시 나열한다.

몇 번이라도 ♥잭(J) 또는 ♣퀸(Q)이 나올 때까지는 반복하지 않으면 안되기 때문에 조금 끈기를 요하는 점이다.

그런데 겨우 어느 쪽인가의 카드가 나온 즈음에서 비로소 판단에 착수한다.

상단의 3장이 과거를, 중단의 3장이 현재를 그리고, 하단의 3장은 미래를 예견하는 카드다.

또한 세로로 보아 좌측의 3장은 사회적인 운세를 중앙의 3장은 본인 자신의 운세를 우측의 3장은 가정의 문제를 나타내고 있기 때문에 이 6가지의 힌트를 읽고 판단을 내리는 것이다.

□카드의 의미

다음에 각각의 카드의 의미를 매우 간단하게 둘어 두자.

◆다이아

◆에이스(A)……금전운이 좋고 재산도 는다.

◆6……행운이지만 그다지 오래 가지는 못한다.

◆7……운이 좋다. 복권을 사라.

◆8……생각지도 못한 큰 돈이 들어온다. 그러나 큰 출비도 따른다.

◆9……시시하게 돈을 사용한 것이다.

◆10……돈, 미련에 동분 서주

◆잭(J)……서둘러서는 일을 손해 본다. 속지 말라.

◆퀸(Q)……명분을 버리고 실속을 얻는다고 하는 현명한 방법

◆킹(K)……절정에 있다. 이제부터는 내리막길.

♥하트

♥에이스(A)……가정 원만, 장사 번창.

♥6……친구의 후원으로 위기를 극복한다.

♥7……멀지 않아 경사스러운 일이 있다.

♥5……억만 장자의 자제와 결혼하는 것 같은 행운.

♥9……질투때문에 심한 봉변을 당한다.

♥10……가득 차도 부족한 세상사라고 하던가?

♥잭(J)……연인의 위기, 모든 것을 버리고 사지로 팔려간다.

♥퀸(Q)……지나간 것은 돌이킬 수 없는 것과 같다든가.

♥킹(K)……만사 OK. 말할 것 없다.

♣클럽

♣에이스(A)……사람이 많이 있는 곳에서 칭찬받는다.

♣6……초대를 받아서 대접을 받는다.

♣7……사랑은 출세의 방해다.

♣8……어째서 그렇게 적극성이 없는 생각일까?

♣9……고난한 사랑이지만 장래에 희망이 있다.

♣10……모두 잘 되었다.

♣잭(J)……비밀스런 사랑, 시크리트러브라고 하는 놈

♣퀸(Q)……당신의 연인은 순정한 사람인데.

♣킹(K)……간신히 얻은 파트너.

♠스페이드

♠에이스(A)……사태는 악화 지금.

♠6……태풍 일과, 모두 가라앉았다.

♠7……변통 3년, 빚 8년.

♠8……이 고난은 인생의 수업료를 지불한 것 같은 것이다.

♠9……적신호, 만사 보류가 현명

♠10……적은 강력하다. 맨손으로는 도저히 당할 수 없다.

♠잭(J)……싫은 놈이 노리고 있다.

♠퀸(Q)……악녀의 심정

♠킹(K)……그녀(그) 와의 결혼식……반지를 끼우려고 한 순간에 잠이 깬다고 하는 운세.

□점의 판단

23세의 신혼 여성

과거=◆킹(K) ♣퀸(Q) ◆8

행복한 가정의 다정한 양친 밑에서 지냈다. 돈에 부자유는 없었지만 출비도 많아 사치했다.

현재=♣8 ◆7 ♠킹(K)

별로 자신의 의사가 아니라 반 질질끌려 가듯이 결혼했지만 운이 좋았던 것 같은 행운에 꿈을 꾸는 기분이다.그러나 호사 다마라든가, 하루 아침에 꿈이 깨진다고 하는 걱정이 있다. 조심.

미래=♠퀸(Q) ♣에이스(A) ♥에이스(A)

악녀가 남편의 애정을 훔치러 나타났지만 이혼 소송이라든가,조정 재판이라든가에서 당신의 정당한 입장은 인정되어 이윽고 다시 원만한 가정을 꾸릴 수 있다.

사회적=◆킹(K) ♣8 ♠퀸(Q)

웃 사람의 끈으로 취직하지만 성질이 너무 얌전해서 동료 여성에게 질투받거나 하기 때문에 그다지 사회적으로는 잘 되지 않는다.

본인 자신=♣퀸(Q) ◆7 ♣에이스(A)

가정의 비호를 받고 자라며 중년도 운세가 강해 평생 좋은 운이 충만하다.

가정=◆8 ♠킹(K) ♥에이스(A)

처음 호화스런 결혼 생활을 보내지만 사회적인 영향이라든가,부부간의 불화로 쇼크를 받고 큰 고민을 체험할 것이다. 그러나 끝이 좋으면 다 좋다, 걱정할 필요는 없다.

이달의 운세점

매우 단순한 점이므로 가끔씩 혼자서 자신의 문제를 점치는 데에는 안성마춤인 방법이다.

□점치는 법

52장에서 2, 3, 4, 5의 4종류 합계 16장을 제거한 36장으로 36가지의 문제를 점친다.

잘 셔플하면 자신의 성명의 소리수 만큼 셔플하고 그 다음에 5월이면 5회, 10월이면 10회 셔플해서 위에서부터 1장씩 겉으로 뒤집어서 한 문제씩에 대해서 나온 수트를 견주어 점치는 것이다. 수에는 관계없이 ◆♥♣♠에 의해 정통으로 알아맞히는 것이 특색이다.

(1) 희망

♥……만사 OK

◆……경쟁이 심하기 때문에 한 번 더 분발하지 않으면 안된다.

♣……당신의 힘만으로는 무리다. 웃사람에게 의논해서 협력을 구해 주어야 한다.

♠……새삼 다시 시작하라.

(2) 행복

♥……그녀(그)는 당신을 사랑하고 있다.

◆……행복을 독점하려고 해도 실패한다.

♣……쪽박을 차더라도……라고 하는 행복이다.

♠……파랑새는 하늘 저편에.

(3) 특히 바라는 일

♥……괜찮다, 틀림없이 들어준다

◆……돈만 있으면 잘 되지만…….

♣……친구의 골절로 희망을 달성할 수 있다.

♠……이번 달은 아직 무리다. 마음을 느긋하게 가져라.

(4) 상사의 평판

♥……조금 더 아침 일찍 일어나서 지각하지 말 것.

◆……상사의 기억은 좋은 편이다.

♣……회사에서 여자와 지나치게 이야기한다.

♠……아무래도 불량 사원으로 마크되어 있는 것 같다.

(5) 명예

♥……명예는 얻을 수 있지만 월급은 오르지 않는다.

◆……금메달, 2계급 특진이라고 하는 멋진 행운.

♣……당신의 명예는 그룹의 자랑이다.

♠……악명이 너무 높아진 것 같다.

(6) 인기

♥……전차 안의 사람이 당신만 보고 있는 것 같은 기분이 들 정도다.

◆……사내의 인기는 제 1위다.

♣……쭉 영속성 있는 인기다.

♠……당신의 인기를 질투하고 있는 사람이 있다.

(7) 불평 불만

♥……분풀이 해서는 안된다.

◆……위를 보면 끝이 없다. 참으라.

♣……너무 불평을 하면 상사의 귀에 들어간다.

♠……할 수 있는 한 날달걀을 내던져라.

(8) 울분

♥……가까운 시일 내에 상대가 실수한다.

◆……잘 생각해 보면 당신이 나쁘다.

♣……술은 눈물이라든가, 한숨이라든가 마음의 괴로움을 버리는 곳.

♠……무슨 일이나 시간이 해결해 준다.

(9) 데이트

♥……그녀(그)의 마음은 당신과 같다.

◆……좀 너무 돈을 쓰는 게 아닐까?

♣……이 다음은 그녀도 틀림없이 허락해 줄 것이다.

♠……잔업으로 본의 아니게 데이트가 다 무산된다.

(10) 걱정

♥……좀 지나치게 신경질적인 것 같다.

◆……사태는 호전되고 있다. 안심하라.

♣……당신은 지나치게 낙관적이다. 곧 대단한 일이 된다.

♠……당신이 모르는 사이에 상대는 배반한다.

(11) 주머니 사정

♥……이번달은 돈의 고생을 하지 않아도 된다.

◆……의외로 출비가 많아진다. 줄여라.

♣……생각지 않은 돈을 얻을 수 있다.

♠……돈지갑을 떨어뜨리지 않도록 조심해라.

(12) 프레젠트

♥……그녀의 진심이 담긴 물건을 받는다.

◆……포장보다도 내용물이 훌륭한 것이다.

♣……생각지 않은 때에 생각지 않은 사람으로부터 뜻밖의 선물을 받는다.

♠……미끼로 도미를 낚으려고 하는 상대의 조성을 간파하기 바란다.

(13) 애정

♥……영원히 변하지 않을 애정이다. 이번달도 괜찮다.

◆……독점욕이 지나치게 강하면 번거로워진다.

♣……남 앞에서 당당히 할 수 있는 것은 아무래도…….

♠……그녀(그)의 마음은 냉장고, 얼어 있다.

(14) 플랜

♥……훌륭한 명플랜, 사장으로부터 금일봉.

◆……아침에 화장실에서 30분 생각하라.

♣……친구가 좋은 지혜를 빌려 줄 것이다.

♠……벽에 귀가 있고 특히 미인에게 조심해라.

(15) 기쁜 일

♥……당신의 정직함에 대한 포상이다.

◆……99회째의 데이트로 겨우 그녀가 예스.

♣……따뜻한 우정에는 감동한다.

♠……'인정을 베푸는 것은 남을 위해서가 아니다 라고 말씀드리라.

(16) 고민

♥……다시 한번 유혹해 주면 하고 그녀가 마음 속으로 생각하고 있는 것을 모르는 것일까?

◆……돈은 세상을 돌고 도는 것, 끙끙거리지 말라.

♣……무릎은 바싹 맞대고 이야기해 보기를.

♠……상대도 마찬가지로 그 일로 고민하고 있다.

(17) 손실

♥……큰 손실은 아니다.

◆……이번에는 절대로 손해를 본다. 그만 두거라.

♣……벌었다고 생각한 것은 착각이다.

♠……당신은 사람이 너무 좋다.

(18) 만족

♥……말할 필요 없음.

◆……당신의 행복을 질투하는 사람이 있다.

♣……친구들에게 애쓰는 것으로 마음의 만족을 얻을 수 있을 것이다.

♠……이번 달은 실의의 구렁텅이에 떨어질 우려가 있다.

(19) 점친 그 날의 운세

♥……그녀(그)는 지금 당신을 생각하고 있다.

◆……방심 큰 적. 물건을 잃어버리지 않도로 조심.

♣……성실하게 하자. 그것이 오늘의 모토.

♠……비상금을 들킬 우려있음.

(20) 라이벌

♥……깨끗이 그녀(그)를 양보하라. 좀더 좋은 상대가 곧 나타난다.

◆……강적이다. 한시라도 빨리 격퇴하라.

♣……적이 아무리 부자라도 당신의 성실에는 도저히 상대가 안된다.

♠……그런 라이벌이 있어서는 도저히 안된다.

(21) 사업

♥……만사 당신의 계획대로 된다.

◆……장해를 극복해 나가면 대성공.

♣……항상 찬스를 놓친다.

♠……장사에 적수가 많을수록 의욕 있는 사업이다. 분발하라.

(22) 맨헌트

♥……마음껏 말을 걸어라. 상대도 그것을 기다리고 있다.

◆……돈이 있을 것 같다고 생각하면 큰 잘못이다.

♣……미이라를 파 내려 간 사람이 미이라가 되지 않도록.

♠……오늘밤은 바람이 세다. 감기에 걸리지 않도록 일찍 집으로 돌아가서 잔다.

(23) 흥정

♥……상대방으로부터 길보가 날아든다.

◆……이제 한 고비, 노력으로 큰 이익을 올리 수 있다.

♣……친구, 아는 사람의 응원단도 필요하다. 상대에게 한잔 마시게 하는 것도 중요.

♠……모르는 체하라. 이익이 되는 홍정이 아니다.

(24) 보수

♥……기대한 대로 충분한 보수다.

◆……예정하고 있던 것보다 약간 많으니까라고 해서 헛되이 써서는 안된다.

♣……금액은 적지만 상대방은 충분히 인정하고 있다.

♠……너구리 굴보고 피물돈 내어 쓴다. 너무 기대하지 않는 편이 안전하다.

(25) 출세

♥……몇 사람인가의 선택받은 사람 중에 포함된다.

◆……이제 한 고비에서 자금이 달린다.

♣……내조의 공이 크게 도움이 된다.

♠……부하나 친구의 배반으로 심한 봉변을 당한다.

(26) 결혼

♥……괜찮다, 의중의 사람과 결혼할 수 있다.

◆……방해가 생긴다.

♣……시기를 기다리라.

♠……포기하는 편이 좋을 것이다.

(27) 장래

♥……모두의 부러움을 산다.

◆……돈에는 고생하지만 노후는 안락하다.

♣……교제에 능숙하기 때문에 반드시 행운을 붙잡는다.

♠……7전 8기……. 다음은 당신의 마음가짐 하나.

(28) 건강

♥……두들겨도 죽지 않는다.

◆……돈이 없는 동안은 괜찮지만 저금이 모이면 병이 날 것 같다.

♣……아침에 조금 더 일찍 일어나서 산책이라도 하지 않으면…….

♠……좀 지나치게 정력을 낭비하고 있지는 않은가?

(29) 병

♥……병은 마음먹기에 달렸으니까 너무 신경쓰지 말 것.

◆……약값에 인색하게 굴면 장례식이 필요하다.

♣……당신의 병은 금전병일 것이다.

♠……예방주사를 전부 맞아 두라.

(30) 교통사고

♥……차는 부서져도 당신은 무사하다.

◆……부상은 생각보다 가벼우니까 치료비를 받으면 한 잔 마실 수 있다.

♣……비오는 날은 특히 주의해 주기 바란다.

♠……아이의 세발 자전거에 부딪친다.

(31) 여행

♥……레저 여행으로 생각지 않은 장사를 할 수 있다.

◆……도둑이 당신을 기다리고 있다.

♣……차 내의 미인을 정신없이 보고 있다가 소매치기 당한다.

♠……기차는 내내 서서 타고 여관은 비싸고 불친절, 배는 바다가 거칠어서 멀미.

(32) 바람끼

♥……차려 놓은 밥상도 먹지 않는 것은 어쩐지. 그렇지만 당신은 너무 탐욕스럽다.

◆……상대방에서 비용 일절을 부담해 준다고 하는 꿈과 같은 바람을 피울 수 있을 것 같다.

♣……한 걸음 바로 앞에서 집으로 돌아가라.

♠……단,하룻밤의 외도가 영원히 일생의 화근이 된다.

(33) 마시고 먹음

♥……테이블 매너를 습득할 필요가 있다.

◆……미인의 서비스로 비싼 식사를 한다.

♣……남성은 젓가락으로 여성은 호텔에 주의할 것. 어느 쪽이나 깨닫고 나서 후회한다.

♠……위암에 걸리지 않도록.

(34) 잔소리

♥……신중하게 들으십시요. 신변을 위해서다.

◆……낮게 머리를 숙이고 있으면 위를 지나갈 것이다.

♣……동료를 꾀어서 들으라. 많은 편이 어쩐지 마음 든든하다.

♠……잔소리 중에 무심코 하품을 해서 잔소리를 배증하는 봉변을 당한다.

(35) 연인

♥……나무 뜨거워서 화상을 입을 우려가 있을 정도다.

◆……부자 연인은 생각해 볼 일이다.

♣……순수한 사람이다. 당신에게는 아깝다.

♠……질투가 너무 심하니까 헤어지려면 지금이다.

(36) 갬블

♥……반은 양로원에 기부하는 셈으로 투자해 보기 바란다.

◆……꿈과 같은 대금이 손에 들어오든가, 대금이 손에 들어오는 것 같은 꿈을 꾸든가 둘 중에 하나다. 걱정 없다.

♣……건 만큼은 회수할 수 있다. 당신은 그런 사람이다.

♠……액때움이라고 생각하고 포기하십시요.

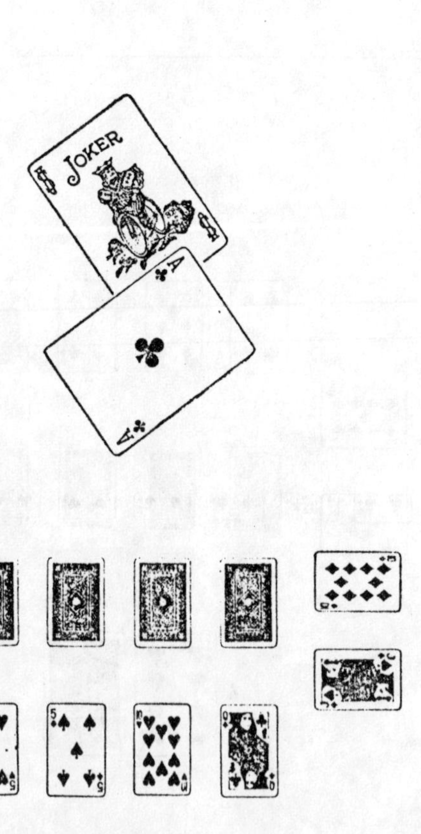
JOKER

제7장

트럼프 요술

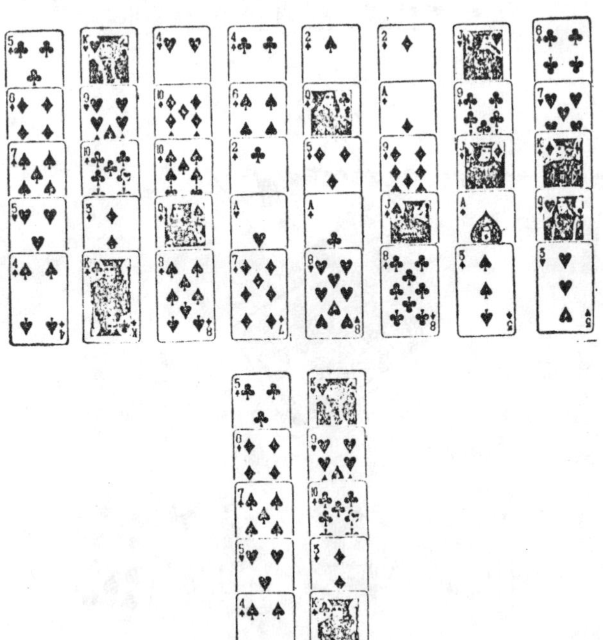

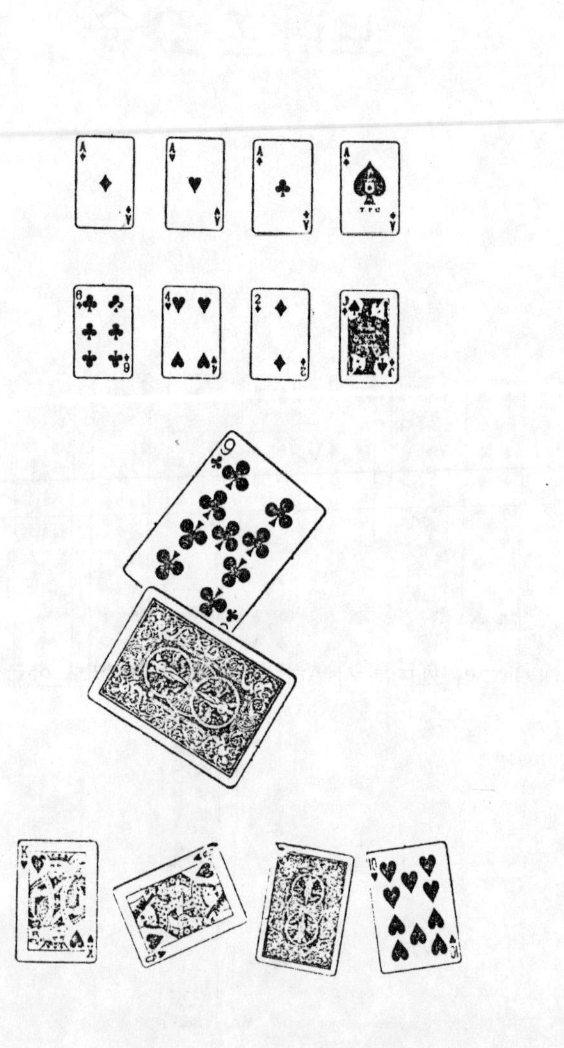

트럼프 요술

트럼프 요술은 카드가 가진 신비성을 충분히 발휘한 것으로 변환하기 짝이 없는 재미를 가지고 있다.

특히 친한 동료끼리의 연회, 좌흥에는 어마어마한 대도구, 소도구의 준비가 필요없이 주머니 속에 숨긴 52장의 카드로 백종 백양의 색다른 요술을 연기할 수 있기 때문에 편리조법 이 이상도 없다.

그러나 '트럼프 요술'이라고 한마디로 말해도 매우 고도의 기술을 필요로 하는 어려운 것도 있지만 이 책에서는 극히 친한 친구끼리 지루함을 달래기 위해서 소연회의 여흥 정도의 아마츄어용 요술만을 골라내서 트릭 카드를 사용하거나,훈련을 필요로 하는 것 같은 복잡한 것은 피해 두었다.

게임용의 카드를 사용해서 간단히 언제, 어디에서나 즐길 수 있는 요술 뿐이므로 게임에 싫증났을 때 그룹의 사람들을 깜짝 놀라게 하기 위해서는 안성마춤이다.

단 '요술'이라고 하는 것은 무대에 서서 하면 일단 구경꾼과의 사이에 일정 거리를 둘 수 있어서 수리법을 간파당할 우려가 없지만 상대가 바로 눈 앞에 있는 트럼프 요술은 그 점이 훨씬 하기 어렵다고 말할 수 있다.

따라서 요술하는데 있어서 어느 정도의 훈련은 필요하다고 말할 수 있을 것이다.

□요술사의 주의사항

대개 트럼프 요술뿐만 아니라 요술이라든가, 마술을 하는 사람의 원칙적인 주의사항으로서,

(1) 동작이 재빠를 것.

(2) 구경꾼의 눈을 속이는 제스츄어를 몸에 익힐 것.

(3) 구경꾼의 눈과 마음을 트릭의 초점으로부터 다른 데로 돌리는 분위기를 만드는 데 교묘할 것 등이 절대로 필요하다.

동작을 재빨리 옮기기 위해서는 철두철미, 손끝을 빈틈없이 재치있게 움직이는 데 전념하지 않으면 안된다. 애초부터 서투르고 손끝의 동작이 어색해서 카드를 떨어뜨리거나 치지 못하거나 해서 매우 간단한 트럼프 요술이라고 우물쭈물 거리는 사람도 있지만 이런 사람도 숙련에 의해 어느 정도는 능숙해질 수 있다.

트럼프 요술의 요체는 뭐니뭐니해도 절대로 술법을 들키지 않는 것이다. 친한 친구 등에게는 술법 설명을 강요 받지만 술법 설명을 들으면 순간 흥미가 반감하는 것이 요술의 보통 일이다.

"뭐야, 우습다"라고 하게 되고 더 나아가서는 요술사 자신까지 사기꾼과 같이 취급당해 버릴 우려가 있다. 이렇게 되어서는 앞으로 어떤 요술을 해 보여도 요술사의 신비성이 상실되어 있기 때문에 감탄하지 않게 된다.

한번 취하게 한 이상 그 취기를 깨우는 것 같은 일은 오히려 예의에 어긋하는 행위라고도 말할 수 있는 것이리라. 따라서 부디 술법

설명은 절대 하지 않는 편이 현명하다.

"술법 설명을 해 주지 않으면 다시 한번 보여 줘, 반드시 이 눈으로 간파해 보이겠다"고 끈질기게 졸라대는 구경꾼도 있으리라 생각하지만 한번 한 요술을 금방 다시 한 번 반복해서 하는 것도 금물이다. 상대의 의표를 찔러서 '깜짝' 놀래키는 것이 요술의 재미다. 순서를 안 요술을 다시 한번 보이는 것은 김빠진 맥주를 손님에게 마시게 하는 것 같은 경우로 실례가 된다.

제스츄어는 물론 중요하지만 친한 상대라면 멋쩍음도 거들어서 자칫 너무 떠들어서 술법이 드러나 버릴 뿐만 아니라 상대의 의표를 찌르는 재미까지 반감해 버리게 되므로 때문에 매우 중요한 대사 이외는 가능한 한 입을 다물고 심각한 표정으로 묵묵히 하는 편이 구경꾼에게 훨씬 신비한 매력을 주어 흥미를 돋구게 된다.

연회 등에서 잔손질이 많이 가는 요술을 《숨은 장기》로 보일 경우는 반주가 곁들여지면 잡음을 감출 수 있어 요술 그 자체가 자못 본격적으로 보이고 돋보이는 법이다.

어쨌든 연출 효과라고 하는 점을 충분히 신경 써서 보는 사람에게 자못 요술이라고 하는 인상을 주는 것이 성공의 요령이다.

요술의 기본적 훈련

□카드 치는 법

트럼프 요술의 공통적인 점은 상대가 뽑은 카드의 수트나 숫자를 딱 집어 내는 것이다. 그러기 위해서는 카드를 잘 치고 있는 것 같이 가장하고 실제로는 치지 않는 트릭을 손끝으로 재치있게 해 보이는 것이 필요하다.

카드의 일부분을 완전히 그대로 다 두고 완전히 셔플한 것 같이 가장하기 위해서는 카드를 좌우 손에 반씩 들고 좌우의 중지나 약지, 새끼 손가락, 엄지의 4개를 사용해서 술법으로서 좌우의 검지를 조금 구부려서 카드의 뒤에 센다.

그리고 카드를 활처럼 휘어서 엄지의 힘을 조금씩 늦추어 가면 카드는 엄지로부터 뿔뿔이 넘쳐 떨어진다.

이 방법이라면 카드는 양쪽의 손에서 2~3장씩 교대로 떨어지지만 가장 위의 카드는 마지막에 섞이지 않고 떨어지니까 문제의 카드가 오른손에 있는지 왼손에 있는지를 확인해 두면 되는 것이다.

다음은 몇 장의 겹친 카드를 치는 방법인데 보통 방법으로는 잘 섞여 버리므로 1세트의 카드를 반으로 나눠서 밑의 반을 위로 한다.

그리고 밑이 된 반이 정확하게 위가 되도록 잘 치면 카드의 순서가 바뀌는 일은 없다.

□카드를 잘 이동시키는 방법

가장 위에 얹힌 카드를 가장 밑으로 가져 오게 하는 방법이다. 상대에게 뽑게 한 카드를 제일 위에 얹어 얹고, 그것이 무슨 카드인지 알아 맞히기 위해서는 상대의 눈을 속여서 가장 밑으로 이동시키지 않으면 안된다.

이것은 치기 위해서 오른손에서 뺄 때에 가장 위의 카드만을 가장 밑이 되도록 우선 그 1장을 이동시키고 그 위에 다른 카드를 빼어서는 위로 빼어서는 위로 가지고 가면 다른 카드는 완전히 셔플되어도 문제의 카드만은 제일 밑에 언제까지나 있는 것이 된다.

또한 부채와 같이 카드를 펴고 그 사이에 1장의 카드를 상대에게 넣게 해서 잘 섞은 것 같이 위장하고 그 카드만을 제일 밑으로 가지고 와서 무엇인지를 보기 위해서는 부채꼴로 펼친 속에 넣은 1장의 카드 밑에 재빨리 새끼 손가락의 끝을 넣음과 동시에 부채꼴을 오므린다.

그리고 그것을 셔플할 때는 새끼 손가락 바로 위가 문제의 카드이므로 새끼 손가락 밑 쪽을 우선 빼고 새끼 손가락으로부터 위의 카드에 겹치도록 해서 친다.

이렇게 해서 잘 셔플하여 문제의 카드가 제일 밑에 오도록 해서 살짝 그 카드가 무엇이었는지를 읽으면 다음은 이제 어디에 섞어도 상관없으니까 뒤죽박죽으로 셔플하면 되는 것이다.

□카드를 손바닥에 숨기는 법

엄지의 뿌리 언덕과 새끼 손가락이 제 1관절로 카드의 대각선에 힘을 주어 떠받치도록 하면 다른 손가락은 자연 형태 그대로 카드를 손바닥 속에 숨길 수 있다.

외부에서 보아 모르도록 중지 · 약지 · 새끼 손가락을 필요 이상으로 구부리고 검지만 펴서 뭔가를 가리키는 듯한 포즈를 취하면 구경꾼은 손바닥 속의 카드는 눈치채지 못한다.

이 기술에 뛰어나면 카드를 휙하고 한번 쓰다듬는 것만으로 톱과 보텀을 교대시켜 버리거나 구경꾼이 뽑은 카드를 받는 순간에 변화시키는 훌륭한 연기를 뽐낼 수 있다.

개봉 카드를 알아 맞히는 기술

□노는 법

집회나 소연회에서 다른 손님이 조르지만 공교롭게도 카드 준비가 없을 때에 그렇다면 새 카드를 사올테니까 꼭 보여 달라—고 하는 경우에 우선 깜짝 놀래기 위해서 해 보이는 요술이다.

수중에 도착한 신품 카드를 관객의 눈앞에서 봉투를 찢어서,

"보시는 바와 같이 지금 막 내 손 안에 들어온 카드이니까 물론 술법도 장치도 있을 리 없습니다. 여러분 중에 이것을 둘로 나눠 주십시요"라고 컷트시키고,

"그 속에서 어느 것인가 1장 좋아하는 카드를 뽑아 주십시요. 그리고 잘 기억해 주십시요. 됐습니까? 네 그럼 그 카드를 이 속에 넣고 잘 쳐 주십시요"라고 요술사가 손에 들고 있는 반의 카드 속에 섞어서 잘 치게 한 뒤 돌여 받아서 부채꼴로 펴면서,

"새 카드이므로 당신의 손 냄새가 바로 배었다. 이것이죠."

라고 문제의 카드를 보인다.

□술법 설명

보통 새 카드는 일정한 순서로 갖춰져 봉해 있는 것이다. 적수트의

카드와 흑수트의 카드로 나눠져 있으면 쉽게 구별할 수 있지만 그렇지 않은 경우라도 우선 조커, ♥의 에이스(A)·2, 3부터 킹(K)까지 다음에 ♣에이스(A)부터 킹(K), ◆에이스(A)부터 킹(K), ♠에이스(A)부터 킹(K)이라고 하는 식으로 되어 있을 테니까 이것을 ♥♣와 ◆♠로 반씩 나눠서 ♥♣카드 중에서 뽑게 한 1장을 ◆♠속에 넣게 하면 잘 쳤다고 해도 반드시 구분을 할 수 있는 것이다.

□주의

이것으로 우선 깜짝 놀래키는 것이지만 실패하면 요술사의 신용은 제로가 되어 이후의 요술의 가치가 없어져 버리므로 당황하지 말고 신중하게 해 주기 바란다.

홀수와 짝수

□노는 법

반드시 새 카드가 아니더라도 이와 같은 방법으로 알아맞힐 수 있다.

반 정도로 컷트한 한쪽의 산에서 1장을 뽑게 해서 다른 쪽의 산에 넣고 관객에게 건네주어 마음대로 치게 한다. 그리고 돌려 받은 카드를 삭삭 펴서,

"네 이 카드죠."

라고 알아맞히는 것이다.

□술법 설명

새 카드를 적과 흑으로 크게 나눠 둔 것 같이 이 경우는 미리 홀수와 짝수로 카드를 둘로 나눠둔다.

그림패 잭(J)과 킹(K)은 11, 13으로서 홀수에, 퀸(Q)을 12로서 짝수에 넣는다. 그리고 홀수이든, 짝수이든 어느 쪽인가의 산에서 1장을 뽑게 하여 다른 산에 넣게 하는 것이니까 반드시 그 카드는 뽑아낼 수 있는 것이다.

□주의

이 경우 관객에게 치게 하면 술법을 간파당할 우려가 있으니까 요술사 자신이 몇 번이나 정성껏 셔플해 보이면 의외로 납득할 것이다. 몇 번 쳐도 괜찮으니까 안심하고 쳐 보여 주기 바란다.

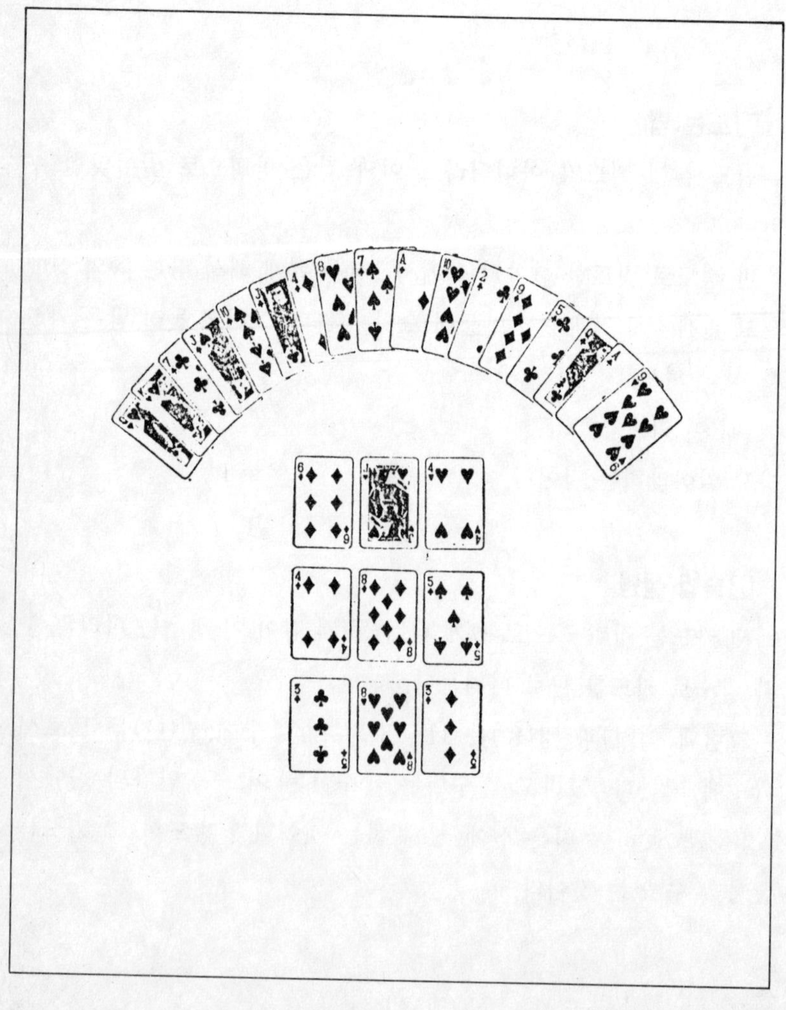

매직 아이

□노는 법

카드를 잘 셔플해서 뒤로 뒤집은 채로 부채꼴로 편다. 요술사에게는 카드의 겉은 보이지 않는다.

"누구라도 이 속에서 1장 좋아하는 카드를 뽑아 주십시요."라고 말하고 뽑게 한 1장을 상대에게 기억시키고 그것을 제일 밑에 넣고 잘 셔플하여 카드를 겉방향으로 1장씩 넘겨 간다. 그 중의 1장을 뽑아내서,

"이 카드에는 ×××씨 (뽑아낸 사람)의 지문이 묻어 있군요. 이것입니다."라고 문제의 카드를 보인다.

□술법 설명

처음에 부채꼴로 펼 때에 가장 오른쪽이 되는 카드의 겉을 흘끗 보고 무엇인지를 알아둔다. 그 카드를 밑으로 하고 뽑아 낸 카드를 다시 그 밑에 넣고 셔플할 때 손어림해서 친다.

두 개의 광산

□노는 법

(3)의 매직 아이와 비슷한 요술이다.

1세트의 카드를 잘 쳐서 두 개의 산으로 나눠둔다. "이 중에서 오른쪽 중 왼쪽이나 어느 쪽인가 좋아하는 쪽을 정해 주십시요."라고 관객에게 결정하게 해서 많은 사람의 경우는 소리가 많은 쪽의 산을 집어둔다.

"이 중에서 어느 것이나 좋아하는 카드를 1장 뽑아 주십시요"라고 말하고 뽑게 한 카드를 산 위(톱)에 얹게 하고 수 차례 잘 셔플한 후에 1장 1장 젖혀간다. 어느 카드가 나오면,

"냄새가 난다,냄새가 나. 아무래도 이 쯤이 냄새가 난다" 하고 코를 실룩거리고 다음의 1장을 젖혀 보이며,

"이것이군요. 하트 퀸."

하고 뽑게 한 카드를 보인다.

□술법 설명

처음에 카드를 치면서 두 개의 산의 보텀을 흘끗 보고 기억해 둔다. 이 어느 쪽인가가 열쇠가 되는 카드다.

관객이 B의 산을 택해 그 톱에 문제의 카드를 두었다고 하면 A의 산을 그대로 그 위에 얹는다. A의 보텀이 ◆5였다면 그 다음이 문제의 카드이기 때문에 이 순서가 잘못되지 않도록 주의해서 셔플하고 ◆5가 나타나면 코를 흠칫거려 보이는 순서가 된다.

□주의

A의 산이 보텀과 B산의 보텀을 잘못 기억해 버리면 완전히 실패하니까 조심할 것.

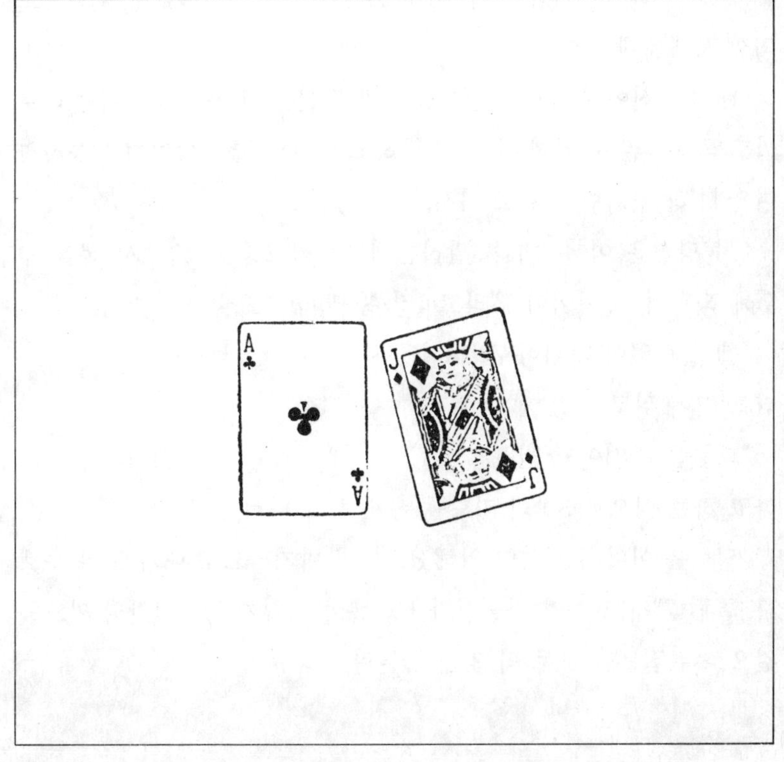

카드 최면술

□노는 법

카드를 셔플하고 나서 윗쪽 20장 정도만 집어 올리고 그 밑의 카드를 별도로 해 버린다. 집어 올린 20장을 뒤로 뒤집은 채 부채꼴로 펴서 상대에게 보이고,

"내가 당신에게 강한 수면술을 걸면 당신은 이 속에서 시키는 대로 카드를 뽑아낼 수 있게 된다"고 말하고 상대의 눈을 뚫어지게 응시하며 '얏!'하고 기합을 걸고 나서,

"자, 당신은 이제 내가 말하는대로 카드를 이 속에서 뽑을 수 있게 되었다——다이아 7"라고 1장 뽑게 하여 요술사가 받아 보고,

"네 틀림없이 다이아 7입니다."

라고 옆에 뒤로 엎은 채 놔두고,

"다음은 스페이드 퀸."

라고 하는 식으로 3장의 카드를 뽑게 하고 나서,

"당신은 이미 투시력이 약해졌으니까 마지막으로 내가 도와 주겠다. 클럽 2"라고 하며 마술사가 1장 뽑아 이렇게 해서 4장의 카드를 겉으로 뒤집으면 모두 딱 맞는데 놀란다.

□술법 설명

처음에 20장 정도 집어 올릴 때에 가장 밑의 카드를 봐 둔다. 그리고 상대에게 처음에 명령하는 카드는 그 카드인 것이다. 그리고 실제로 상대가 뽑은 카드를 보고는 '다음은 ××'라고 명령하는 것이다. 4명째에 상대가 뽑은 3장째의 카드가 ♣2였다면 그렇게 말하고 스스로 봐서 아는 가장 처음의 상대에게 명령한 카드를 자신의 손으로 뽑아서 앞뒤를 맞추는 장치다.

□주의

처음에 흘끗 본 카드는 최우단이나 최좌단에 두고 잘못되지 않도록 해 둔다.

그런데 상대가 제일 처음에 그 카드를 뽑아 버리면 최면술이 너무 잘 통해서 이 요술은 완전히 실패하고 하는 것이 되니까 어떻게든 이유를 붙여서 다시 한 번 치고 처음부터 다시 하지 않으면 안된다.

퀸의 외도

□노는 법

"♥♣◆♠ 4명의 퀸은 모두 뒤쳐지지 않는 미인들만 모여 있다. 오늘밤은 모여서 라스베가스에 갔었다. 이곳은 세계에서 유명한 유흥가이다. K로부터 떨어져 온 4명의 퀸은 아무래도 바람끼가 움직이기 시작한 것 같다. 당신이 제일 마음에 드는 퀸을 한 사람만 골라주면, 호텔 매니저인 내가 어느 퀸이라도 소개할 테니까 거리낌 없이 신청해 주십시요."라고 말하고 4장의 퀸(Q) 카드를 늘어 놓았다.

"과연 입으로 말하는 것은 상스럽다고 생각해요. 지당합니다. 그럼 이렇게 합시다. 내가 독심술로 당신의 마음에 드는 퀸을 딱 알아맞혀 보지요."라고 말하고 4장의 퀸 카드를 자신의 주머니에 넣는다.

"자, 당신의 정열이 퀸에게 통하도록 일심으로 그 여왕을 생각해 주십시요."라고 상대의 얼굴을 살피듯이 바라보고 나서,

"네, 알았습니다. 이것은 당신에게 깨여진 불쌍한 세명의 퀸입니다."라고 세장의 카드를 꺼내놓고 많은 카드 중에 섞어 버린다.

"그럼 내 주머니 속에 당신이 좋아하는 퀸이 총총이 기다리고 계세요. 어떤 여왕입니까?"

라고 물으면 상대는,

"다이아 퀸."

라고 대답한다.

"네, 다이아 퀸이 기다렸습니다."

라고 말하고 주머니에서 ◆Q를 꺼낸다.

□술법 설명

미리 퀸 이외의 카드를 3장 주머니에 숨겨둔다. 그리고 '당신에 꺼려진 3명의 여왕'이라고 해서 꺼내는 것은 이 세장으로 주머니에는 끝까지 퀸카드가 4장은 들어 있다. 단, 이 순서가 술법인 것이다.

♥하, ◆다, ♣크, ♠스의 순으로 2장째에 해당하는 다이아 퀸(Q)을 손으로 더듬어서 1장만 꺼내 보이는 것이다.

□주의

3장의 퀸 이외의 카드를 꺼내면 재빨리 다른 많은 카드 속에 섞어 버리지 않으면 의심받고 간파당한다.

비밀광선

□노는 법

관객에게 트럼프 1세트를 몽땅 건네고 이렇게 말한다.

"나는 이번에 비밀광선을 발명했다. 이 광선을 사용하면 백과 다른 색의 구별을 분명히 투시할 수 있다. 그 실험으로 어느 카드나 1장 꺼내보고 그것을 이 책상 위에 엎어 놓아 주십시요. 광선에 의해 그 카드를 딱 알아맞히겠다."

라고 하고 1장을 뽑아 내게 한다.

"납득이 가도록 부디, 여분이 그 카드를 봐 주십시요."라고 관객들에게 보여준다.

문제의 카드를 책상 위에 놓게 하면 치약이나 밀가루를 그 가루에 뿌리고 나서 손전등을 그럴듯하게 차로 거리를 재고 이리저리 자세히 살펴보고,

"아무래도 너무 길어서 핀트가 맞지 않는다."

라든가,

"이번에는 너무 짧다."

라고 해서 여러가지 궁리한 후,

"네, 하트 6이군요."

라고 알아 맞혀 보인다.

□술법 설명

'비밀 광선'에는 스파이가 으레 붙는 법, 미리 암호 교육을 실시해 둔 스파이를 몰래 관객 속에 잠입시킨다——고 하는것보다도 그룹의 한사람과 미리 잘 타협해 둔다.

그리고 암호표를 잘 기억시켜 두고 스파이에게 그 암호의 문자를 말의 톱으로 얘기하게 하는 것이다.

예를 들어 하트의 6이면 '카'이므로,

"감으로 아는 게 아닙니까?"

라고 스파이가 말하면 아——하 '카'이니까 하트의 6이로구나 하고 요술사가 눈치채는 것이다.

"휙 넘기거나 해서는 안된다"고 하면 ♣의 잭(J),

"정말로 아는 겁니까?"

라고 하면 ♣6이라고 하는 암호다.

스파이로부터의 무전 치는 법이 약해서 수신 불능이라고 하는 경우도 생각해서,

"신이 있을 수 없고 육감만으로 아는 건가"라든가.

'비밀광선' 암호표

카드 수→ 수트 ↓	A	2	3	4	5	6	7	8	9	10	Q	J	K
♥ ♦ ♣ ♠													

"확 불빛을 비추는 체하고 휙 넘겨 버리는 게 아닌가."

라고 하는 식으로 2번 말하는 방법을 의논해 둬도 좋을 것이다.

□주의

요술사 자신보다도 스파이 쪽이 주역이다. 다른 관객에게 들키지 않도록 자연스런 말을 생각하지 않으면 안되기 때문이다. 게다가 카드를 보았을 때 곧 암호를 생각해 내야만 한다.

암호의 문자를 말할 때에 스파이가 콧머리를 긁는 동작을 하는 것도 좋은 방법이다. 협상은 타인이 눈치 채지 않도록 전날에라도 해 두는 것이 필요하다.

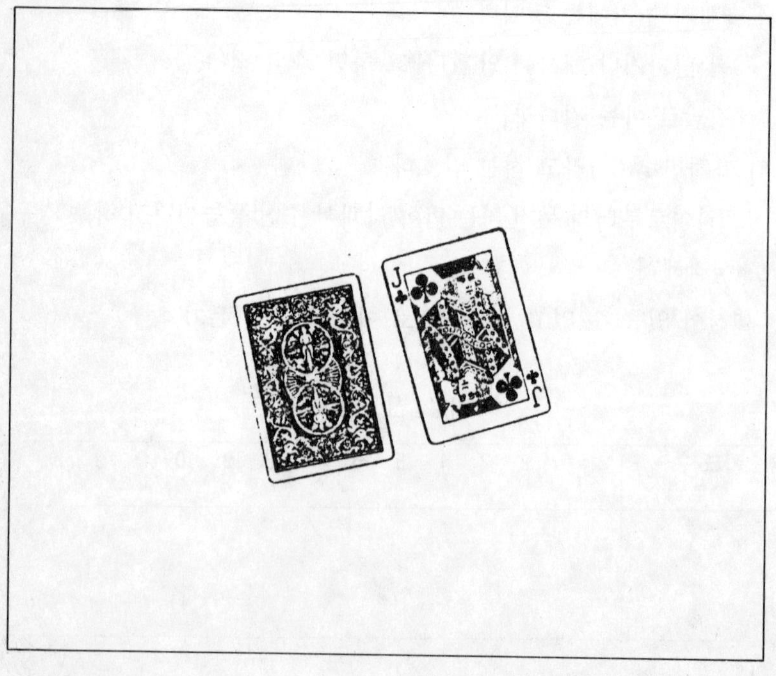

4거두 회담

□**노는 법**

"지구상의 평화를 지키기 위해서 미국, 소련, 영국, 프랑스 4대국의 최고 수뇌가 회담을 하게 되었다."

라고 하고 ◆♥♣♠의 4장의 킹(K)카드를 상대에게 건네준다.

"살피셨으면 이 카드 산 위에 얹어 주십시요."

라고 뒤로 엎은 카드의 산을 내밀고 그 위에 4장을 엎어 얹는다.

"좀 더 확실히 해 두기 위해서 다시 한 번 조사해 주십시요"하고 제일 위의 1장을 상대에게 확인시키고 나서 따로 엎어 놓아 두고 나머지 3장의 카드는 스스로 옆에 나열해서 4열로 만든다.

"4대국 이외의 방해나 매스컴의 방해를 우려해서 회담의 개최지는 절대 비밀로 되었기 때문에 각국의 신문기자나 카메라맨은 혈안이 되어 뉴욕, 모스크바, 런던, 파리의 4개 수도에 각각 몰려 들었다."

고 하고 4장의 뒤로 엎어진 킹(K) 카드 위의 3장씩 별도의 카드를 엎어 얹고,

"그럼 진짜 회담 개최지는 이 4개 도시 중에서 어디였을까?"

라고 카드의 산을 여기저기 이동시킨다.

"이것이 뉴욕, 이것이 모스크바, 이것이 파리, 이것이 런던."

하고 4개 도시로 간주한 카드의 산을 가리키고,

"자 당신이 수완 좋은 신문기자였다고 한다면 그 개최지는 어디라고 생각하는가?"

라고 묻고 상대가 뉴욕이라고 가리키면,

"명답, 과연 수완 좋은 저널리스트다."

하고 뉴욕의 산을 젖히면 4장의 킹(K)이 갖춰져 있기 때문에 상대는 깜짝 놀란다.

"런던, 파리, 모스크바에서는 예상이 빗나간 기자나 카메라맨들이 실망하고 있다."하고 다른 세 개의 산을 젖히면 어느 것이나 모두 보통의 카드만으로 변해 있다.

□술법 설명

4장의 카드를 상대에게 조사받고 있는 틈에 몰래 다른 트릭 카드 3장을 오른손에 숨겨둔다. 그리고 카드의 산에 4장의 킹(K)을 얹게 하고 최초의 1장을 "당신의 손으로 나열해 주시죠"라고 나열시키고 있을 때에 오른손을 카드의 산으로 가지고 가서 숨겨 둔 3장을 위에 얹어 버린다. 따라서 1장의 킹(K)과 3장의 트릭카드의 합계 4장이 열을 만들게 된다.

카드의 산은 진짜 킹(K) 3장이 톱이 되므로 그것을 상대에게 놓게 한 킹(K)위에 얹어 이 때 이미 킹(K) 4장의 산은 완성되어 있는 셈이다. 다른 조는 보통의 카드뿐으로 1장의 킹(K)도 들어 있지 않다.

카드의 산을 여기저기 이동시키는 것은 의심받지 않도록 하기 위해

4거두 회담

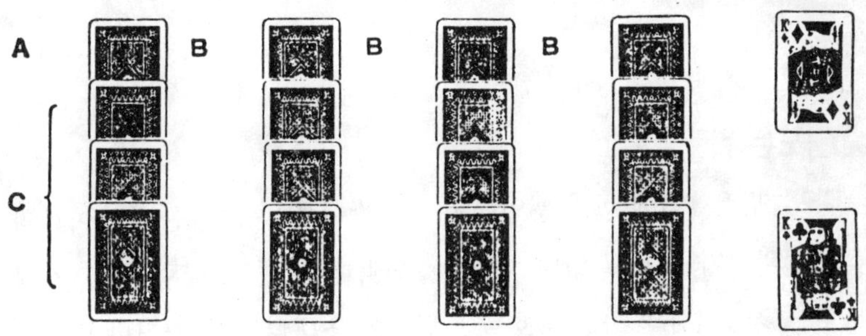

A—이것만은 상대에게 엎어 놓게 하는 킹(K)의 카드
B—이 각1장은 트릭 카드로 킹(K)이 아니지만
상대에게는 이것이 킹(K)이라고 생각시켜 둔다.
C—이 3장의 킹(K)은 스스로 엎어 놓는다.

서다.

□주의

트릭 카드를 숨겨 두기 위해서는 기본 훈련 '손바닥에 숨기는 법'을 연습하는 것이 중요하다.

또한 조의 카드를 이동할 때에 킹(K)의 조를 놓치지 않도록 주의해 주십시요.

카드의 나열 방법을 그림으로 그려두자.

크리스마스 이브

□노는 법

"오늘밤은 1년에 한번 뿐인 크리스마스이브—화려한 올나이트의 댄스파티가 열리고 있다. 다이아 은행, 하트 산업, 클럽 상사, 스페이드 공업 4사의 사장이 호텔 트럼프에 초대되었다. 그러나 뭐니뭐니해도 연말인 까닭에 더할 나위없이 바빠서 아직 일에서 해방되지 않았기 때문에 부인들만이 저택에서 직접 이 호텔 트럼프에 나타나고 남편들이 오기를 기다리고 있는 중이다."

그런 말로 ◆♥♣♠의 킹(K)4장을 늘어 놓아 보이고 나머지 카드를 뒤로 엎어서 왼손에 쥐고,

"아무래도 크리스마스 이브이니까 호텔 부근은 대혼잡이다. 다이아 은행의 사장 차는 남쪽 입구에……."

라고 하고 ◆킹(K)을 윗쪽으로 쳐받고,

"하트 산업사장은 북쪽 입구에서."

라고 아랫 쪽으로 ♥킹(K)을 넣고,

"클럽 상사 사장과 스페이드 공업 사장은 정면 큰 현관에서 함께 차를 내려 호텔로 들여왔지만."

하고 ♣과 ♠의 킹(K) 2장을 함께 한 가운데 쯤에 찔러 넣고,

"그러나 호텔 안도 매우 혼잡해서 부인들이 어디에 계신지 찾는데 매우 고생했지만 이윽고 이 길……."

하고 카드를 겉으로 뒤집어서 술술 펼쳐 가니 ◆킹(K)에,◆퀸(Q), ♥킹(K)에 ♥퀸(Q), ♣킹(K)에 ♣퀸(Q), ♠킹(K)에 ♠(Q)하고 짝을 이루어 나왔다.

"이렇게 해서 크리스마스 파티에는 순조롭게 4쌍의 부부가 함께 모여서 즐겁게 춤추었더란다. 메리 크리스마스……."

화려한 요술로 젊은 아베크들에게 기쁨을 주는 것은 틀림없다.

□술법 설명

미리 4장의 퀸(Q) 카드를 골라 내둔다. 그리고 ♠퀸(Q)을 카드의 산 톱에 2장째에 ◆퀸(Q), 보텀에 ♣퀸(Q)을 보텀으로부터 2장째에 ♥퀸(Q)을 넣어 둔다.

"다이아 은행 사장은 남쪽 입구에서……."

라고 말하고,◆킹(K)을 ◆퀸(Q)밑, 즉 톱에서 3장째에 찔러 넣고,

"하트 산업사장은 북쪽 입구에서……."

하고 ♥킹(K)을 보텀으로부터 3장째 ♥퀸(Q) 위에 넣고,

"클럽 상사 사장과 스페이드 공업사장은 정면 큰 현관으로 함께……"라고 하고 한가운데에 ♣킹(K)과 ♠킹(K)을 찔러 넣었을 때에 새끼 손가락을 끼우고 지금 넣은 ♣킹(K)과 ♠킹(K)이 카드의 상반분 보텀과 그 위가 되도록 주의해서 셔플하는 것처럼 가장하고 ♣퀸(Q)과 ♠킹(K) 2장만을 톱의 ♠퀸(Q) 위에 겹치도록 얹는다.

하반분을 컷트해서 보텀의 ♣퀸(Q)의 상반분의 톱이 된 ♣킹(K)에 겹치도록 얹으면 킹(K)과 퀸(Q)은 모두 커플을 이루게 되어

◆킹(K), ◆퀸(Q), ♥퀸(Q), ♥킹(K), ♣킹(K), ♣퀸(Q), ♠퀸(Q), ♠킹(K)과 같이 함께 나타나게 된다.

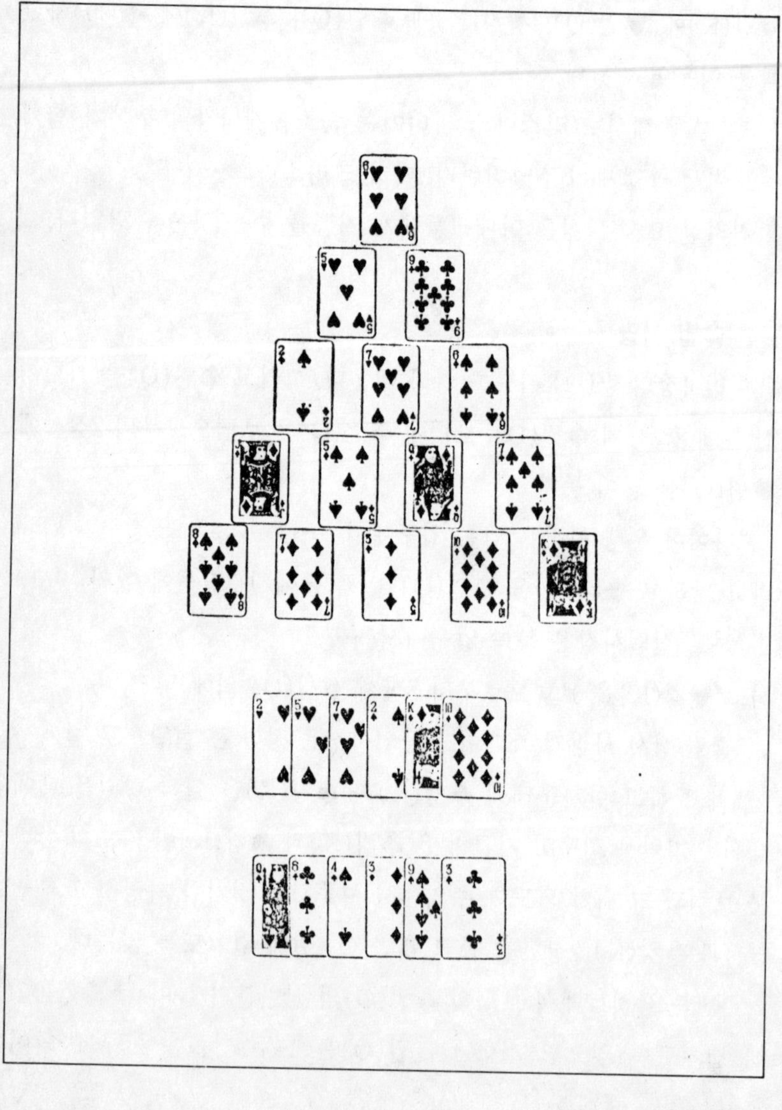

가루눈

□노는 법

1세트의 카드에서 퀸(Q)을 3장만 꺼내 보인다. 나머지 카드는 잘 쳐서 뒤로 엎어 산을 만들고 꺼낸 3장의 퀸(Q)도 뒤집어서 그 산에 겹치고 톱에서 1장 집어 올려 뒤로 엎어 놓은 채,

"D시의 어느 오래된 집에 3명이 아름다운 자매가 있었다. 제일 윗 언니는 선장에……."

하고 왼쪽으로,

"둘째는 T 대학생과 연인 사이가 되어 몰래 남자를 좇아서 T시로 그런데 그것이 가짜 대학생 깡패였기 때문에 불쌍하게 언니는 K 시에서 캬바레 창녀의 신세……."

하고 오른쪽으로,

"막내는 D씨의 약방으로 시집가서……."

하고 왼쪽으로 1장,

"이것은 2번째 아가씨를 속인 나쁜 남자……."

하고 오른쪽에 1장 두고,

"D씨의 막내에게는 모시고 따라간 O씨……"하고 왼쪽에 1장,

"남자에게 속았음을 알고 어릴 적부터 잘 아는 도련님 S씨는 2번째

아가씨를 좇아서 T시로 가고……."

하고 오른쪽에 또 1장 놓아둔다.

이렇게 해서 D(왼쪽)에 3장, D(오른쪽)에 3장 둔 카드를,

"과연 S씨는 T시로 달려간 아가씨를 O시로 데리고 돌아올 수 있었을까?"

하고 말하면서 젖혀 보니 언제 O시(왼쪽)의 3장이 모두 퀸(Q)으로 변해 있으니까,

"순조롭게 세자매는 O시에서 살게 되었더란다."

하고 끝맺는다.

□술법 설명

퀸(Q)을 3장 빼내었을 때 또 1장의 퀸(Q)을 산으로 삼은 카드의 톱으로부터 2장째에 넣어 둔다. 칠 때에도 잘 주의하여 이 순서가 틀어지지 않도록 해서 3장의 퀸(Q)위에 겹치면 정확하게 트릭으로 넣은 퀸(Q)이 D의 3장째로 나오는 순서가 된다.

□주의

물론 퀸(Q)의 수트가 다르기 때문에 거기에 눈여겨 보이지 않도록 톱에 ♠을 넣어두면 의외로 속아 버리는 것이다. 트릭으로 ♠를 사용해서는 안된다. 드라마틱한 이동 방법으로 상대를 연기에 휩싸이게 하는 것이 중요하다.

007를 찾아라

□노는 법

52장의 카드에서 25장만을 들어 올려 잘 쳐서 그 속에서 5장을 부채꼴로 펴고 상대에게만 보여주고,

"이 5장의 카드는 모두 우수한 스파이 003부터 007까지다. 어느 것이라도 좋으니까 한 사람만 당신이 명령을 내려 잠입시켜 주십시요. 어느 스파이였는지 분명히 기억해 두십시요. 아무리 우수한 스파이라도 내 눈으로 딱 찾아 알아맞혀 버릴 테니까……."

라고 말한다.

상대가 5장 중 어느 것인가 1장을 기억하면 그대로 5장을 덮고 나머지 카드와 합쳐서 잘 쳐서 5장씩 5열로 나열한다. 그리고,

"이것이 스파이가 잠입한 장소다. 제 1열이 외무성, 제 2열이 방위청, 제 3열이 항공기지, 제 4열이 군항, 제 5열이 경찰청이다. 당신의 일명을 띤 스파이 007은 어디에 잠입시켰습니까?"

라고 해서 상대가,

"제 5열 경찰청."

하고 말하면

"허어 굉장하다. 007은 경찰총장으로 둔갑해 있었다."

하고 제 5열째에 있는 ◆킹(K)을 집어 올린다.

□술법 설명

상대에게 보이는 카드는 25장 중의 5장으로 특별히 골라 낸 것 ◆5, ♣7, ♠9, ♥잭(J), ◆킹(K)이라고 하는 식으로 하나 건너 뛴 카드로서 기억해 둔다.

그리고 새삼 5장씩 5열로 나열할 때에는 일단 뿔뿔이 흐트리 버리고 의식적으로 능숙하게 비스듬히 이 5장을 배치해 두면,

"제 5열."

이라고 했을 때에 ◆킹(K)이외의 상대에게 보인 5장의카드는 제 5열에 당연히 없을 테니까 정확히 알아 맞힐 수 있다.

□주의

포인트는 최초의 5장을 부자연스럽지 않게 톱에 놓아 두고 상대에게 보이는 데 있다. 가짜 셔플을 연습해 두는 것이 중요하다. 외무부, 국방부, 운운하는 것은 상대의 정신을 혼란시키는 방법의 하나다.

카드 회전술

□노는 법

1세트의 카드를 부채꼴로 펴고 상대를 향해서,

"이 카드 중에서 어느 것이나 1장 좋아하는 카드를 뽑아서 기억해 주십시요."

라고 말하고 1장을 뽑아 받아서 그 다음에 카드를 등뒤로 돌리고,

"나도 이 기회에 1장 기억하기로 하죠. 내 생일 달은 6월이니까 행운을 빌며 ◆6으로 하겠다."

고 하고 카드를 뒤로 엎어 놓은 채 들고 상대가 기억한 1장을 속에 찔러 넣도록 한다.

그리고 카드의 산을 테이블 위에 놓고,

"여기에서 내가 인도의 주문을 외우면 이상하게도 당신이 기억한 카드와 내가 기억한 카드가 모두 멋지게 겉으로 뒤집힌다. 그런데 당신이 뽑으신 카드는 무엇이었습니까?"

하고 묻고 ♣에이스(A)라고 답하면,

"♣에이스(A)의 ◆6이요.내 마음이 통해서 이 두 장만 겉 방향이 되게 하십시요. 아브다라 부――부 · 알라 · 부――부――"하고 주문을 외우고 나서 카드의 산을 젖혀가면 이상하게도 그 2장만이 어느 사이

엔가 겉 방향이 되어 있다고 하는 매우 불가사의한 인도 요술이다.

□술법 설명

아무것도 이상할 것은 없다. 처음에 카드를 칠 때에 보텀을 봐 둔다. 보텀이 ◆6이었기 때문에 자신의 생일달도 6월로 해 버렸으므로 뭐든지 이유는 붙일 수 있는 것이다.

상대에게 뽑게 하고 있을 때 등뒤로 돌려서 보텀만을 겉 방향으로 하고 카드 전부를 뒤집어 두면 ◆6만이 뒤집히고 다른 카드는 모두 겉 방향으로 되어 있다. 그런 사실은 모르는 상대가 자신이 기억한 카드를 뒤에 엎은 채 찔러 넣기 때문에 이 2장만이 뒤어 잎어지게 되는 것이다.

이것도 다시 한번 뒤집으면 반대로 이 2장만이 겉 방향이라고 하는 결과가 된다.

실로 타애(他愛)가 없는 요술이지만 맹점을 이용했기 때문에 상대는 의외로 눈치채지 못한다.

□주의

상대에게 카드를 찔러 넣게 할 때에 카드를 건네 주거나, 테이블에 두거나 하면 들켜 버리니까 자신의 손에 쥐고 그 속에 찔러 넣도록 한다. 그 때에 너무 꽉 쥐고 있으면 오히려 의심을 받는다.

호텔의 도둑

□하는 법

52장의 카드를 잘 셔플하고 나서,

"어느 관광지의 호텔에 단체객이 묵었다. 낮의 피로로 푹 잠들어 버렸는데 좀도둑이 잠입해서 금물을 물색하고 있다."

라고 말하면서 뒤로 엎은 카드의 산에서 1장씩 젖혀서,

"1호실, 2호실, 3호실……어디나 한 푼 없는 손님뿐 모두 카운터에 돈을 맡겨 버린 것 같다."

라며 몇 장인가 젖혀간다.

"이런 날이 밝아 버린다. 빨리 일에 착수하지 않으면 좋아, 이쯤에서 갑작 시작해 볼까?"

하고 3장의 카드를 왼쪽에서 오른쪽으로 나열한다. ♥3, ♣9, ◆잭(J) 3장을 일렬로 늘어 놓으면,

"♥의 3은 신중한 사람으로 보여 방 금고에 넣은 것 같다. 열쇠는 어디 있을까?"

하고 7장의 카드를 그 밑에 세로로 늘어 놓고,

"♣9는 주머니일까?"

하고 ♣9 밑에 1장만 카드를 두고,

호텔의 도둑

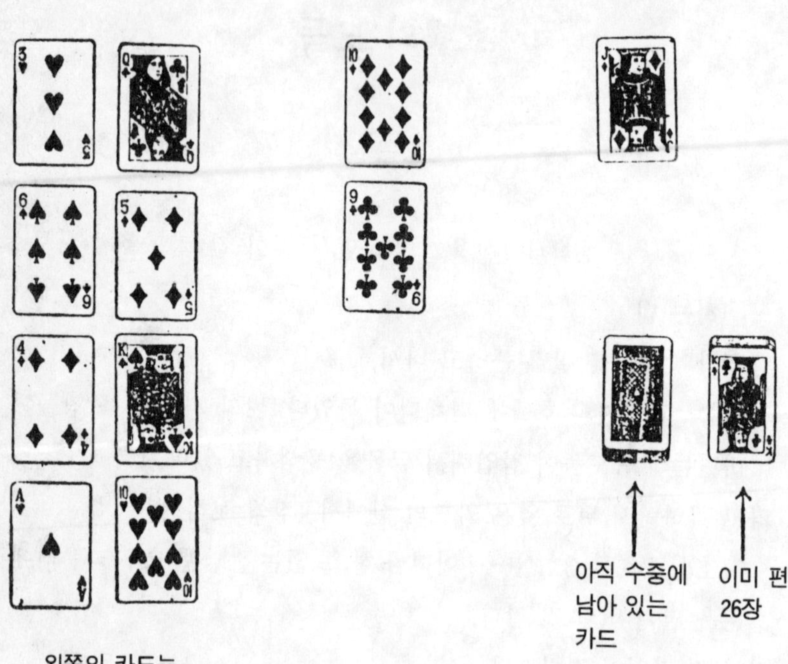

“부자는 다른 걸. ◆잭(J)은 열쇠를 머리맡에 내동댕이치고 자고 계신다.”

하고 이 밑에는 아무것도 놓아두지 않는다.

“그런데 여러분 이 금고는 도대체 어디에 있을까. ♥3에 ♣9, 게다가 ◆잭(J) 그림패는 10으로서 3장 합계 22다. 알았다. 금고는 호텔 로커 22호에 있다. 그러나 금고 다이얼을 맞추지 않으면 중요한 돈을 꺼내 오지 못한다. 그럼 금고의 다이알은……."

하고 골똘히 생각하다가 탁 무릎을 치며,

"♠의 8이야말로 금고 다이알임에 틀림없다. 자, 서둘러라 날이 새기 전에……."

라고 처음에 몇 호실실실실하고 말하면서 젖혀 간 카드를 하나로 모아서 그대로 뒤집고 그 위에 손에 남아 있는 카드를 뒤로 뒤집은 채로 얹는다. 바닥에는 ♥3, ♣9, ◆잭(J)의 3장과 그 밑에 둔 8장이 남겨져 있다.

그리고,

"로커를 열고 1호, 2호……하고 21호까지 오면,

자, 문제의 22호다. 이 속의 금고 다이알이 ♠8이면 틀림없이 대금을 손에 넣을 수 있다!"

하고 마음속으로 발면서 22장째를 젖히자 정통으로 ♠8 다이알을 딱 맞았다.

□술법 설명

처음에 호텔 방을 찾고 있다고 보여 주고 카드를 1장씩 젖혀 갈 때에 '7호실' 즉 위에서 7장째의 카드가 무엇이었는지를 잘 기억해 둔다.

이 경우는 7장째가 ♠8이다. 그리고 26장째가 되면 '이제 일에 착수하지 않으면……' 하고 27장째부터 3장의 카드를 위에 내놓는다.

카드의 수가 ♥3이었으니까 7장, ♣9였으니까 1장 그 밑에 놓아 둔 것은 카드의 수에 몇 장인가 더함으로써 합계가 10이 되면 되는 것이다. '5'였다면 5장, '에이스(A)'였다면 9장이라고 하는 식이다. '10'이라든가 그림패였다면 ◆잭(J)과 같이 1장도 둘 필요는 없다.

다음에 3장 내놓은 카드의 수를 그림패는 모두 10으로 합계한다. 예를 들어 ◆6, ♥킹(K), ♠4였다면 20이 된다.

그래서 이미 펼쳐 버린 26장의 카드를 뒤집어서 그 위에 아직 펼치지 않은 카드를 그대로 얹어 합치고 나서 3장의 카드의 합계수―2장째의 카드가 무엇인지를 알아맞히는 것이다.

이 경우 20장째는 반드시 처음에 젖혀 갔을 때의 7장째가 거기에 해당하게 된다.

□주의

7장째와 26장째를 잘 기억해 둘 것. 게다가 카드를 얹는 순서―젖혀 간 카드 위에 나머지 카드를 얹는다고 하는 점을 실수하면 실패한다.

럭키 나인

□하는 법

"당신에게 최면술을 걸어 보이겠다. 자, 당신이 여기에 있는 세개의 카드의 산 중에서 어느 산을 집는지 잘 보십시요. 세 개 모두 다른 산이니까 잘 확인해 주십시요."

세 개의 산을 조사시키면,

"네 당신은 야구광이니까 9(나인)만 신경쓰고 있군요. 반드시 9(나인)의 산을 선택할 거예요. 자, 보십시요. 틀림없이 9(나인)다."

과연 상대가 집은 산은 완전히 9(나인)다.

□술법 설명

A산은 카드의 합계가 9(나인).

B산은 4장의 카드가 모두 9(나인).

C산은 카드를 9장 겹친 산.

그렇다면 세 개의 산 중 어느 하나를 집어도 반드시 '9(나인)'이기 때문에 감탄할 것이다.—아니 이 녀석 아니꼽군.—

럭키 나인

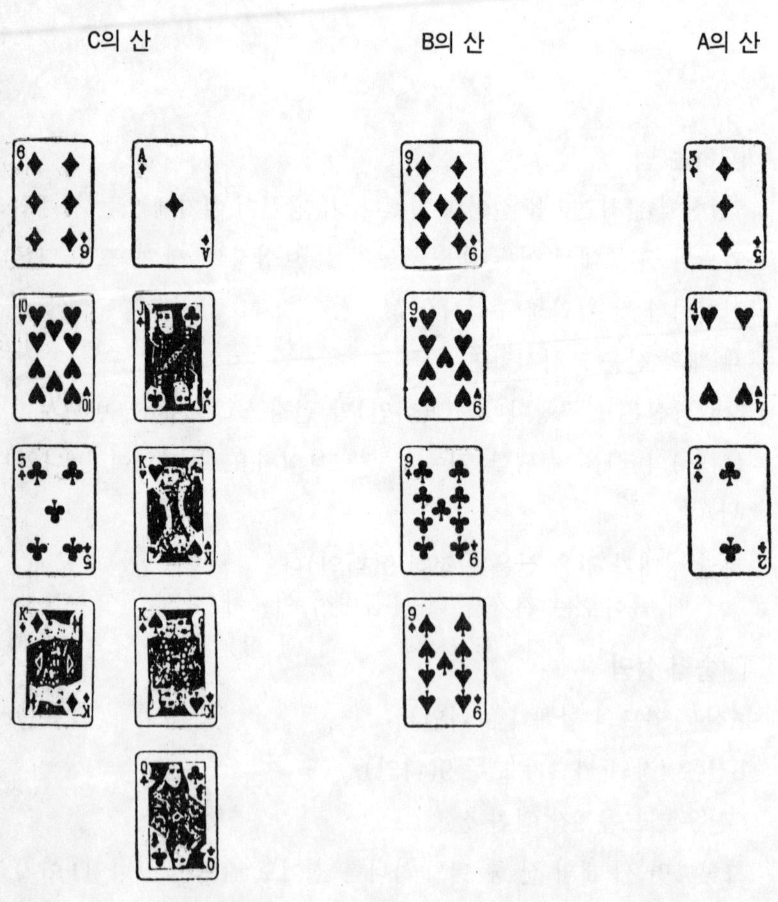

피크닉

□노는 법

1세트의 카드에서 ◆킹(K)과 ♥퀸(Q)을 빼 내둔다. 그리고 잘 친 카드 중에서 상대에게 어느 것이라도 좋으니까 1장 뽑도록 해서 그 카드가 무엇인지를 묻고 나머지 카드를 두 개의 산으로 나눠서 뒤로 엎어 놓아두고 그 한 쪽의 산에 뽑은 카드를 얹게 한다.

"지금 막 뽑으신 카드는 ♥5이었습니다. 그런데 오늘은 쾌청한 일요일, 아빠와 엄마는 5살이 된 아이를 데리고 즐거운 피크닉을 갑니다."

라고 말하고 다른 반의 산을 지금 얹은 산 위에 겹쳐버린다.

"그런데 돌아오는 전차가 너무 붐벼서 아빠와 엄마는 사람에게 밀려 자칫하면 이산이 되고 아기의 모습도 놓쳐 버리고……."

여기에서 앞에 빼 둔 ◆킹(K)과 ♥퀸(Q)의 2장을 어른어른 보이면서 카드의 산 각각에 찔러 넣고 마구 친다.

"만원 전차에 흔들리면서 아빠도 엄마도 소중한 아이를 미아로 만들어서는 큰 일이라고 열심. 그러나 간신히 세 사람 모두 손을 잡고 사이좋게 집으로 돌아올 수 있었다. 잘 됐다, 잘 됐어."하고 카드 속에서 킹(K)과 퀸(Q)에 낀 조금 아까의 카드 ♥5를 쭉 꺼내 보인다.

□술법 설명

처음에 카드를 칠 때에 잘 조작해서 ◆퀸(Q)과 ♥킹(K)을 찾아내 카드를 두 개의 산으로 나눌때에 한쪽 산의 톱에 ♥킹(K)이 한쪽 산의 보텀에 ◆퀸(Q)의 오도록 한다.

뽑게 한 ♥5는 ♥킹(K) 위에 두게 하고 그 위에 보텀의 ◆퀸(Q)이 겹치도록 다시 한쪽의 산을 겹쳐서 이 세 장이 떨어지지 않도록 치는 것이 요령이다.

처음에 상대에게 보인 ◆킹(K)과 ♥퀸(Q)은 숨기기 위해 보인 카드이므로 어디로 가 버려도 전혀 상관없다.

□주의

◆와 ♥의 킹(K)과 퀸(Q)의 수트의 차이를 들키지 않도록 최초의 카드는 흘끗 보이는 정도로 그쳐둘 것.

5가 나왔으니까 피크닉이지만 7이면 백화점이 쇼핑하러, 잭(J)이면 영화관 등으로 즉, 묘한 말로 연출하면 흥미만점이다.

적과 흑

□노는 법

52장의 카드를 1회 쳐서 옆에 14장씩 3열로 뒤로 엎어 나열하고 남은 카드는 별도로 한다.

3열로 늘어 선 카드 중 제 1열을 상대에게 집게해서 뒤로 엎어 놓은 잘 치게 한다. 그리고 뒷 방향인 채로 제일 위의 1장만을 젖혀 보이고 무슨 카드였는지를 기억하게 한다. 그 카드를 다시 뒤로 엎어서 제일 위에 얹게하고 다음에 제 3열의 카드를 역시 뒤로 엎은 채 한데 모아 잘 치게 해서 이것을 제 1열 위에 겹치고 제 2열도 마찬가지로 잘 치게 해서 다시 그 위에 겹친다.

이와 같이 전부 뒤로 엎어서 하나의 산이 된 카드를 쳐서 그 카드는 상대에게 뒤를 보이도록 부채꼴로 펴서 그 중의 1장을,

"당신이 조금 아까 보신 카드는 이것이로군요."
하고 딱 알아맞혀 보인다.

□술법 설명

처음에 카드를 적색 카드만 14장, 흑색 카드만 14장, 그 밖에 적흑을 7장씩 혼합한 14장의 3종류 준비해 둔다.

이것을 위에서 부터 흑 · 흑적 혼합 · 적의 순으로 겹치고 나머지 10장을 제일 밑에 넣는다. 처음에 1회 칠 때는 친 것 같이 가장하고 치지 않는 가짜 셔플이든가 아니면 쳐도 다시 원상태가 되는 것 같은 셔플 방법을 취하든가, 해서 이 순서가 틀어지지 않도록 주의하지 않으면 안된다.

상대가 집어 올려서 1장 빼고 마음대로 치는 것은 흑색 카드뿐이다. 칠 때에 겉을 보이면 들키니까 겉을 보여서는 안된다.

상대가 한데 모은 흑색 14장의 톱 카드가 문제의 카드이지만 그 위는 적색만 14장 쌓기 때문에 이것으로 짐작이 간다. 적흑 혼합의 제 2열은 단순히 숨기기를 위해 만들었을 뿐이다. 그리고 나열 방법이 잘못되지 않도록 주의해서 치고 부채꼴로 펴서 적색 14장과 흑색 14장의 경계에 있는 흑색 카드를 '이것이로군요'하고 꺼내는 것이다.

□주의

부채꼴로 펴는 것은 적색뿐인 카드가 이어져 있는 것을 상대에게 보이지 않기 위해서이므로 1장씩 펴지 말고 반드시 부채꼴로 상대에게 뒤로 돌려 펴는 것이다.

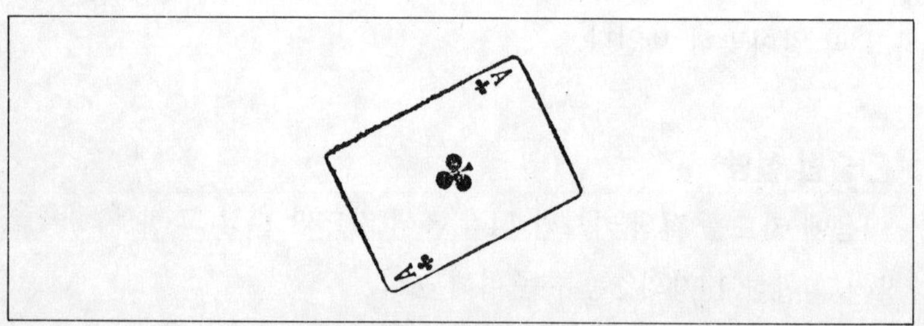

트럼프 Poker 아카데미

2019년 10월 20일 인쇄
2019년 10월 30일 발행

지은이 | 현대레저연구회
펴낸이 | 최 원 준

펴낸곳 | 태 을 출 판 사
서울특별시 중구 다산로38길 59(동아빌딩내)
등 록 | 1973. 1. 10(제1-10호)

■ 주문 및 연락처
우편번호 04584
서울특별시 중구 다산로38길 59 (동아빌딩내)
전화 : (02)2237-5577 팩스 : (02)2233-6166

ISBN 978-89-493-0595-0 13690